高中物理单元学习过程设计与实施

包明 主编

中山大学出版社
·广州·

版权所有　翻印必究

图书在版编目（CIP）数据

高中物理单元学习过程设计与实施/包明主编. —广州：中山大学出版社，2024.12
ISBN 978 - 7 - 306 - 08032 - 5

Ⅰ.①高… Ⅱ.①包… Ⅲ.①中学物理课—教学设计—高中 Ⅳ.①G633.72

中国国家版本馆 CIP 数据核字（2024）第 035733 号

GAOZHONG WULI DANYUAN XUEXI GUOCHENG SHEJI YU SHISHI

出 版 人：王天琪
策划编辑：吕肖剑
责任编辑：邱紫妍
封面设计：林绵华
责任校对：袁双艳
责任技编：靳晓虹
出版发行：中山大学出版社
电　　话：编辑部 020 - 84110283，84113349，84111997，84110779，84110776
　　　　　发行部 020 - 84111998，84111981，84111160
地　　址：广州市新港西路 135 号
邮　　编：510275　　　　　　　传　真：020 - 84036565
网　　址：http://www.zsup.com.cn　　E-mail：zdcbs@mail.sysu.edu.cn
印 刷 者：广州方迪数字印刷有限公司
规　　格：787mm×1092mm　1/16　14.875 印张　259 千字
版次印次：2024 年 12 月第 1 版　2024 年 12 月第 1 次印刷
定　　价：48.00 元

如发现本书因印装质量影响阅读，请与出版社发行部联系调换

著作编写人员名单

主 编：包 明

副主编：张先竹　温振锋

编 委：李小锋　熊小勤　裴姗姗　周建槐
　　　　纪宗方　梁桂涣　李丽文　林桂红
　　　　李耿强　覃 捷　于晓城　陈绍志
　　　　孙道林　何 冲　潘文泽　李 龙　钟生文

前　言

教育部于 2014 年颁布了《教育部关于全面深化课程改革落实立德树人根本任务的意见》，文件的落脚点是课程改革，并把课程改革作为落实立德树人最重要的途径。2018 年 9 月 10 日，习近平在全国教育大会上强调，要深化教育体制改革，健全立德树人落实机制，扭转不科学的教育评价导向，坚决克服唯分数、唯升学、唯文凭、唯论文、唯帽子的顽瘴痼疾，从根本上解决教育评价指挥棒问题。《教育部关于全面深化课程改革落实立德树人根本任务的意见》提出"研究制订学生发展核心素养体系和学业质量标准"来"着力推进关键领域和主要环节改革"。最新一轮课程改革将进一步促进学生学科核心素养的养成和发展作为课程目标，《普通高中课程方案（2017 年版 2020 年修订）》则以核心素养培养为主线，要求"关注学生学习过程，创设与生活关联的、任务导向的真实情境，促进学生自主、合作、探究地学习"。

对于学生核心素养的培养与发展而言，这一过程最优的渠道是在真实情境，且必须是足以支撑学科核心素养发展的情境中进行的。这个情境通过一个课时的内容不足以构建，需要以某主题为中心的教学单元才能构建。所以说，单元教学是发展学科核心素养的基本教学单位。单元教学设计是一种教学理念，也是一种教学模式。单元教学不是简单机械地将单元内的几个课时按次序授课，而是要以一个主题或贯穿于整个单元的真实情境为主线，将主题下的内容按课时有序、有机地进行分配与整合。从教学中使用的教材来分析，单元教学需要重组教材单元的内容，这种重组以主题为核心，内容可能跨章节，甚至可能跨模块。如未能综合考虑多种因素，如学情、章节内容特点、教师精力、教师对单元教学的态度、教师本身的水平，以及教师的职业惰性和教学惯性，则任一因素都可能影响单元教学实践。另外，一部分教师更倾向于遵循老旧的课时教学设计理念，不愿轻易放弃旧观念，也不愿投入精力去尝试教学改革。单元教学设计最难的问题是如何处理好单元主题下的教学内容重组，包括单元设计下课时目标的精准叙写、思维能力的进阶发展设计、课时评价设计和单元评价设计，以及课时学生活动的设计等。

  单元学习过程设计是在单元内容分析和学情分析的基础上，为实现单元学习目标而把一系列由简单到复杂、由浅入深的学习活动组织起来的系统化规划，关注学习的系统性和整体性。单元学习过程设计有利于概念、规律的结构化，帮助学生形成对客观世界的整体认识，形成健全的概念体系；有利于学生形成解决问题的一般化的大思路；有利于创设大情境，提出大问题。笔者长期研究中学物理学习过程，随着研究的不断深入，对单元学习过程的认识也在不断发展。笔者早期关注单个教学内容"教什么"，研究了教案编写，后为提高课堂效率，走向"如何施教"，开始了教案设计。随着教案设计服务他人的属性受到更多重视，为引导学生"如何学"，笔者又开始研究将教案设计为导学案，几经迭代，形成了基于核心素养培养的单元教学设计模板，形成了较完善的覆盖高中各年级的物理导学案。笔者在查阅大量文献、进行深入讨论后做出判断，认为导学案的未来发展目标，是基于物理核心素养的单元教学核心概念的整合思路，有助于推动学习力的提升，所以开启了本课题的研究。本书的研究，为老师围绕学生的单元学习过程提供了教学设计理路，并为落实以学生为中心的教学理念提供了实践支撑，让"以学生为中心"的理念在教学模式和评价方式上得到落实。此外，高中物理学习过程设计将会在其他学校进行实践和反复修改，研究成果可推广到更多学校，有利于学生物理素养的整体提高。

  本书围绕"高中物理单元学习过程设计与实施"这一主题，以核心素养的内涵及其各要素的相互关系为切入点，由浅入深地阐述了笔者对高中物理学科和教材的新认知，系统论述了高中物理教学设计、高中物理单元教学设计、高中物理单元学习过程及其设计，深入探究了核心素养导向的高中物理单元学习过程设计、学习进阶导向的高中物理单元学习过程设计，以期为读者理解与践行高中物理单元学习过程设计与实施提供有价值的参考和借鉴。本书内容翔实、条理清晰、逻辑合理，兼具理论性与实践性，适用于工作在一线的高中物理教师。

目 录

第一章 核心素养导向下的高中物理 ································ 1
　第一节 核心素养的内涵及各要素的相互关系 ···················· 1
　第二节 核心素养下对物理学科的新认知 ························ 12
　第三节 核心素养统领下的物理新教材 ·························· 29

第二章 高中物理教学设计 ·· 37
　第一节 确定核心素养下的教学目标 ···························· 37
　第二节 创设核心素养下的教学情境 ···························· 56
　第三节 开展核心素养下的教学活动 ···························· 61

第三章 高中物理单元教学设计 ······································ 68
　第一节 单元教学设计的概念界定及相关理论 ···················· 68
　第二节 从课时设计走向单元设计 ······························ 72
　第三节 高中物理单元教学设计的实践——以"生活中的圆周
　　　　 运动"为例 ·· 78

第四章 高中物理单元学习及其设计 ·································· 115
　第一节 单元学习的概念与理论基础 ···························· 115
　第二节 高中物理单元学习设计的模式与步骤 ···················· 119
　第三节 高中物理单元学习设计策略 ···························· 125

第五章　核心素养导向的高中物理单元学习设计 ……………… 131
　第一节　核心素养导向的单元学习设计原则与方法 ……………… 131
　第二节　核心素养导向的单元学习设计流程 ……………………… 137
　第三节　核心素养导向的高中物理单元学习设计实践 …………… 142

第六章　学习进阶导向的高中物理单元学习过程设计 …………… 154
　第一节　学习进阶的概念与理论基础 ……………………………… 154
　第二节　学习进阶导向的高中物理单元学习过程设计思路 ……… 158
　第三节　学习进阶导向的高中物理概念学习过程设计 …………… 166
　第四节　学习进阶导向的高中物理单元学习过程设计实践 ……… 175

第七章　单元学习过程设计示例 …………………………………… 189
　第一节　物理概念学习过程设计 …………………………………… 189
　第二节　高三物理复习课学习过程设计 …………………………… 203
　第三节　高三物理复习专题学习过程设计 ………………………… 211

参考文献 ………………………………………………………………… 224

后记 ……………………………………………………………………… 228

第一章 核心素养导向下的高中物理

第一节 核心素养的内涵及各要素的相互关系

一、核心素养概述

（一）核心素养的概念

核心素养指的是有助于学生终身发展以及社会发展需要的必备品质与关键能力。这里的"必备品质"指的是教师在教学过程中培养的正确的人生观和价值观，可让学生在日后的成长过程中具有良好的社会适应能力，从而成为一个有道德和责任感的人。培养学生的"必备品质"是开展基础教育最为根本的部分。"关键能力"指的是学生的语言和学习能力，关键能力的培养应基于学生的生活，同时依据时代的变迁与需要逐步调整、变更，为其赋予新的内涵。

核心素养不应该只是单纯的技能与知识的结合，还应包括情感与价值观。最重要的是，核心素养是学生在受教育时培养的基本素养与关键能力，确保学生能够长久稳定地发展，同时更好地服务于社会。实际上，核心素养是知识、情感、技能与价值观、态度等的综合体现。其不再沿袭过去只注重结果而忽略过程的模式，学生的总体感知和学习过程变得格外重要。核心素养的稳定性和开放性的特点能促使学生更好地适应未来工作的需求，帮助学生养成良好的学习习惯，为其全面发展打下坚实的基础。

（二）核心素养的界定

从世界范围来看，欧美国家率先于20世纪90年代末开始进行核心素养相关问题的探索与辨析，并得出了一系列阶段性的结论。进入21世纪，我国对核心素养的研究与关注越来越多，相关研究成果也逐渐见诸报刊。

1. 经济合作与发展组织对核心素养的看法

2003年，经济合作与发展组织（Organization for Economic Co-operation and Development，OECD，以下简称"经合组织"）提出了"核心素养"这一术语，后来的研究证明这一概念的提出具有重大的意义。经合组织确信，所谓核心素养，不仅仅包括人们所理解的知识性和技能性的内容，它更是指在某些特殊境况下，主体以各种心理精神因素、社会资源要素来满足自身所需的能力。基于这种定义，我们可以看出民主价值观、创新能力、思辨能力、可持续发展能力、责任心等事关主体本质特性的潜能均属于核心素养的范畴。从经合组织对核心素养的辨析来看，该组织首先给出了宏观性的概述及相关解释，这种整体上的框架性设计与分析确实具有首创性，为后来的相关研究与拓展提供了良好的范例。

2. 欧洲联盟对核心素养的看法

欧洲联盟（以下简称"欧盟"）对核心素养的定义与经合组织的定义颇为不同，前者以"Key Competencies（关键能力）/Competences（技能）"来描述核心素养，后者则不是。在前者看来，所谓核心素养就是为实现一定组织内个体的内在、外在的发展目标与价值，成长为社会规范所要求的公民。从该定义中，我们可以看出，欧盟对核心素养所秉持的观念有以下要求：一是个体要适应社会的发展节奏，并提升自己的相关素养与能力。可见，个体与社会之间关系的协调是其强调的要素之一。二是欧盟从二维视域出发来研判核心素养，以最终目标对核心素养这一概念展开了分辨，从而更具有针对性，让概念的范畴更为清晰明了。

3. 我国学者对核心素养的界定

从当前我国对该问题的探讨来看，其主要集中在以下四个方面。

第一，我国教育界极为重视课程体系的建构，因此相关研究者多从这一视角对核心素养进行分析，他们认为在进行核心素养培养时应从跨学科的角度加以规划与落实。① 他们认为，所谓核心素养指的就是不同学段的学生在进行学校教育时，应获得的能够适切其终身发展所需以及社会发展要求的那些能力与相关的品格。

第二，从概念本质上分析，很多研究者认为核心素养并非"种概念"，而是"类概念"。由此，核心素养的本质属性就是用社会的需要来对学生的学习内容、尺度等做出要求，这是一种基于社会需求的人才追溯性培养模式。

第三，从建构我国核心素养的框架及其要素出发，有人对核心素养进行了界定，即所谓核心素养就是在特定情境下，基于各种繁复所需，对各种知识与技能的追求。这一概述所涉及的要素有五个：特定情境、复杂需要、基础知识、基本技能、主体和评价。② 相关研究者从这五个方面对核心素养加以剖析，从而得出我国核心素养的相关形成机制，构成该机制的要素主要有四个，即复杂需要、规划设计、活动、反思再实践。从这个辨析思路来看，构建核心素养的培育体系必然是一个复杂而循序渐进的过程。

第四，从素养与素质的关系着手进行核心素养的研究，也是一种非常常见的研究思路。通过对比等方法，我们不仅对核心素养的相关概念有了更为深入的认识，而且通过对其他相关问题的探索也更能明白彼此的界限在哪里，最终明白核心素养的本质属性。

（三）核心素养的内涵

从当前各国对核心素养概念的各种研究成果来看，笔者认为可以对核心素养的内涵进行如下阐释：所谓核心素养，就是社会个体身处在 21 世纪的背景下，为了更好地适应社会的激烈竞争，成为 21 世纪的合格公民，所要求拥有的足够丰富的知识、良好的价值观与精神世界，以及其他一些能够适应未来世界的多元能力。

首先，核心素养内涵中的"21 世纪"点明了社会个体所处的时代是全新的时代，新的时代有新的使命，体现为全球化时代的发展要求以及职

---

① 辛涛. 基于学生核心素养的课程体系建构 [J]. 北京师范大学学报（社会科学版），2014（1）：5-11.

② 刘义民. 核心素养形成的基本要素和机制初探 [J]. 教育导刊，2017（9）：5-9.

场的相应变化。在新世纪，知识与科技处于爆炸状态，再加上网络的作用，各种知识以数字信息的方式迅速得到传播，经济与社会发展的速度大大加快，在这种情况下，职场的竞争也变得更为激烈，各国对高精尖人才的需求越来越大，国家之间的人才竞争是全球性的。可想而知，要在如此高强度竞争的社会中生存下去，每个人都应具有较高的知识与技能水准，才有可能立于不败之地。综合来看，复合型人才能更好地适应这种环境。这就是核心素养培育理念得以提出的原因。在迅速变化的环境中，静态的知识因为环境因素的改变而具有一定的动态性，这一点在知识和技能的运用中更加明显。核心素养的培养是在总体把控这种动态变化的过程中，让学生形成较为稳定的个人能力以及学习习惯。

其次，从受众的角度来说，其自身素养的提升必须通过学习来获得，学习的内容不仅包括各种各样的知识，还包括各种各样必需的技能。

最后，受众在知识学习的过程中，还会获得其他的能力，比如逻辑推理能力、思辨能力、创新能力等，这些能力也就是所谓的"多元能力"。这些能力都是核心素养规划中将要培养的内容。毕竟多元能力的获得是建立在尽可能多的知识内容的获得的基础之上的，在不断习得的过程中，个体获得了个人素养的提升。

总之，身在信息技术与网络技术飞速发展的21世纪，如果知识储备不足，就很有可能被残酷的社会竞争所淘汰；即使已经具备了足够的知识与技能，也可能因为其他因素而难以在职场上取得胜利。可见，核心素养的培养不仅对每个人的良好发展具有重要意义，而且是促使我国社会良好发展的重要因素，只有将学生的核心素养培育好、发展好，才能促进我国经济社会顺利发展。

二、物理学科核心素养的维度

物理学科的核心素养包括四个要素，即物理观念、科学思维、科学探究、科学态度与责任，这四个要素缺一不可。在认知物理学科核心素养时，我们要将核心素养看作一个整体。上述四个要素彼此联系，协同发展。在进行知识教学、深化理论研究的同时，要将学生培养为具备物理观念、科学的态度、较强的探索精神和一定的社会责任感的人才。下面对上述四个要素进行详细的分析。

（一）物理观念

物理学以物质结构和物质最一般的运动规律为研究的重点，探索的是物质运动的特殊规则及物质之间的彼此作用。同时，物理学将物质运动的能量转化作为研究的一个组成部分。

物理观念包括运动、物质、能量等多种概念。只有在对现实问题进行有针对性的解决的过程中，核心素养才能够真正培养起来，所以，物理观念素养的培育十分强调对上述概念的应用。在教学的过程中，教师必须为学生营造真实的情境，使学生能够置身其中，更好地解决现实问题，确保物理概念能够真正内化于心，引导学生形成科学的思维方式。除此之外，教师还要引导学生进行深度探索，将物理的理论学习和现实问题的解决联系在一起，帮助学生形成较强的解决问题的能力。

就逻辑维度而言，物理观念为其他学科素养的发展奠定基础，它与传统三维目标中的"知识与技能"高度重合。物理观念强调的是个体对物理理论知识的吸收。在初中学习阶段，物理学理论知识是十分分散的，知识点之间的联系不是十分紧密，呈现出零散的特点。所以，学生对物理世界形成科学的认知存在较大的困难，还很难通过物理学知识来认识自然，进而更好地解决现实问题。经过高中物理的学习，学生应对光学、磁学、力学、电学等概念及基本理论有新的认识，也了解其基本规律，逐渐形成较强的相互作用观、能量观以及运动观，并能够将这些观念应用于解决现实问题的过程中；学生应在一定程度上理解相对论的基本内涵，对量子力学形成科学的认识，具备现代物理学的基本思维。

（二）科学思维

科学思维指的是人脑对于科学现象、事实、对象等的反映，既能够反映出物质的基本规律，也能够探索事物之间的关系。在对科学思维进行培养的过程中，必须注意下述两点。

1. 科学思维的特征

科学思维具有两个特点：其一，强调近似性，也注重准确性，科学思维强调二者之间的辩证统一。它要求不单单考虑问题的特征，还要处理好近似性与准确性之间的关系。其二，强调形象性，也注重抽象性。科学思维除了具有形象性的基本特征，也具有抽象的特点。科学思维的关键在于抽象思维，但这并不意味着形象思维就不重要，它为科学思维提供了先导价值。人们在运用科学思维的过程中，上述两种思维同时存在，二者彼此补充、彼此作用，共同助推科学的发展。

2. 科学思维的基本形式

科学思维一般指向具有系统性、层次性、结构性的综合体。我们在认识科学事物的过程中，需要从不同方面、不同层次以及不同角度进行认知。在此过程中，我们的经验变得越来越丰富，对事物的认识也变得越来越立体和完整。按照思维对象之间的差异，我们可以将科学思维划分为直觉思维、抽象思维以及形象思维。直觉思维在科学表象与科学概念之间建立了密切的联系，指的是人脑运用以往的理论、经验、知识以及知觉等，通过简单的方式对事物进行分析，并以此为基础进行猜测、预估和设想，其特点主要有随机性、整体性以及突发性。所谓科学抽象思维，指的是以科学概念为思维对象，通过科学的判断与推理反映自然界事物的真实特性，了解物质运动的内在规律与根本联系。科学抽象思维的特征主要有能动性与间接性、概括性与抽象性、系统性与逻辑性。科学形象思维在材料的选择上以科学表现为基础，其特点主要包括动态性、形象性以及创造性。

在实际教学中，教师先要彻底搞明白科学思维所包括的主要形式，如分析与综合、抽象与概括、比较与分类、逻辑推理等，然后根据上述形式，有目的地设置问题、选取习题、改造不合适的习题，从而实现对学生科学思维的训练与发展。例如月－地检验、牛顿第一定律中伽利略斜面实验，都是在训练学生的逻辑推理能力；又如将振动图像和波动图像进行比较、将电场与磁场进行比较、对碰撞类型进行分类等，是在训练学生比较与分类能力；再如，将一些高考题选为教学素材时，应当变换设问视角，适当增加难度，使得对学生能力的训练更有针对性。

（三）科学探究

科学探究指的是人们通过一定的方式掌握科学知识，对自然进行深度探索的基本路径。科学探究是获取信息、处理数据、形成猜测，最后得出结论的路径，它需要以特定的证据为基础，得出相应的结论，并以此为基础进行交流、反思。在此基础上，对信息进行科学的分析，通过逻辑推理得出相应的结论，将结论进行公示，不断质疑并深化探索，确保结论不断深入，这是科学探究的主要特征。根据《普通高中物理课程标准（2017年版）》，科学探究要在观察的基础上不断提出问题，进而进行猜测，同时进行实验设计，科学处理信息，在此基础上得出相应的结论，并进行深化探究，根据探究的结论不断反思，开展评估。科学探究的要素主要包括以下四个。

1. 问题

具备较强的探究能力，在学习的过程中敢于探索和发现，并尝试提出科学的猜测。比如，提出一些问题，这些问题能够通过科学探究得到相应的答案；针对特定的问题提出探究活动的具体内容；不断研究，尝试提出下一步的研究问题；结合问题作出相应的假设。

2. 证据

能够取得相应的证据，明确探究的基本方案，并且通过多种手段进行信息的检索和处理。比如，具备通过实验、调研进行证据搜集的能力；具备设计实验方案的基本能力；能够通过图像进行数据的呈现。

3. 解释

能够进行分析论证，通过多元化方式进行数据分析，对结果进行描述，预测未来的可能性，在分析的基础上得出相应的结论。比如，对深层次现象或者现象产生的原因进行分析；分析数据时，按照新课标的基本要求来进行；结合已有证据进行可行性分析；判断能否根据已有的证据得出相应的结论。

4. 交流

愿意进行交流和合作，能够进行科学化表述，深入反思以及评估。比如，对探究过程以及结果进行描述；选择恰当的媒介开展深度交流；针对他人的研究结论尝试提出自己的看法以及意见等。

科学探究基于观察和实验，而不是止步于观察和实验，因此，科学探究并不是简单地做一个实验。科学探究是一种认知方式。从目前的研究成果来看，应当将科学探究理解为以科学思维为核心，包含若干关键要素（问题、证据、解释、交流等）的解决问题的过程，在上述过程中，证据往往是依赖于实验的。也就是说，科学探究是一种认知方式，而实验是这种认知方式下的一种手段。

以"问题"为例，要怎样基于观察和实验，培养学生提出可以探究且具有研究价值的问题的能力？一般来说，可以探究且具有研究价值的问题，往往源自对情境所展示的"背景"的质疑。比如，对自由落体运动的研究源自伽利略对重物落得快的质疑，笛卡尔对伽利略提出的惯性运动就是对完美的圆周运动的质疑。又如开普勒根据第谷的观测数据对托勒密体系的天体圆周运动的质疑，马赫对牛顿绝对时空观的质疑，卢瑟福对汤姆逊"枣糕模型"的质疑，玻尔对卢瑟福核式结构模型的质疑，等等。科学家根据这些质疑提出有价值的问题，并在此基础上，经过进一步的思考，对这些问题的可能原因提出猜想，对问题的可能结果提出合理假设。猜想与假设要依据已有的知识和经验，将所观察到的现象的特征与已有的知识和经验中的"特征"进行比较（求同或求异）。比如，通过类比重力，猜想静电场是否也具有势能；同样地，猜想感生电场是否也具有势能。

"证据"，是指由实验得到的现象或数据。要实事求是地记录这些现象，并能够运用现代信息技术收集相应的数据。

"解释"，一般来说是对所记录的现象、收集的数据进行分析（比如定性比较、定量分析、因果解释等），或者是根据数据对探究的结果进行描述，或者在描述的基础上进行归纳。例如，利用图像法确定两个物理量之间的关系，如滑动摩擦力的大小与接触面所受正压力成正比的实验、加速度与质量成反比的实验、单摆周期与摆长的平方根成正比的实验等。还有一些用图像法并不能归纳为简单的正比或反比关系，比如电容器充电过程中电流 I 随时间 t 变化的关系，则要通过对图像的面积、截距、斜率进行进一步分析与描述，并且运用所学的物理和数学知识对图像做进一步解释（如图像的斜率为什么随着时间的推移而变小）。又如，对物理量之间因果关系的解释，如力是产生加速度的原因，电势差是产生电流的原因，做功是能量转化的原因等。

"交流"，指的是对探究过程和所得结果的表达，一方面要能组织内容形成提纲，另一方面要能用科学的术语来表述提纲中的具体内容。教师要有意识地培养学生撰写探究报告的能力，学生刚开始可能并不知道应该写什么，教师要逐步引导，帮助他们设计框架、表格、绘制图像，并进一步让他们尝试独立设计框架、表格、绘制图像。对现成的各种实验报告手册，要谨慎使用。

（四）科学态度与责任

科学本质是人对科学（物理学）本身的一种认知，并非一成不变，不同时期、不同的人对科学本质的认知并不完全相同。学生需要通过知识的学习和探究，逐步认识、理解科学本质。态度是个体对特定对象（人、观念、情感等）所持有的稳定的心理倾向，这种心理倾向蕴含着个体的主观评价，以及由此产生的行为倾向。而社会责任主要包括科学伦理和STSE①（科学、技术、社会、环境）理念。科学态度与责任也是物理学科核心素养的要素之一，它是指对科学的内涵形成自己的理解，并科学认识STSE多种要素的内在关联，在此基础上形成对科学技术的正确看法。它的要素主要包括以下三个。

1. 科学本质

科学本质指的是对科学内涵、科学价值、科学品质、科学历史、科学方法以及科学过程等形成的客观认知，这种认知较为全面。所以说，科学本质是对于科学形成的系统性、综合性以及全面性的认知。科学本质观具有较强的结构性特点，由于历史时期的变化以及个体的差异，人们形成的认知也存在较大的区别。《面向全体美国人的科学》一书中对科学本质的具体内涵进行了深度的阐释，主要包括以下三个方面。其一，科学知识的本质的具体内涵为：科学处于不断变化的过程中；世界是能够被认识的；科学并不能为一切问题提供答案。其二，科学研究的本质的具体内涵为科学需要有相应的证据做支撑，在想象和逻辑的基础上，科学应运而生，对问题进行解释。科学尝试着避免各种偏见的产生，并反对权威。其三，科学事业的本质的具体内涵为：科学从本质上来讲是社会活动的一种，它涵盖各个领域，是在多种情况下的深化研究。科学研究必须遵循相应的伦理观念。科学家不仅仅是专家，也是公民。在进行高中物理教学时，不单单要传授知识，也要引导学生进行科学探究，这样学生才能了解科学的本质内容。

2. 科学态度

态度指的是个体面对特殊对象时，内心所具有的一种相对稳定的心理

---

① STSE 是科学（Science）、技术（Technology）、社会（Society）、环境（Environment）的缩写。STSE 教育思想是对 STS 的延伸，因为在发展科技、生产的同时，保护人类赖以生存的环境已成为当今社会可持续发展的重大课题，环境教育是公民科学素养教育的重要组成方面。

倾向，个体的这种心理倾向源自自我的主观看法，在此观念的影响下产生相应的行为倾向。科学态度指的是个体在对待科学研究、科学事实、科学现象、科学过程中逐渐形成的稳定的心理倾向，其内容主要包括合作交流、好奇心、不断创新以及实事求是。在学习物理的过程中，学生应该充满好奇，有着强烈的探索知识的欲望；在已有证据的基础上，学会将自己的观点表达出来，坚持实事求是；敢于从多个维度思考问题，不断创新；学会和他人交流，对他人给予充分的尊重。

3. 社会责任

物理课程标准当中的一个关键词为"社会责任"，其内容主要有二：一是科学伦理，二是STSE。在开展物理研究的过程中，必须遵循相应的伦理道德观念，确保一切行为都在符合伦理道德的范畴之内；需对科学给予高度的认可；对STSE的彼此关系有充分的认知（了解个体活动对社会变化、自然资源以及生活带来的诸多影响，看到科学技术在助推经济发展方面的重要价值，认识到科学技术的发展需要以社会需求为重要的推动力量）；热爱自然，坚持保护环境、节约资源，促进社会的全面发展。

从认知心理学的角度看，科学态度与责任属于非智力因素。所谓非智力因素，是指那些不直接参与认知过程的因素，如态度、责任、热情、情绪、兴趣、意志、品质、人性等。这些因素不是教师教会的，而在于学生不断地感悟与体会。教师的作用主要是引导与强化，引导学生向着积极、阳光、正面的方向发展，表扬积极、阳光、正面的行为，当学生有消极、阴暗、负面的行为时，一定要搞清楚事情的来龙去脉，不能不分青红皂白地批评学生。例如，在教学中，可以让学生讨论该如何评价亚里士多德。在很多学生的眼里，亚里士多德就是"错误"的代名词，但这是不客观、不科学的，教师要引导学生站在特定的历史背景下去评价一个人。教师还可以用古今中外众多优秀物理学家的故事去引导学生。所以，物理教师既要能讲得好物理知识，还要能讲得好故事，以及故事背后所蕴含的科学态度与责任。再如，可以在造福人类、服务社会的大背景下创设问题情境。又如，在实验探究活动中，当学生遇到困难时，要鼓励学生坚持，教师一定要有耐心，不要把自己的不良情绪带进课堂。此外，教师应要求学生确保数据的真实性，不能编数据、凑数据。

三、发展学生物理学科核心素养的路径

物理学科核心素养,无论在目标和性质上,还是在内容和功能上,都是比较抽象的,因此教师需要抓住其核心本质,才能理解其内涵,并在理解其内涵的基础上,将其转化为自己的教学行为,从而影响到学生,实现学生核心素养的发展。理解核心素养的内涵要牢牢抓住两点:第一,核心素养的发展是具有阶段性的。因此,从纵向上看,教师要关注不同学段的学生所应达到的要求;从横向上看,教师还要注意同一学段的学生在认知水平上的差异,明确适合学生年龄、心智、认知特点的核心素养培养的目标与方法、策略。第二,在培养核心素养时,要创设真实的情境,让学生积极思考、自主探究,在此基础上再进行自我反思与自我评价。

物理学科核心素养由物理观念、科学思维、科学探究、科学态度与责任四个方面的要素构成。在理解物理学科核心素养的内涵时,要结合学生发展核心素养的内涵,注意核心素养的整体性。在这四个要素中,物理观念代表知识的内化,是其他核心素养的基础,科学思维和科学探究是关键能力,科学态度与责任是必备品格,它们相互依赖、共同发展。教师要在知识教学、学生探究和知识应用的过程中,使学生形成物理观念,发展学生的思维能力和探究能力,培养学生的科学态度和社会责任。

在实际教学中,发展学生物理学科核心素养的路径如下。

(1) 在构建物理学科核心素养的过程中,物理观念的形成是目的,在形成物理观念的过程中必须要用到科学思维,进行科学探究,同时要有意识地培养学生的科学态度与责任。这一过程大多对应新课教学。

(2) 在评价物理学科核心素养的过程中,物理观念是解决问题的基础,在解决问题的过程中要用到科学思维并进行科学探究,而科学态度与责任则会或显性或隐性地影响解决问题的路径。

(3) 设计教学结构图,明确教学环节与素养发展的关系。所谓教学结构图,是指根据所确定的教学目标和教学主题(课题),将所选择的教学素材按照学科逻辑和人的认知关联起来,即先依据学科的内在逻辑排布教学内容,再依据认知规律将学科内容进行合理的表达,前者对应物理观念的发展,后者对应关键能力(科学思维、科学探究)的发展,而科学态度与责任则蕴含在上述两个过程中。

（4）将教学内容转化为学生的挑战性任务，再将任务变成一系列激发思考的问题，充分体现学习过程的设计。为了落实学科核心素养的培养，教师要尽量避免"一言堂"，并应当让学生的学习过程有一定的挑战性，激发学生的斗志，即把学生的非智力因素加入学生的学习过程中。

第二节　核心素养下对物理学科的新认知

一、物理学科概述

厘清物理学概念的内涵及其发展，有助于正确地认识物理学。总结物理学的发展以及进一步界定高中物理的学科性质，是建立物理学科课程的逻辑起点。

（一）物理学的发展

1. 西方物理学的发展

物理学一词最早出现在亚里士多德的《物理学》一书。在亚里士多德之前，古希腊的思想家就开始使用哲学思想解释自然现象和规律，那个时候的物理学是一门以自然界为特定研究对象的哲学，包括现在的物理学，同时也包括化学、生物学、天文学、地理学等学科，涉及整个自然科学。当时的物理学只研究自然界的总原理，属于自然哲学。而物理学以自然科学的形式出现，是在开普勒、伽利略、牛顿时期。伽利略利用科学推理的方法为惯性定律的建立奠定了基础，标志着物理学真正的开端。牛顿运动定律（含惯性定律）的建立标志着物理学从自然哲学转变为经典物理学。正如由 S.P. 帕克主编的《物理百科全书》（第 5 版）所述："物理学以前被称为自然哲学。物理学涉及自然的某些方面，它们可以通过一种基本的途径，即依据一些基本原理和基本定律来加以理解。随着时间的推移，不同的专业学科已经从物理学中分离出来，形成了自己的研究领域。"物理学在之后的发展中始终以理解自然界的结构和解释自然现象为目的，直到 19 世纪才形成了由力学、热学、光学、电磁学四个部分组成的经典物理学。随着20世纪物理学研究的发展,以爱因斯坦为首的一批有远见卓识的科学家冲破旧理论框架,彻底更新了物理学的基本观念和基础理论,创建了相对论和量子力学,使物理学真正得以建立。新版课程标准明确指出:"物理学是研究自然界物质的基本结构、相互作用和运动规律的科学。"

2. 我国物理学的发展

关于我国物理学的发展,首先要区分中文的"物理"与"物理学"。"物理"一词是中国本土的词语,而"物理学"一词是舶来品。

据相关文献,"物理"一词早在大约公元前2世纪成书的《淮南子》中就已出现。在晋朝,"物理"一词泛指事物之理,这一说法起源于我国战国时期庄子的"论万物之理"。在唐宋时期,"物理"一词已被普遍使用,宋代朱熹等人常用到"物之至理"或"物理"一词。而明代吕坤著有《呻吟语》,其中卷六外篇第二部分名为"物理",大体是有关物性的内容,用以引申一些关于人文及世界的观点。当时"物理"一词的含义并不同于现代意义的"物理学",也非physics所指。

1851年,日本人川本幸民将英文physics译为日文,1900年,中国的王季烈和日本的藤田丰八翻译了1879年饭胜挺造编著的《物理学》一书,得到"物理学"一词。[①] 而在这个词传入我国之前,我国已开设了讲授西方自然科学的"格致"课,其内容包括物理、化学、数学、动物、植物等。直到1902年,物理学才作为独立的一门学科课程在中学开始设立,随后在1912年,金陵大学开设专门的物理课程。

(二) 高中物理学科的范畴

从整个物理学的发展过程来看,物理学是一门基于观察与实验,建构物理模型,应用各种工具,通过科学推理和论证,形成系统的研究方法和理论体系的学科。物理学的发展对自然科学、科学技术、人类文明和社会进步做出了巨大贡献。由于物理学研究的是自然界中物质的基本结构、相互作用和运动规律,因此,现行普通高中物理课程选取物理学中最基本的内容作为教学重点,主要包括经典物理学中的基础部分、少量相对论与量子力学的内容。其中,经典物理学中的基础部分又包括经典力学、经典电

---

① 杨玉. 关于中译"物理学"名称的由来 [J]. 物理, 1987 (1): 55-57.

磁学、经典光学、经典热学。

1. 经典力学

经典力学研究宏观（相对于分子、原子等微观粒子而言）、低速（相对于光速而言）下物体做机械运动的现象和规律。在历史上，经典力学的建立与发展对人类自然观、自然科学、社会科学均有很深刻的影响。经典力学的建立使得人们从力学的角度去观察现象，认识自然。人们可以将一切的运动归纳为机械运动，这不仅促进了当时科学技术的发展，也促使人类的自然观从客观唯心主义向机械唯物主义过渡。[1] 随着物理学的发展，经典力学被不断细分，包括质点力学、刚体力学、流体力学、弹性力学、塑性力学、分析力学、声学等分支。质量、时间、空间是经典力学提出的三个最普遍的基本概念。经典力学中的动量守恒、角动量守恒和能量守恒是自然界中具有普适性的定律。由于这三大守恒定律在经典力学范围内可以由牛顿运动三定律导出，因此，人们常把牛顿运动定律、万有引力定律和力的独立作用原理作为经典力学的理论要点。值得一提的是，经典力学不仅在自然科学方面有着极大的影响，在一定程度上也促进了哲学的发展，而康德与黑格尔在反思经典力学所蕴含的机械唯物主义观念的基础上各自独立地发展了独特的哲学体系。

经典力学是高中物理的开篇知识。高中的力学知识是以牛顿的经典力学为基础的物理学体系，包括直线和曲线运动规律、牛顿运动定律、万有引力定律和三大守恒定律，同时关注伽利略在研究中首创的科学实验方法和牛顿的研究方法。牛顿对经典力学的研究方法在自然科学发展中起到了极大的推动作用，以至于牛顿所著的《自然哲学的数学原理》成为当时自然科学研究的规范准则。在高中物理的研究和学习中，我们常常用到牛顿卓有成效的思想方法体系，将知识与思想方法体系相结合，有助于更好地从科学的角度观察、认识、解释生活与自然界中的各种机械运动。比如在分析运动问题时，不管情境是简单的还是复杂的，我们因为坚信物体"因力而动"，所以皆以分析物体的受力为起点，进而分析物体的运动。

2. 经典电磁学

从最初的研究到 19 世纪初期，电磁学一直被分为电和磁两个独立平行的学科分支。在电学和磁学统一之前，法拉第提出了场的概念，为电、

---

[1] 刘洋溢. 关于经典力学的几点认识 [J]. 中国校外教育，2019（5）：111.

磁现象的统一理论准备了理论条件。法拉第率先提出"力线"和"场"的概念,带来了一种全新的研究方式,麦克斯韦正是继承和发展了法拉第的思想,为之找到了完美的数学表达形式,从而建立了电磁场理论。同时,这一时期丰硕的实验研究成果也为电、磁现象的统一理论准备了实验条件。电流的磁效应(奥斯特实验)和变化的磁场的电效应(电磁感应实验)的研究推翻了电和磁不相关的传统思想。正是这两个实验,加上麦克斯韦关于变化电场产生磁场的假设,奠定了电磁学的整个理论体系。建立电磁学理论的过程体现了物理学独有的研究方式。正如麦克斯韦所说:"把数学分析和实验研究联合使用所得到的物理科学知识,比之一个单纯的实验人员或者单纯的数学家所具有的知识更加坚实、有益而牢固。"[1]

经典电磁学和经典电动力学的研究对象都是电磁场的基本属性、运动规律以及电磁场同其他物质之间的相互作用。后者在使用数学手段和理论深度上较前者进了一步。电磁场概念是电磁学最基本的概念,"变化着的电场能产生磁场,变化着的磁场能产生电场"是电磁学的重要思想,麦克斯韦方程组和洛伦兹力等是电磁学的理论要点。正如经典力学的知识可以纳入牛顿的三大定律中一样,整个宏观的电磁学知识都可以纳入麦克斯韦的理论框架中。电磁学的建立与发展大大推动了电力技术革命[2],从而形成了发电工业、电机工业、电灯、电话、电报等一系列电气产业。电气化的到来使整个工业和人类的社会生活发生了广泛而深刻的变化,这些变化又由于电磁学的继续发展获得了不断完善和提高,同时也推动了其他自然科学的发展。

经典电磁学在高中物理学中主要由五部分内容组成,包括电场、恒定电流、磁场、电磁感应和交变电流,这些内容于课程标准中主要被安排在粤教版必修第三册和选择性必修第二册这两个模块中。必修第三册模块主要介绍静电场、电路及其应用、电磁场和电磁波初步、能源与可持续发展等内容,对场的物质性、场的能量观念等有一个初步的介绍,重点关注电

---

[1] 赵定涛. 麦克斯韦:经典物理学的巨匠,现代物理学的先师[J]. 自然辩证法通讯, 1993 (1): 67-78.

[2] 关立言, 张大林. 19世纪的电磁学与电力技术革命[J]. 开封大学学报, 1997 (3): 33-36.

场强度、电势、磁感应强度、磁通量等物理量的含义及其定义方法,重视物理规律的建立过程,例如让学生了解库仑定律的探索历程、体会库仑扭秤实验设计的思想方法等。选择性必修第二册模块中的电磁学内容,重点关注安培力与洛伦兹力等的应用,强调电磁感应定律、楞次定律等电磁学基本规律在生产生活中的应用,学生应通过对感应电流等相关问题的科学探究,了解电磁振荡的过程、交变电流的产生原理和方式以及高压输电、变压器等的原理,认识常用传感器的基本原理和简单的控制电路。

3. 经典光学

光学研究的是光的性质及其与物质间的各种相互作用。光是一种电磁波,因此,在一些场合我们需要考虑光的波动性,而在另一些场合还需要考虑光的粒子性,因为光具有波粒二象性。这是光学中的基本概念,其中,惠更斯-菲涅耳原理、波动理论等是光学的理论要点。

光学是物理学中最古老的一门基础学科。在萌芽时期,人们对光的认识是和生产、生活实践紧密相连的。这时的人们主要通过观察的方法对光学现象进行研究,并没有对其原因展开科学探究。17世纪,基于开普勒、斯涅耳、笛卡尔等人的研究,费马提出光传播的路径是光程取极值的路径,这标志着光学进入几何光学时期。这一时期是整个光学发展史的转折点,研究者开始通过实验,利用数学等手段进行研究。这一阶段的光学研究使人们制造出望远镜和显微镜,大力推动了航海、天文等方面的发展,为科学研究提供了革命性的方向。17世纪下半叶,以牛顿和惠更斯为代表的持续200多年的"光学大战"开始转向对光的本质的研究,人们对光的认识开始逐步深化,也标志着几何光学时期向波动光学时期过渡。直至1799年,托马斯·杨完成的双缝干涉实验证明了光以波动形式存在,使得光学的研究真正进入波动光学时期。这一时期,菲涅耳对惠更斯原理的补充形成的惠更斯-菲涅耳原理,能完美地解释光的干涉和衍射现象。

光是具有波粒二象性的,但高中阶段主要研究光的波动性,重点介绍了光的折射定律、光的全反射、光的干涉、光的衍射和光的偏振现象等。这些内容既包含几何光学的研究内容,也包含波动光学的研究内容。

4. 经典热学

热是人类最早发现的一种自然力,但直到16世纪人们才开始把热作为对象进行研究。和光学的发展历史相同,在早期的研究中人们并未对热的本质进行探究。直到19世纪,焦耳经过一系列实验,证实了热是能量的另一种形式，并确定了热能与功换算的比值，人类才开始对热的本质进行探究，并由此建立热力学第一定律。之后为了改进热机，科学家在提高热机效率的过程中发现了最具效率的"卡诺循环"，克劳修斯和开尔文分别通过对理想热机效率问题的研究，各自独立发现了热力学第二定律。热力学第一定律和热力学第二定律与1912年瓦尔特·能斯特提出的热力学第三定律统称为热力学三大定律。克劳修斯应用初步的统计方法推导出了气体压强公式，麦克斯韦运用数学中概率的方法推导出了物理学史上第一个统计定律——气体分子速率分布定律，将热学研究从宏观引入了微观，后人在此基础上不断完善，建立了分子运动论。

基于经典热学制造的各种仪器推动了自然学科的实验手段的发展，而且基于热力学所诞生的蒸汽机和动力机促使了第一次工业革命的爆发，为人类的工业进步奠定了扎实的理论基础。

高中物理的经典热学知识主要由热运动的宏观理论（热力学理论）和微观理论（分子运动论）两部分组成，包括布朗运动、物体内能以及热力学定律等内容。

总之，物理学是最基础的自然科学之一，具有较强的规律性，其任务就是揭示自然界的客观规律，并以这些客观规律去指导人类的实践活动。不管哪个物理学分支，都有众多的定律、定理，它们都属于规律的范畴。这些定律和定理描述了物质的相互作用和运动规律，揭示了客观事物之间的联系。物理学习过程就是不断加深对物理概念的理解和物理规律的认识的过程。

（三）高中物理学科的性质

《普通高中物理课程标准（2017年版2020年修订）》对高中物理的课程性质是这样界定的：高中物理课程是普通高中自然科学领域的一门基础课程，旨在落实立德树人根本任务，进一步提升学生的物理学科核心素养，为学生的终身发展奠定基础，促进人类科学事业的传承与社会的发展。高中物理课程在义务教育的基础上，帮助学生从物理学的视角认识自然，理解自然，建构关于自然界的物理图景；引导学生经历科学探究过程，体会科学研究方法，养成科学思维习惯，增强创新意识和实践能力；引领学生认识科学的本质以及科学、技术、社会、环境（STSE）的关系，形成科学态度、科学世界观和正确的价值观，为做有责任感的公民奠定基础。基于上述描述，结合高中物理学科核心素养与 STSE 教育思想，可以从科学性、实验性、社会性和自然性四个方面来理解高中物理的学科性质。

1. 科学性

物理学研究对象的客观性和研究方法的规范性决定了其科学性。物理学的研究和实践要求最大限度地排除主观人为因素的影响，消除人的错觉和偏见，尽量客观、真实地反映、描述自然界，这就决定了物理学是一门求真求实的实证科学，从而充分显示了物理学的客观性、科学性。[①] 学生可以通过高中物理学科的学习，培养科学的问题意识，在面对真实情境时，从不同角度客观地分析物理现象，提出并准确表述欲探究的物理问题，作出科学假设，从而认识到科学的本质，经历科学探究的过程，体会科学研究的方法，培养科学思维。

2. 实验性

英国物理学家布拉格曾说过："科学从实验中获得生命。"作为自然科学领域的一门基础学科，物理学是建立在观察与实验基础上的，物理学的观点、规律和公式等都必须以客观性实验为根本。学生学习物理实验内容，有利于训练逻辑思维，提高实践操作的能力，培养学习物理的兴趣，提升团队协作能力。

3. 社会性

从物理学的角度观察、思考与物理有关的社会性问题（如运输问题、环境问题、能源问题、科学认知问题、核武器问题等），并用物理的方法解决问题，介绍最新的科学技术研究成果，应该是提高科学素养的物理教学趋势。这不仅能培养学生的物理学思维，使之保持学习热情，提高其物理学科核心素养，而且能促使学生遵守社会道德规范。认识和评价物理研究及其应用，还能促使学生增强保护环境、节约资源的意识，形成可持续发展观和培养社会责任感。

4. 自然性

人与自然是密不可分的，而物理学是研究自然界物质的基本结构、相互作用和运动规律的学科，是人类认识自然的方式之一。换言之，没有了

---

① 朱爱国，程民治. 科学性与人文性的统一——是物理学之魂 [J]. 现代物理知识，2017，29(4)：67–72.

自然界，物理学就失去了研究对象，没有了存在的价值。在义务教育阶段物理课程的基础上，高中阶段物理课程需引导学生学会以物理学的视角认识自然、理解自然，用物理概念与规律建构关于自然界的物理图景，获得打开自然界大门的钥匙。

（四）物理学科价值的基本定位

从学科的价值取向来看，所有学科都有其存在的价值，学科价值取向大体上可以归为三类：以学科发展为中心的价值取向、以学生发展为中心的价值取向以及以社会发展为中心的价值取向。我们可以从学科发展、学生发展、社会发展等维度去分析物理学科的价值取向。

1. 学科发展的价值取向

物理学是自然科学的基础，它研究一切物质的相互作用、运动规律，注重研究物质、能量、时间、空间以及它们之间的相互作用，所涉及的领域大到浩瀚宇宙，小到微观粒子。物理学科发展的价值取向可以从物理学科自身的发展和物理学科促进其他学科的发展两方面进行阐述。

（1）物理学科自身的发展。

物理学科理论体系随着时间的推移变得越来越丰富。16世纪以前，物理学科知识主要包括以亚里士多德的《物理学》《力学》以及我国古籍《墨经》《考工记》《论衡》为主的物理学著作所记载的关于力、热、光、电、磁现象等内容，多限于从自然哲学和生活经验中总结相关物理知识。[1] 16世纪末，伽利略开创以实验和数学相结合的方法研究物理现象，使物理学开始从经验哲学中分离出来。到19世纪末，经牛顿等人的努力，经典物理学形成了相对完善的科学体系。后来爱因斯坦提出的相对论原理，奠定了物理学对宇宙学理论探索的基础。与此同时，普朗克、德布罗意、薛定谔、海森堡等人在微观物理学中的探索，开拓了量子物理领域。时至今日，物理学已发展成为一个相当庞大的学科群，包括原子核物理、凝聚态物理、粒子物理、等离子体物理、光物理、声学物理、计算物理和理论物理等主体学科及其分支学科。现代物理正向着更微观、更宏观和更复杂的领域迈进。总之，物理学科的发展从自然哲学理论到经典物理学理论，再到相对论和量子理论等，一直引领着人类探索自然的奥秘，并在探

---

[1] 封小超，王力邦. 物理课程与教学论 [M]. 北京：科学出版社，2005：12.

索的道路上不断拓展和完善。

（2）物理学科促进其他学科的发展。

物理学内部分支错综复杂，现代物理学庞大的学科群与化学、生物学、材料科学、天文学等其他学科相互渗透和交叉，产生了许多新的、富有生命力的边缘和交叉学科，形成了极有发展前途和富有发展潜力的科学前沿。从这个角度看，物理学科既是一整套完整的学科体系，又是一门能协助其他学科发展的辅助学科。物理学不仅促进了材料、能源、环境、信息等领域的进步，而且促进了人类生产和生活方式的转变，为人类文明和社会进步做出了巨大贡献。

2. 学生发展的价值取向

高中物理课程注重从物理观念、科学思维、科学探究、科学态度与责任等方面提炼学科育人价值，充分体现物理学科对提高学生核心素养的独特作用，为学生终身发展、应对现代和未来社会发展的挑战打下基础。物理学科作为中学的一个重要学科，其研究的物理学的基本概念、基本规律是解释自然现象、揭示自然规律和认识自然科学的基础，也是培养学生能力的重要基础。

（1）学生物理知识和能力的发展。

高中物理课程具有促进学生物理知识和能力发展的价值。一方面，物理课程教学中教师要向学生传授关于力学、热学、电磁学、光学、原子物理等领域的基本知识；另一方面，物理学作为一门以实验为基础的学科，需要教师引导学生进行物理实验，使学生经历科学探究过程，通过该过程，培养学生的观察能力、实验能力、动手能力、应用知识解决实际问题的能力以及团结协作的意识等。

（2）学生科学思维的发展。

很多中学生尤其是高中生，觉得学习物理有困难，他们认为学习物理有困难的原因往往并不是物理知识点本身难懂，而是在学习物理基本知识后，还存在大量的物理试题不会做，考试不能取得高分，但这些试题又确实和物理基本知识点相关。学生懂物理知识却不会做物理试题的主要原因是学生在获取物理知识时，缺乏思考和应用物理知识的能力。这部分学生仅仅停留在对物理基本知识本身的获得上，这种学习效果并不符合物理学科教育的理念。物理学科教育一方面要让学生掌握扎实的基础知识，另一方面要注重培养学生的物理思维能力。只有使学生将物理知识与科学思维相结合，才能真正体现物理学科教育的真谛。而物理科学思维的培养可以通过物理学科本身在发展中积淀的一系列独特思维方式来实现。

（3）学生科学态度与责任的发展。

高中物理教育不仅仅是对学生讲授物理知识，培养其思维能力，也强调对科学态度与责任的培养。社会需要有知识、有能力的物理人才，更需要具有社会主义核心价值观的公民。物理教育既要培养学生科学的方法和态度，又要使学生德智体美劳全面发展。

3. 社会发展的价值取向

20世纪60年代以来，社会发展的基础是生产力和经济的发展，科学技术和科技创新已成为第一生产力，成为社会经济发展的核心。物理学由于研究对象的普遍性和广泛性而成为科技发展最重要的基础学科之一。因此，物理学科对社会发展有着巨大的价值，可以从以下两个方面对物理学科社会发展的价值取向进行认识。

（1）向社会输送物理专业人才。

首先，培养具有扎实物理基础知识和富有创新精神的人才，为物理学科的研究事业输送后备力量。其次，培养既精通物理科学知识，又精通教育科学知识的人才，为我国普通教育、职业教育、成人教育、继续教育等各类教育形式输送物理教师。

（2）提高人们的科学素养。

科学素养是社会公民应具备的最基本的对科学技术的理解。如果做到以下三点，就可以被认为具备了基本的科学素养：①基本理解科学知识（术语和概念）；②基本理解科学的研究过程；③基本理解科学、技术、社会之间的关系。从对科学素养的三个维度的解释可以看出，科学素养包括人们对科学技术知识乃至国家经济的发展、个人生活质量与社会责任、科学技术文化的塑造等多方面的思考。提升全体学生的科学素养是物理学科教育最根本的价值追求。

4. 物理学科的育人价值

当今世界，人才培养成为一个国家繁荣与发展的保障。物理课程对人才培养和素质教育发挥着不可或缺的作用，物理课程具有如此重要的功能，是由物理学科的基本性质决定的。新版课程标准（2017年版2020年修订）深入总结了21世纪以来我国普通高中课程改革的宝贵经验，并充分借鉴国际课程改革的优秀成果，明确提出了要落实立德树人根本任务的要求，体现物理课程的育人功能。

(1) 物理学科的智育功能。

首先，在物理学科教学中，教师从物理学视角引导学生学习关于物质、运动与相互作用、能量的基本知识，通过学习物理概念和规律，培养学生从物理学视角解释自然现象和解决实际问题的能力。其次，在物理学科教学中，教师引导学生对客观事物的本质属性、内在规律进行思考，并通过分析综合、推理论证等方式进行科学推理，对不同的观点和结论进行检验和修正、质疑和批判。最后，在物理学科教学中，教师引导学生通过对物理现象的观察和对物理问题的思考，提出问题、形成猜想和假设、设计实验和制订方案、获取和处理信息、基于证据得出结论并作出解释，最后针对科学探究过程和结果进行交流、评估、反思。[①]

(2) 物理学科的德育功能。

德育是对学生进行思想、政治、道德、法律和心理健康方面的教育。在物理课程教学中，最传统的德育方式往往是通过师生关系、生生关系、教学组织关系等形式向学生渗透德育内容。这样的教育形式，在一定程度上对学生的德育发展具有积极作用。如学生在物理实验过程中学习如何与他人相处、如何思考、如何看待问题、如何倾听他人的意见等。但这样的教育形式往往与物理知识本身并无联系，究其原因是教师对知识的深层意义挖掘不够，物理课程教学实际上是可以通过物理知识本身向学生传达德育要素的。例如，高中物理知识"光的全反射"现象是光从光密介质射向光疏介质，入射角由零变大，在此过程中，反射光逐渐增强，折射光逐渐减弱，这个阶段属于量变阶段，当入射角增大到临界角时，折射光消失，入射光全部反射，导致由折射到全反射的质变。通过这一现象，教师可以引导学生意识到任何事情都有一定的限度，超过了这个限度，都会发生本质的变化，事物发展没有量变的过程，就不会有质变，这正是自然界发展的普遍规律——从量变到质变的规律。这样的例子还有很多，如弹性限度、粗糙程度等内容。又如，在讲到质点、点电荷、单摆等理想模型时，可及时渗透怎样处理主要矛盾和次要矛盾；在讲到电与磁相互转化、能量的相互转化等知识时，可及时渗透物质在一定条件下可以相互转化的

---

① 廖伯琴. 以学生发展为本改进普通高中物理课程：《普通高中物理课程标准（2017年版）》解读 [J]. 人民教育, 2018 (10): 43-46.

观点;在讲到惯性、摩擦力等知识时,可及时渗透一分为二看待事物的辩证思想;在讲到电场与磁场、光的波粒二象性、原子核裂变与聚变时,可及时渗透事物之间具有对立统一关系的思想。[①] 物理学科教学中,这样的例子还有很多,目的是让学生在学习物理知识的同时,体会辩证唯物主义思想。这也是一种德育价值的体现。

（3）物理学科的美育功能。

美育的目标主要是培养学生的审美观,发展他们鉴赏美、创造美的能力,培养他们的高尚情操和文明素质。对于物理课程来说,审美教育是指深入挖掘自然规律,从科学视角来揭示物理美,并采用生动形象的教学手段和艺术化的教学形式对学生进行教育的过程。美所激发的创造热情,是探索科学奥秘的巨大动力。中学物理课程中很多内容都涉及美的教育。比如"电磁波的发现"这节内容,可以让学生认识电磁波是由变化的电场和变化的磁场相互激发、交替产生的,同时感受到大自然的对称美。再如,"用三棱镜将太阳光分成七色光"这一实验内容,可以让学生掌握光的折射规律,同时欣赏到隐藏在物理学知识背后如童话般的美妙意境。此外,诸如"满天星""纸锅烧水""空瓶吞蛋""人造彩虹""魔镜成像""电路黑箱""红色喷泉"等实验都能给学生带来无限乐趣和美感。因此,不管是概念性知识的学习还是实际的实验操作,物理课程都能发挥美育功能。

（4）物理教育与体育运动的融合。

体育运动中融合了较多的物理知识,在物理教学中,教师可以在适当时机将物理教育与体育运动相融合。例如,可根据篮球运动中投篮时斜抛运动的特点,进而探讨如何投篮才能更容易进球;通过打篮球、踢足球等体育运动实例,探讨动量定理的应用;通过骑自行车等实例,探讨圆周运动、摩擦力、功和功率等相关知识。将物理教育与体育运动紧密结合,体现了"从生活走向物理、从物理走向社会"的教育理念。通过切实将物理教育与体育运动相互渗透,能有效激发学生的学习兴趣,达到学以致用的目的。

---

① 朱丽琨. 让物理学科教学成为文化的获取过程:谈物理知识的文化价值与意义 [J]. 湖南中学物理, 2014, 29 (4): 23, 34.

(5) 物理教育与劳动教育的融合。

历次工业革命均与物理学的发展有着密切联系，通过家庭劳动和社会劳动可以体现物理学的价值。比如，烹饪劳动包含内能、热力学定律等相关物理知识；常见家电的使用和维修涉及电学中的许多知识；卫生打扫、绿植维护、家庭网络维修等均涉及丰富的物理知识。

普通高中课程方案将劳动设为必修课程，共六个学分。其中，志愿服务占两学分，且学生需进行不少于40个小时的志愿服务，该部分需要利用课外时间完成。在物理教育教学的过程中，教师可以在知识讲解、试题解答等过程中培养学生的劳动观念和劳动品质。依据《义务教育劳动课程标准（2022年版）》，日常生活劳动、生产劳动、服务性劳动三大类，清洁与卫生、家用器具使用与维护、农业生产劳动、新技术体验与应用等十项任务群及其要求水平，为物理教育与劳动教育的融合提供了可以参考借鉴的途径和主题。《普通高中物理课程标准（2017年版2020年修订）》以实现立德树人的基本任务为目标，注重落实物理课程的育人价值，构建以生活与自然为基础、以学科知识为支撑、以物理学科核心素养为主导、具有中国特色的高中物理课程。

二、核心素养导向下的学习方式

物理教学的目标是通过物理学科的学习进一步促进学生物理学科核心素养的发展，形成物理观念，提升科学思维，学会科学探究，培养科学态度与责任，为学生的社会发展和终身学习打下坚实的基础，而不是培养只会考试的学生。要达到这一目标，就必须明确和聚焦新课程的教学目标，锚定目标不放松，将物理学科核心素养的培养渗透到教和学的全过程。

（一）学习的相关理论

学习过程就是认知过程，物理学科学习不仅要使学生形成物理观念，还要培养科学思维，学会科学探究，发展科学态度与责任，最终达成物理学科的育人目标。鉴于物理学科核心素养内涵的多维性、培养过程的阶段性、目标达成的长时性等特点，如何有效提升学生的物理学科核心素养成为亟待解决的问题。学习的相关理论主要有以下四种。

1. 皮亚杰的建构主义学习理论

皮亚杰的建构主义学习理论是现代教育心理学的重要组成部分，认为学习是一个不断建构的过程，需要学生在与环境的互动中主动探索和发现知识。皮亚杰运用"图式"概念表征儿童在不同年龄阶段的智力结构，这里的"图式"指动作或心理运算的结构，是儿童对世界的感知、理解和思考方式。"图式"的形成和变化是认知发展的本质，其发展是通过同化、顺应和平衡三个基本过程来实现的。

2. 布鲁纳的认知结构学习理论

布鲁纳认为，所谓的知识学习就是学习者在头脑中形成学习知识的结构，知识结构具有相应的层次结构，可以通过个体的编码体系表现出来。这里的编码体系指存在于个体认知结构中物质世界的信息分类及信息组合方式，它是不断变化和重组的，编码体系的一个重要特征是相关类别的分层排列，学习知识的过程就是形成编码体系的过程。

3. 维果茨基的最近发展区理论

维果茨基认为，学生的学习过程有两种水平，即学生已达到的现有水平和可能达到的发展水平，教学应走在可能达到的发展水平的前面。

4. 奥苏贝尔的认知同化理论

奥苏贝尔主张学习是认知结构的重组，学习过程中既要重视原有认知结构的作用，还特别强调学习材料的内在逻辑性。奥苏贝尔认为，影响学习的最重要的内容是学生已知的内容。[①]

(二) 学习方式

1. 从被动学习转向自主学习

如果学生只是被动学习，那么他们记住的只是知识，如果只是机械地重复，那么掌握的只有技能，这样的学习还处于低级认知和低阶思维的阶段，还处于浅层学习的状态。学习的过程，本质上就是学生自我建构的过程。学生是学习的主体，是任何人都不能代替的，所以让学生学会学习的最好方式就是引导学生自主学习。

在教学过程中，教师要让学生学会主动将学习与生产生活和科技发展相联系，让学习变得有趣，让学生愿学。有时候，教师可以适当地降低难

---

① 李新乡，等. 物理教学论 [M]. 北京：科学出版社，2005：87-91.

度，让学生自主发现结果，体验成功，让学生能学。当学生遇到困难时，教师要适当引导、耐心指导，让学生会学。如果教师能让学生顺利地在不断的挑战中学习，学生就会进入深度学习的状态，训练科学思维，发展学习能力，从而达到愿学、能学、会学的目的。

2. 从认知学习转向探究学习

学习的过程，就是核心素养发展的过程，没有学习的过程，核心素养就难以培养和发展起来。素养就是当一个人把知识忘掉之后所剩下的能力。核心素养不是知识，知识学习在某种程度上，在某些情况下可以跨过学习过程而直接记忆和认知，但核心素养只能通过学习过程逐步培养和发展起来。知识是前人努力后积累的认识成果，是学习的基础，而不是学习的全部。教师需要从结果出发设计学习过程，让学生经历探究过程，像科学家一样去经历和发现。

三、核心素养导向的物理学基本教学模式：激发—启示—整合

物理学是一门基于观察与实验，建构物理模型，应用各种工具，通过科学推理和论证，形成系统的研究方法和理论体系的学科。基于对学习理论的认识，结合物理学科的特点，在核心素养理念下探讨物理学科教学，其基本教学模式是"激发—启示—整合"。

（一）激发

学习动机的激发是学习活动发生的必要条件。动机是引起和维持个体活动，并使活动趋向一定的目标，以满足某种需要的一种内部心理状态，而学习动机则是学习活动的驱动力量。[①] 心理学家奥苏贝尔将学校情境中的成就动机分为认知内驱力、自我提高内驱力、附属内驱力。在这三种内驱力中，后两者都是外部动机。根据新的课程理念，学习活动要以学生为中心，激发学生的深层动机，发挥学生的主体积极性。由此我们应将研究重点聚焦到如何激发学生的深层动机这一问题上来。

激发学生的深层动机是促进深度学习的前提条件。深层动机主要由认

---

① 张大均. 教育心理学[M]. 2版. 北京：人民教育出版社，2013：134.

知内驱力和兴趣决定。认知内驱力是指向学习任务本身，在要求理解、掌握知识，以及系统阐述问题或解决问题的基础上产生的一种内部动机。①学生的认知内驱力具体表现为好奇心、求知欲和探究欲。认知内驱力是产生深层动机的一个重要方面。例如，学生在学习了"天体运动"这一节的知识后，可能会对具体某一天体（如地球、月球、太阳等）运行的特点产生好奇，或试图利用所学的知识去解释某些天文现象。这种对某些知识有一定了解而对未知事物产生的强烈好奇心，就是学生继续学习的深层动机。激发深层动机的另一个重要方面是兴趣。人们常说兴趣是最好的老师，兴趣不仅影响着学习的发生，还决定着学生在学习过程中的专注状态。

激发学生物理学习兴趣的方式是灵活的、手段是多样的，大致可以归纳为三个方面：一是现实生活中与物理相关的现象和问题，包括身边的事物、影视媒体呈现的内容、科技前沿以及社会话题等；二是物理学科中的现象和问题；三是课堂情境设置中展现的现象和问题。一个适切的情境，能够极大地调动学生参与课堂活动的积极性，唤醒学生已有的认知，帮助学生自主建构知识。

无论是个体的认知内驱力还是通过外界刺激所引发的兴趣，都是物理学习的力量源泉，因此，动机激发是物理学习的起点。

（二）启 示

"不愤不启，不悱不发"是孔子关于启发式教学的论述，也是两千多年来一直影响着后人的教育理念。我们认同学习是学习者基于一定的经验背景自主建构知识的过程这一观点，但同时也不否定启示在学习过程中所发挥的重要作用。启示重在启发开导，使学生有所领会，目的是让学生结合自己的思考而得出解决问题的思路或方法，在解决问题的过程中获得知识、提升能力。不同的知识需要不同的建构方式，启示的形式和情况都有所区别。根据目前较普遍的分类方式，可将知识分为陈述性知识、程序性知识和策略性知识。下面分析在这三类知识中启示所发挥的作用，并进一步针对如何帮助学生建构这三类知识展开讨论。

物理陈述性知识是指反映物质结构、物体间相互作用以及运动规律的

---

① 张大均. 教育心理学 [M]. 2版. 北京：人民教育出版社，2013：136.

物理概念、事实和原理的知识，包括物理现象、物理概念和物理规律（定理、定律）。这类知识的特点是偏记忆和理解，学习这类知识较为高效的方式是接受学习。奥苏贝尔认为，接受学习是指在教师的指导下，学生接受事物意义的学习。① 接受学习的客体大多是已有的概念、定义、规律等知识，学生从多种角度理解新知识，并将其纳入已有的认知中。物理学中有众多的陈述性知识，如单位制，牛顿三大定律的内容、意义、条件，物理量及其意义等。学生学习此类知识往往通过教师的讲述或阅读教材。启示在接受学习中的主要意义在于帮助学生理解知识和建构新的知识体系。

物理程序性知识主要是指在解决物理问题的过程中涉及的方法，是关于"怎么办"的知识。侧重于实验探究是物理学科重要的特点之一，进行实验探究的过程也是运用程序性知识的过程。科学探究四要素中的"证据"是关于设计实验与制订方案、获取和处理信息等内容，这就关系到以下程序性知识：如何设计实验？如何设计更科学的实验方案？如何获取有效信息？如何对信息进行处理？布鲁纳的发现学习理论强调学生的主动探索，主张学习的目的在于采用发现学习的方式，使学科的基本结构转变为学生头脑中的认知结构。② 可以看出，发现学习方式与实验探究中程序性知识的学习高度契合。学生在发现学习的过程中，或者在建构程序性知识的过程中，往往会遇到自身难以解决的问题，而启示的作用正是帮助学生寻求解决问题的策略。

策略性知识是个体知识结构的最高层次，它是关于如何学习和如何思考的知识。③ 顾名思义，物理策略性知识是关于如何学习物理、如何调控自己的物理学习活动的知识，是影响物理学习效率的重要因素。物理学中有大量概念、公式及规律，如何将这些知识纳入原有的认知结构？如何组织知识间的联系？如何理解新旧知识间的联系？这一系列过程都需要物理策略性知识的参与，从另一个角度来说，物理策略性知识是促进有意义学习的重要条件。那么学生又是如何习得物理策略性知识的呢？物理策略性知识具有内隐性、过程性等特点，学生的习得过程是长期的、反复的，适

---

① 张大均，郭成. 教育心理学［M］. 北京：开明出版社，2012：32.
② 张大均. 教育心理学［M］. 2版. 北京：人民教育出版社，2013：81.
③ 金春寒，郭成. 策略性知识的学与教［J］. 四川教育学院学报，2006（10）：7-8，43.

切的启示能帮助学生找到更适合自己的学习方法，并不断调控学习活动。

（三）整合

一个完整的学习任务，不仅需要激发动机和启示过程，还需要整合知识。不同类型知识的整合方式应有所区别，总体来说大多会涉及反思、批判、创新、延续等方式。

反思是对学习过程的调控和学习结果的评估，它可以帮助学习者审视整个学习任务中的优缺点。反思的目的是补足知识漏洞，优化方式方法，为以后的学习提供有力参考。批判与创新通常是相辅相成的，批判促进创新，创新也需要接受批判。发现别人的不足之处，并对其观点进行质疑与批判，在一定程度上来说是创新的发生条件。回顾物理学的发展路径，可以看到，物理学正是在一次次批判与创新的过程中不断前进的。哥白尼提出的"日心说"，打破了长期以来居于宗教统治地位的"地心说"，实现了天文学的根本变革；伽利略用理想实验方法打破了亚里士多德的"权威"，建立了运动力学的基础。延续主要探讨的是除此之外还可以做什么、还可以怎么做的问题，其作用尤其体现在实验探究结束之后。延续也是促进创新思维培养的有效途径。

"激发—启示—整合"贯穿物理学习全过程，三者缺一不可。动机激发是学习的起点，由认知内驱力和兴趣引起的深层动机是促进深度学习发生的条件；过程启示是学习的重点，是促进知识建构、能力提升的关键；知识整合是学习的落脚点，综合素质的提高、批判精神和创新品质的形成是整合的最终目的。

第三节　核心素养统领下的物理新教材

2016年，《普通高中教科书·物理》（人教版、粤教版等五个版本）开始进入编写阶段，历经三年的时间，在2019年秋季正式在高中教学领域使用。各编写组认真贯彻落实了教育部提出的相关指示精神，在2017年版教材的基础上进行了修订和编写，在总结归纳以往不足的同时，以《普通高中物理课程标准（2017年版）》为依据，力图在提升教材内容、结构和实践应用方面作出改进，希望能够进一步发挥教材的育人作用和教育价值，致力于学生物理学科核心素养的形成与发展。

一、教材编写的指导思想

（一）为培育学生发展核心素养、落实立德树人的根本任务服务

教材编写严格按照党的教育方针和指导精神，致力于学生学科核心素养的形成与发展，在一些细节之处进行优化与完善。普通高中物理教材的设计考虑到内容的融合、知识的连贯以及有效的呈现等各个方面，增加一些与传统文化相关的知识点，阐述我国经济建设的历程，融入一些科学研究的最新成果，这样一来就能促使学生产生强烈的爱国情感，并对社会产生一定的责任感，同时还能培养学生的创新能力和创造能力。这和教育立德树人的基本原则和理念高度契合。

（二）聚焦学科核心素养，落实课程标准的要求

物理课程的设计目的在于促使学生养成良好的学科核心素养，发挥教育的育人作用和社会价值，帮助学生在学习物理知识和技能的过程中树立科学的价值观，塑造健康的人格和品格，提升各个方面的应用能力。物理教材编写注意到：覆盖丰富的知识面；突出学科核心素养培养的目的；提高学生的物理学科学习效率；使学生形成整体的物理观念；培养学生严谨的科学思维；培养学生的探究能力；使学生对科学研究的内涵和意义有深刻的理解。此外，物理教材的编写还特别强调学生物理学科核心素养的形成与发展，为今后的学习和进步奠定扎实的基础。

（三）优化教材的组织呈现形式，为教和学提供便利

教材的内容设计包含两个方面：一方面，教师应根据教材内容来创设各种各样的教学情境，合理安排学生参与课堂教学活动，通过良好的互动和交流来增进学生与教师之间的人际关系，培养学生的自主思考意识和能力，突出教师在课堂教学中的主导者身份，强调学生在课堂教学中的主体地位；另一方面，学生应该在教师的指导和启发下提高自身的自主探究能

力，针对个人的知识结构进行优化和完善，从而演变为整体的物理观念，为今后的学习和发展打下坚实的基础。

（四）在继承的基础上发展创新

学生核心素养的培养并不排斥三维目标的完成，其可视为对三维目标的延伸和拓展。也就是说，教材的编写应参考和借鉴以往的教材，在延伸优点的同时弥补不足，通过创新与变革来突出教育培养人才的目的和意义，根据目前的教育课程改革趋势和规律来提出一些具有创新意义的理念和方法，确保新教材能够与时代发展的趋势和特征保持高度的一致。

（五）以科学的方法为抓手，落实科学思维的培养

科学思维的形成需要满足一定的要素条件，比如建立分析模型，针对问题进行推理，根据资料和证据对假设进行论证，在质疑中不断创新。以质疑与创新为例，其可描述为科学思维形成必需的品质之一，和其他要素相互之间存在密切关联。就科学推理而言，其涵盖了多种推理方法，有通过情景演绎得出结论的推理方法，有通过归纳总结得出结论的推理方法，还有通过类比分析得出结论的推理方法，等等。这些推理方法在相关领域比较常见，能够起到有效的推理作用。关于科学思维的培养，可从以下三个方面论述分析。

一是用科学的方法学习教材知识。以"曲线运动"这一内容为例，在编写教材时写入"运动的合成与分解"这一知识点，由教师对运动的过程进行模拟演示，引导学生通过运动分解来了解曲线运动的原理和概念。这种教学方法既能帮助学生快速理解知识点的内涵，还能延伸到其他知识点，起到事半功倍的教学效果。教材内容的科学安排有助于学生智力的开发以及动手能力的锻炼，帮助学生对物理概念和定量的内涵有深刻的认知与理解，从而形成科学的物理观念，掌握一些常用的关于物理学习的思想方法。

二是将一些科学的学习方法写进栏目中。以往的教材设计虽然也会提到一些科学的学习方法，但通常会以渗透的形式融入教材中，并未形成系统的研究方法和研究理论。教师在开展日常教学活动的过程中，往往会针对相关问题的解决方法进行归纳和总结，促使学生加深印象，这样一来，学生的学习负担和学习压力就会有所增加。在教材设计的过程中，可增加

"科学方法"这一栏目，详细介绍科学研究各个环节中使用的常见方法，让学生能够清楚地认知并运用。就高中物理全套教材而言，其中的科学方法可归纳为两大类：一类是一般性思维方法，可通过情境演绎推导出定理和规律，可根据归纳总结的结果进行推理，可结合知识的抽象与概括获得结论；另一类是特殊的思维方法，比如通过变量控制得出结论的方法，根据比值定义得出结论的方法，借助理想模型分析得出结论的方法。教材的设计考虑到知识学习的目的和任务，通过设立专栏提出一系列具有科学意义和应用价值的方法，帮助学生掌握不同的学习方法，从而有效保证学习效率和学习质量。

三是培养学生的模型建构能力。模型建构能力对学生学科核心素养的形成与发展非常重要，在当前的科研领域中得到广泛的应用，物理学也不例外。教材通过物理学中各种模型的建构来阐述相关的物理概念和物理定律，促使学生对模型建构的流程和内容有一定程度的了解，从而掌握模型建构的方法，具备一定的模型建构能力。按照课程标准提出的要求，将模型建构的层级划分为5级。教材编者通过系统的设计完成课程内容的编写，希望能够促使学生掌握一定的模型建构能力，为物理概念和物理定律的学习与运用提供有力的支持与辅助。

（六）科学探究贯穿始终

在教材编者看来，物理学科领域的科学探究有三层重要的含义。第一，科学探究一直以来都被当成是一种行之有效的学习方法，它要求学生在学习的过程中找出问题，分析问题，并提出解决问题的方法，从而完成知识建构。与被动接受的学习模式相比，探究式学习更加强调学生在学习中的主动性，结合自身的学习实践经验和掌握的理论知识得出结论。第二，科学探究可被描述为一种具有明显程序性的理论知识，是学生需要掌握的知识内容。第三，科学探究可被描述为一种宝贵的学习精神，可促使学生对事物的内在本质和规律进行深入的探究，并贯穿物理课程学习的每一个环节。

由此可见，科学探究在学生的学习过程中无处不在。也就是说，教材中探究实验、科学漫步、物理学与社会、科学家故事等栏目的设计应围绕科学探究的思维和思想来完成。教师可通过科学探究思想引导学生对教材中的问题进行思考和分析，学生基于自身对问题的观察和思考得出结论。

粤教版高中物理新教材增设了新的问题与讨论栏目,目的在于促使学生快速找到问题,营造真实的问题情境,指导学生根据所学知识对问题进行思考和分析,从而得出问题的答案。以"马拉雪橇"的问题情景为例,学生只凭借初中所学的物理知识很难对具体的功进行准确的计算,这种情况下就产生了新的问题,教师可引导学生以其他的方法来解答问题,在反复尝试和验证的过程中,学生的自主思考能力就得到了有效的培养和锻炼。

教材的设计需要依据课程标准,锻炼学生的动手能力,并为此设计一些难度渐进的探究实验。实验的开展是为了培养学生的探究能力,关于这一点,教材中并未介绍详细的操作流程,而是提供整体的实验思路,在某些关键环节上引入各种各样的问题,起到一定的引导和启发作用。以"平抛运动"的实验为例,教材在实验与探究栏目用平抛运动试验器分析平抛运动在水平、竖直两方向的运动规律。在讨论与交流栏目通过频闪照相技术来追踪物体的运动轨迹,标记物体在各个时间节点的位置坐标,以此作为探究物体运动规律的方法。教材提供了相关的频闪照片,并引入问题,由学生对各个问题进行思考和解答。在解答问题的过程中,学生需要设计具体的实验步骤,并搜集相关的资料和证据,通过对数据的梳理和分析得出最终的结论。在整个过程中,学生按照教师的要求既完成了实验,也培养了探究能力,形成了系统的探究意识和探究思维,为今后的探究学习奠定了基础。

二、聚焦学科核心素养,彰显教材育人价值

(一)加强知识学习,适时强化物理观念

课程标准提出,物理观念是一种新的核心素养,从而完成了对知识与技能维度这一核心素养的替代。也就是说,在今后的物理教学中,知识与技能教学这一核心素养已经转换为物理观念教学。按照课程标准的说法,物理观念可被描述为学生对物理概念与物理定律的认知和理解,是具体物理概念在思想和认知上的升华。这就说明,物理观念和物理概念在某些方面有着本质的区别,但又存在密切的关联。学生思维中的物理观念的形成来源于对物理知识的学习和掌握,是对具体物理概念的认知和理解,是具

象物理概念的抽象表现。在教材编者看来，物理教材的编写应该强调学生对物理定律与知识的认知和思考，通过知识的积累和归纳从而实现知识的提炼和升华。

以"机械能守恒定律"这一课程为例，在"能量观"编写的过程中需设计科学的思路和流程。根据功能关系来阐述做功和能量之间存在的逻辑思维结构，从而让学生对能量转化有一定的认知和理解，这样就能提高学生的学习效率，让学生对机械能守恒定律的概念和定义有深刻的认知。

教材的编写需要考虑学生的认知能力和认知水平，促使学生对"功""动能"等物理概念有一定程度的理解，并结合自身掌握的知识挖掘这些概念的内在含义，针对教师提出的问题进行深入的分析和探究。只有掌握基本概念的定义和内涵，才能对知识有深刻的认知，从而为后续的知识学习打下坚实的基础。

新教材的编写更加注重学生对物理基础概念和物理规律的了解与学习，在教材某些地方增加了一些对物理观念的解释，一般会以注释和备注的形式表现出来，可供学生参考和借鉴。以"质点参考系"的建立这一节为例，教材编者会在教材中标注详细的旁批，引导学生对物质的组成结构有一定程度的认知，从而为物质观相关知识的学习和掌握提前做好准备；以"电荷"这一节为例，教材编者会在教材旁边空白处做出详细的注解，介绍分子和原子的组成结构，说明这些粒子蕴含的内在能量，将其视为形成场的主要结构。通过一系列的旁批注释，学生可以对不同的物质结构有深刻的理解和认知，形成整体的物理观念。以运动观来讲，教材编者会在教材中详细介绍直线运动的基本概念和规律，并做出细致的旁批。各种运动形式都与相应的运动规律对应，教师应指导和启发学生深入学习，为学生物理观念的形成与发展奠定理论基础，提供重要的参考依据，让学生能够联系上下文的知识点对课程内容有深刻的理解，从而达到巩固学习以及加深印象的目的。为了促使学生掌握能量观的知识点，教材编者会在课本教材中写下详细的旁批，即能量是我们了解物质世界的理论依据，是衡量物质运动状态和运动速度的参考指标之一。尽管物体的运动形态各不相同，但任何一种运动的发生都存在能量的转移和转化，只要我们了解能量的转化过程，就能对物体的运动有深刻的了解和认知。

（二）全面培养科学态度与责任

科学态度与责任是培养学生的核心素养的内容之一，其目的在于让学生在掌握知识和技能的过程中接受科学态度与责任的教育，从而树立科学的价值观。在设计教材时，编者注重学生科学精神的形成与发展，引导学生对科学的内在和内涵进行深刻的探究与学习，实现 STSE 教育与物理学科教学的相互结合。

从物理这一学科的层面来讲，课程教学有助于科学态度的形成与完善。在教材设计中，编者尝试引入一些经典的实例，让学生了解物理这一学科的教育目的，即求真、求实、客观。以"打点计时器"这一实验课程为例，教材编者可增加旁批："利用仪器得出的数据被称为科研实验的原始数据，对于问题的研究与分析至关重要，应准确记录并好好保存。"需要明确的一点是，实验数据是客观存在的数据，不会随着人的意志变化而发生相应的改变。实验结果的真实性和准确性取决于原始的实验数据，如果人为更改实验数据，那么实验的意义和价值就不复存在。

引导学生对科学的内在与本质产生深刻的认知和理解，这一点在教材设计中应得到充分的体现。郝柏林院士曾经说过："物理学和自然界是两个截然不同的概念，物理学可以认为是人类和自然界的交流与互动。"例如，匀速直线运动在真实的自然界中是无法实现的，我们也找不到绝对光滑的平面，说明理论假设与现实差异，理想模型的作用是帮助学生理解科学的内在与本质，发展批判性思维能力，以促进对物理学更深层次的认知和理解。以相对论和量子论这一知识点为例，教材编者可在教材设计中提出一系列探究性的问题，时空观的变迁、质能方程的推导与应用、黑体辐射与能量子假说、光电效应与光子说、原子光谱与能量不连续性等，阐述科学理论的原理和内涵，促使学生对科学的形成与发展过程有一定程度的了解。总的来讲，科学研究是无止境的，只要我们对自然界还有求知欲，就永远不会停止与自然界的交流和对话。

教材的设计还体现了 STSE 的教育思想，利用不同的技术和手段与环境形成严谨的逻辑关系，促使学生产生强烈的社会责任感和科研精神。人类社会发展的每一个环节都离不开能源的支撑，但能源的开发和利用必定会带来一定的环境问题。教材的内容设计不仅考虑到学生是否能够学习到丰富的物理知识，还提醒学生重视当前的环境保护问题。同时，教材中增加了一些 STSE 栏目，让学生了解科研技术在各个领域的应用情况，从而激发学生对物理知识的学习兴趣。

三、为学生的终身学习和个性化发展创造条件

《中国学生发展核心素养》中强调：教育教学应注重学生的核心素养培养，为学生今后的个人发展奠定基础，为学生的社会适应能力提升做好准备。也就是说，物理学科的学习有助于学生核心素养的形成与完善。物理学科的学习能够为学生创造个人发展的环境和条件，促使学生在现实生活中发现问题，分析问题，并通过自主探究解决问题。

教材的设计可起到一定的引导作用，通过问题情境的创设为学生提供解决问题的机会和平台，锻炼学生的问题分析和解决能力。教材的设计选用一些原始的素材和资料，这样一来，学生就能根据实际问题构建物理模型，在模型建构的过程中形成一定的问题解决能力，为个人学科核心素养的形成与完善打好基础。以"电梯的运行、交通安全"这一日常生活和交通出行中的物理应用为例，学生可根据问题情境和已知数据计算推导出运动情况，教材中的数据是真实且准确的原始数据，学生可通过模型建构得出答案。

教材的形式各不相同，是满足学生个性化发展需求的基础和前提。设计教材时增加"拓展阅读"这一栏目，帮助学生在掌握知识的基础上进行延伸和发展，体现知识的连贯性和整体性。教材的设计应考虑教学内容和形式的灵活性与弹性，由学生根据个人兴趣和爱好自主选择。

教材中设有"物理探究"这一栏目，适用于相对开放和灵活的研究课题。教材内容的选择应强调理论与实践的结合，促使学生提升自身的解决问题的能力。学生可根据样例把握课题研究的流程，然后自选命题，提出假设，收集资料证据，通过验证得出结论。课题研究内容的设计可以摆脱教材的束缚，研究时间相对开放，可实现课堂教学与课题研究的相互结合，发挥优势的同时弥补缺陷与不足，为学生科研能力和核心素养的形成与发展创造条件，提供问题情境方面的支持与保障。

第二章 高中物理教学设计

 第一节 确定核心素养下的教学目标

教学目标指引教师的教学行为,要落实核心素养教育,必须准确、合理确定核心素养导向下的教学目标。"三主线三环节"① 教学设计模式有目标、情境、活动三条主线,本节将介绍如何研读课程标准和教材,把握核心素养教育的要求和理解教材编写思路,介绍确定和描述教学目标的原则和方法,介绍如何合理表述教学目标,确保核心素养教育的方向。

一、确定教学目标的原则与方法

(一) 确定教学目标的原则

教学目标具有导教、导学、导测评的功能,是课堂教学的核心和指引,基于核心素养培养的教学目标构建是教学设计的关键环节。现实的课堂教学游离于教学目标之外的现象还很严重,重过程方法轻教学目标的教学设计普遍存在。在设计教学方案时,教师往往忽略了为何而设计,缺少具体、明确和可观察的教学目标的指引,导致教学设计常常仅凭经验安排和操作,也就出现了连自己都说不清楚的情境为何而设、问题为何而生、

---

① 三主线是指目标主线、情境主线、活动主线。三环节是指活动主线中教的环节、学的环节和评的环节。

师生为何而互动、习题为何而做的现象。在评课时，教师们的聚焦点大多是诸如课堂中的情境创设、问题探究、师生活动等环节，很少去探讨教学目标定位是否合理、教学活动是否依据目标设计、学生的学习是否达到预期目标。

确定教学目标要遵循以下原则。

1. 整体性原则

尽管物理学科核心素养是从四个方面来陈述的，但其却是关注着学生的全面发展的，其实质是相互渗透、相互联系、相互交融、共同发展的有机整体。教学目标只有注意核心素养教育的整体性，才能促进学生全面、健康成长。

2. 层次性原则

层次性原则就是要坚持因材施教，既面向全体学生又兼顾学生个性发展，实现分层提高、分层达标、共同发展。教学目标的层次性表现在兼顾班级中不同学生的知识结构、理解能力、经验或经历的差异，在做好学情分析的基础上，依据物理学科核心素养和学业质量的不同水平要求，恰当地制订不同内容的教学要求。

在现行"3+1+2"高考模式[①]下，选考的科目要达到学业水平4的等级要求，而不考选的科目只需达到学业水平2的等级要求即可高中毕业。教学中对这两类学生的教学要求应有所区别，同时还要关注到学困生、参加自主招生的学生的个性化需求。

3. 可测性原则

教学目标是否落实是通过教学评价来反馈的，因此，目标陈述要精确、标准、具体、可测量。

马杰于1962年根据行为心理学提出行为目标的理论和技术，指出用可观察和测量的行为表述目标。马杰的理论得到不断发展，形成了行为目标表述的"ABCD"法。A、B、C、D分别表示主体（Audience）、行为（Behaviour）、条件（Condition）、程度（Degree）。主体指的是教学对象，即学生；行为指的是通过学习，学习者应该能做什么；条件指的是上述行

---

① 新高考采取"3+1+2"模式，"3"即语文、数学、外语3门统一高考科目；"1"和"2"为选择性高考科目。其中，"1"是从物理或历史科目中选择1门作为首选科目，"2"是从思想政治、地理、化学、生物学中选择2门作为再选科目。

为在什么条件下发生的；标准指的是规定达到上述行为的最低标准，即行为改变的程度。

（二）确定教学目标的方法

课程标准是核心素养教育的纲领，是教材编写的依据，而教材是落实核心素养教育的重要载体，因此，我们要在研读课程标准和教材的基础上确定教学目标。确定教学目标可采用如下步骤：第一，研读课程标准，进行课程标准分析；第二，研读教材，进行教材分析；第三，合理表述教学目标。

1. 研读课程标准，进行课程标准分析

我们可以从下面两个方面研读课程标准。

（1）研读课程标准，了解课程标准中的内容要求、活动建议、教学提示、学业要求对本节课的要求。

（2）分析课程标准对本节课的要求，从物理观念、科学思维、科学探究、科学态度与责任四个方面思考重点要培养学生哪些素养以及相应的学业质量水平，从宏观上把握，做到心中有"标"，为教学目标的制定做好准备。

2. 研读教材，进行教材分析

我们按如下三个步骤进行教材分析。

（1）泛读整本教材，对教材框架、知识结构等有整体认识；

（2）通读教材的本章内容，理解本章知识的逻辑结构；

（3）精读教材的本节内容，站在教材编者的高度去理解本节内容在教材中的地位和教材的编写如何落实核心素养的要求。

进行教材分析时，往往要思考并回答这几个问题：本节课在相应的知识结构中的地位？本节课知识与前后知识的联系？教材的各环节为什么这样安排？本节课有哪些重点知识和难点知识？本节课的知识在生活、生产、科学技术、社会中有哪些重要的实际应用？教材包含了哪些科学方法和素养培养的要素？

3. 合理表述教学目标

我们使用马杰的行为目标表述的"ABCD"法表述教学目标。要合理表述教学目标，增强教学评价的可测性，可以使用描述学业质量水平的动词，使教学目标的表述明确、具体、可观测和测量。

用来描述学业质量水平的词有以下几种。

物理观念方面：了解、理解、解决、解释等；

科学思维方面：熟悉、对比、获得、表达、使用、质疑、分析、解决等；

科学探究方面：观察、提出、使用、整理、得出、陈述、分析、选用、解释等；

科学态度与责任方面：认识、能够、具有、坚持、修正、了解等。

二、从三维目标到聚焦物理学科核心素养的课程目标

1952年，《中学暂行规程（草案）》阐明课程目标基于"基础知识和基本技能"；2001年，《基础教育课程改革纲要（试行）》确定课程目标基于知识与技能、过程与方法、情感态度与价值观；2017年底，《普通高中课程方案（2017年版）》确定课程目标基于学科核心素养。这三个阶段课程目标的变化体现出从知识导向到能力导向，再到素养导向的发展取向，同时也体现了从"教书"向"育人"的转变。物理学科核心素养指学生在接受物理教育的过程中逐步形成的适应个人终身发展和社会发展需要的价值观念、必备品格和关键能力，由物理观念、科学思维、科学探究、科学态度与责任四个方面的素养构成。表2-1列出了2001年和2017年两版课程标准中的课程目标的内涵。

表2-1 两版课程标准中的课程目标

《普通高中物理课程标准（实验）》		《普通高中物理课程标准（2017年版2020年修订）》	
三个维度	内涵	四个素养	内涵
知识与技能	物理学的基本概念和规律、基本观点和思想；实验技能；物理学的发展历程、主要成就和发展趋势；解释自然现象和生活中的问题	物理观念	物质观念、运动与相互作用观念、能量观念

续表 2-1

《普通高中物理课程标准（实验）》		《普通高中物理课程标准（2017年版2020年修订）》	
三个维度	内涵	四个素养	内涵
过程与方法	科学探究的过程、方法和意义；物理学的研究方法、物理模型和教学工具；自主学习能力、自我调控；实践、收集和处理信息；解决问题、交流、合作	科学思维	模型建构、科学推理、科学论证、质疑创新
情感态度与价值观	好奇心与求知欲，体验探索的艰辛与喜悦；参与科技活动热情，实践意识，勇于探索；实事求是的科学态度与科学精神；合作与交流；体会物理学与经济、社会的关系；有振兴中华的使命感与责任感	科学探究	问题、证据、解释、交流
		科学态度与责任	科学本质、科学态度、社会责任

可见，物理学科核心素养是核心素养在物理学科中的具体落实，其四个方面的构成属于层级并列类型，每个方面的素养均包括 3 到 4 个要素。

以促进学生物理学科核心素养的养成和发展为课程目标，既能够克服三维目标本身存在的不足，更能够体现物理学科的育人价值；物理学科核心素养是三维目标的整合、提炼与发展，既有继承又有创新与发展。

三、核心素养下物理教学目标的维度

（一）物理观念目标

1. 物理观念目标的表征

物理观念目标超越了碎片化的知识与孤立的解题技能，是对学生知识掌握和技能发展的更高要求。关于对物理观念的理解，请看下面一道题目：想象你处在遥远的太空中，在你的前面有一块与你相对静止的巨石，你轻轻推一下巨石，试描述这块巨石和你自己在推巨石时与推巨石后的运动情况，并解释其原因。

学生达成运动与相互作用观念的目标后的表现之一便是能够利用牛顿运动定律解释相关的自然现象和解决相关的问题。上述题目的情境创设为"遥远的太空中"，即不受其他外力的作用，仅考虑人和巨石的相互作用，显然利用牛顿第三定律可以得到作用力和反作用力相等，继而根据"巨石"这一条件推理得到人和巨石的质量关系，进而根据牛顿第二定律得到人和巨石的加速度的关系，而推巨石后的情况则依据牛顿第一定律进行解释。在这一题目中，运动与相互作用观念的目标达成状况可以分为三个层次来评估。

第一层次表现：

①我和巨石做反向运动，且速度相等。因为我和巨石均受到了等大反向的力，所以我和巨石会做速度相等的反向运动。

②我和巨石会做反向匀加速运动。因为在太空中不受重力，所以我和巨石仅受到彼此给的等大反向的力，我和巨石会一直做方向相反的匀加速运动。

第二层次表现：

推巨石后，我和巨石会沿着相反方向一直匀速运动下去。力是改变物体运动状态的原因，因为在太空中不受重力，所以当我推巨石时，我和巨石就会向相反方向运动起来，而巨石被推动后不再受力，因此就会一直匀速运动下去。

第三层次表现：

我和巨石向相反方向做匀速直线运动，且$v_人 > v_石$。在太空中，我和巨石都不受其他力的作用，根据牛顿第三定律，当我推巨石时，我和巨石均受到对方施加的等大反向的作用力。因为巨石的质量大于我的质量，根据牛顿第二定律，在推巨石的过程中，我的加速度大于巨石的加速度，所以分开时我的速度大于巨石的速度。又因为分开后，我和巨石都不再受力，根据牛顿第一定律，所以我和巨石做方向相反的匀速直线运动，且我的速度大于巨石的速度。

第一层次的表现特征是物理观念存在混乱和错误之处。形成这一水平的学业表现，往往是由于对牛顿运动定律没有达到"分析、综合和应用"层面的要求，可能只达到"识记"层面的要求，而物理观念的目标达成往往以高阶思维目标的达成为基础。第二层次的表现特征是物理观念结构不完整。从学习者的角度看，形成这种表现水平往往是由于物理学科的知识与技能是零散的、分离的，学习者获得了大量零散的具体知识与技能，但不能在头脑中形成对物理世界的完整认识，不能用物理学的知识和方法解释自然现象和解决实际问题。第三层次的表现特征体现了学生的知识掌握和能力发展符合较高水平的要求，是在理解和应用知识的基础上达成的，更有利于促进学生对知识的整体理解。

新版课程标准将物理观念作为物理学科核心素养的四个维度之一，其也是物理学科的课程目标之一。物理观念涵盖知识目标，但又不同于知识目标。正如前面第一章所述，虽然观念是主观的，但并不代表观念是错误的，物理观念与物理知识相比，更强调个体对客观实在的加工、沉淀和反映。物理观念需要有正确的、系统的、完善的物理知识的支撑，是物理知识在头脑中的提炼和升华。物理观念的外显表现是"解释自然现象和解决实际问题"，所以物理观念目标培养和评价的重要路径都是"解释自然现象和解决实际问题"。"以物理观念统领物理教育教学"是基于物理学科核心素养的教育实践的观念，物理学科核心素养的重要实践路径包括"大概念"。

2. 物理观念目标的实践路径

物理观念在物理知识与技能的基础上，更加强调物理学科的育人价值，更加追求物理学科的本质属性，从而达到以科学的方式学习科学知识的育人目标。基于物理观念的教学实践的重要路径包括两个方面：一方面是从横向角度，基于大概念和大主题的学习设计与实践；另一方面是从纵向角度，基于进阶的学习设计与实践。

（1）基于大概念和大主题的学习设计与实践。

物理观念是物理知识与技能在头脑中的提炼和升华，这种提炼和升华无法通过一个课时来完成，需要按照物理观念结构特征和生成机制促进知识向观念转化。在设计教学目标时，首先应考虑的是学期或学段教学目标，而不是课时教学目标，然后是单元教学目标，最后才是课时教学目标。

从具体的教学目标表述上也可以体现出这种物理观念目标达成路径。例如"牛顿第三定律"的知识与技能目标设计一般如下：①明确物体间的作用是相互的，知道作用力和反作用力的概念；②通过实例分析，弄清楚作用力和反作用力的特点；③掌握牛顿第三定律，正确理解其确切含义；④能正确区分平衡力、作用力与反作用力。

基于物理观念的目标设计一般如下。

正确理解牛顿第三定律的含义，基于牛顿第三定律，进一步建构相互作用的观念：①知道一切物体间的作用都是相互的，能正确表述作用力和反作用力的概念以及"性质相同、大小相等、方向相反、作用在同一直线上"的特点；②能正确区分平衡力、作用力与反作用力。

显然，运动和相互作用观念的达成，在学段目标设计上以物理必修1为主；在单元目标设计上，包括运动的描述、匀变速直线运动、相互作用（力）、牛顿运动定律等；而牛顿第三定律是其中的一节或一个知识点，这一知识点的教学目标设计是在学段目标和单元目标设计的基础上进行的。

（2）基于进阶的学习设计与实践。

根据《普通高中物理课程标准（2017年版2020年修订）》的描述，物理观念包括物质观念、运动与相互作用观念、能量观念等。运动与相互作用的观念无法在学习运动的描述、匀变速直线运动、力、牛顿运动定律后直接形成，因此，教师还要组织学生进行反思和讨论，巩固理解并识别存在的误区，在质量、动量等主题学习中加深理解。开展跨学科联系，如研究生物学科中动物的运动，地理学科中板块的运动，天文学中行星的运动。因此，这个维度目标的达成是一个长期积累的过程，是学生在达到知识目标和高级思维经历螺旋上升之后逐渐实现的。

（二）科学思维目标

1. 科学思维目标的表征

思维是在表象、概念的基础上进行分析、综合、判断、推理等认识活动的过程，是人类特有的一种精神活动，是从社会实践中产生的。[①] 思维

---

① 中国社会科学院语言研究所词典编辑室. 现代汉语词典［M］. 7版. 北京：商务印书馆，2016：1237.

是一种认识活动的过程,是人类在认识和改造客观世界的活动中总结出来的行为方式。

分析《普通高中物理课程标准(2017年版2020年修订)》对科学思维目标的表述可以发现,对科学思维内涵的界定包括四层含义:第一,科学思维是一种认识事物及其内在规律的方式,这种方式包括由一般到特殊的演绎、由特殊到一般的归纳、由整体到部分的分析、由部分到整体的综合等等。第二,科学思维不同于分析、综合、判断、推理等一般性思维,科学思维是一般性思维在科学领域的具体运用。第三,科学思维是建构模型的过程,在初中物理学习阶段,只有光线、磁感线、电路图、力的图示等少数对象模型化,相比较来看,高中物理不但模型更多,而且更加强调模型建构的方式方法和过程,模型建构是在对经验事实的抽象概括的基础上获得的。第四,科学思维是一种能力与品质,是在认识经验事实的基础上,能够对不同的结论和观点提出有依据的质疑和批评,并且在此基础上检验自己的观点,修正、完善不同的结论和观点。

2. 科学思维目标的内涵

依据《普通高中物理课程标准(2017年版2020年修订)》,科学思维作为物理学科核心素养四个维度之一,包括模型建构、科学推理、科学论证和质疑创新等要素。

下面将分别从模型建构、科学推理、科学论证三个要素的目标内涵展开论述。

(1)模型建构。

模型,原意是依照实物的形状和结构按比例制成的物品。[①] 作为知识的一种形态,模型是理论知识的一种初级形式。理论研究领域通常从构造模型入手,利用抽象化、理想化、简化和类比等方法,把反映研究对象的特征抽象出来,构成一个概念或实物的体系,即形成模型。高中物理概念和规律与初中的有关内容相比,更加强调模型化思想,常见的理想物理模型包括对象模型和过程模型,对象模型有质点、点电荷、理想气体、电场线、磁感线、电路图、原子模型、力的图示、重力场等;过程模型有匀变速直线运动、自由落体运动、平抛运动等。

---

① 中国社会科学院语言研究所词典编辑室. 现代汉语词典 [M]. 7版. 北京:商务印书馆,2016.

物理模型是一个比较抽象的概念，是通过对物理学现象及规律的分析，为了特定的研究目标，根据物体所特有的内在规律性，突出主要因素、忽略次要因素而得到的一个物理学研究内容的基本图像。物理模型是科学研究中非常重要的一种工具，它依据研究对象或问题的特点，以一定的科学理论为指导，凭借逻辑思维和联想力，抓住本质的主要因素，排除次要因素以及非本质因素，从而构建的一种具有高度抽象特点的理想化客体。物理模型的建构、理解和迁移应用对学习者的创造力和创新能力有着深刻的影响。物理模型是物理思维的产物，建立物理模型是一种创造性的脑力劳动，是以观察、实验为前提，在一定的理论背景下，通过充分分析研究对象和问题的特点，分析人们长期积累的和在科学实验中取得的大量的感性材料，经过一系列的分析、综合、比较、抽象、概括、推理等过程，对研究对象做出一种简化的描述。

物理模型的构建一般包括三个基本环节。

一是从原型客体过渡到模型，即选择或建立与原型对应的物理模型。如计算火车从成都到北京的运行时间和计算火车过某座桥梁的时间，前者可以忽略火车长度，用一个质点代替火车来计算，后者则不可以忽略火车长度。不难得出，可以看作质点的条件是：物体的大小或形状对所研究的问题没有影响或影响很小。

二是对模型进行实验或理论研究。同样，对前面的"火车问题"进行进一步研究：具体什么样的情形可以看成"物体的大小或形状对所研究的问题没有影响或影响很小"呢？分析实验过程可以发现，当满足以下两种情况时，物体一般可以被看作质点：物体只做平动或只研究平动；物体的位移远远大于物体本身的尺度。

三是从模型再过渡到原型，即将模型研究的结果类推到被模拟的研究对象上。当确定质点模型后，除了可以研究前面的"火车问题"，还可以用质点模型研究"天体绕行""飞车走壁"等一系列问题。

根据事物的特点，舍弃次要的、非本质的因素，抓住主要的、本质的因素，建立一个容易研究并且可以反映研究对象本质特征的新形象，这个过程就是构建模型的过程。虽然模型在实际生活中并不存在，但构建模型是科学研究的基本方法，也是科学思维的重要内容。构建模型的过程，离不开科学推理和论证。

(2) 科学推理。

科学思维与科学推理能力紧密联系，科学思维是人们在研究、解决科学问题，学习科学知识内容的过程中使用的思维策略，其核心是推理一个多变量系统时所体现的科学推理能力，从这个意义上说，科学推理是科学思维的核心组成部分。[1]

物理学中各类物理规律一般可以分为定律、定理、方程、原理等，不同类型的物理规律，其获得过程不同，对应的学习路径、推理策略也会有所差异。由实验或现象观察直接归纳建立的物理规律称为物理定律，如牛顿运动定律、万有引力定律、动量守恒定律、机械能守恒定律等，其学习路径一般是：实验（现象观察）—分析和归纳—物理定律。用演绎推理（含数学推演）导出的物理规律称为物理定理、方程或原理，如动量定理、动能定理、理想气态方程、质能方程、功能原理等，其学习路径一般是：物理情境—数学推演—实验验证。

除了归纳和演绎外，分析和综合也是物理学习中重要的科学推理方法。揭示物理对象个别和一般、现象和本质的内在联系的逻辑推理就是分析与综合。把认识对象的整体分解为各个部分（或方面、层次、因素等），并逐一进行考察，从中认识事物的基础或本质的过程是分析；把认识对象的各个部分（或方面、层次、因素等）联结并统一起来进行考察，以达到从总体上认识事物的本质规律的过程是综合。[2] 常见的科学分析方法有矛盾分析法和元分析法。矛盾分析法：为了发现事物的本质，在分解的基础上，把事物各个方面放在相互联系、相互作用和发展变化中去认识它们分别处于何种地位，各起何种作用，各以何种方式与其他方面发生相互制约又相互转化的关系。元分析法：从某种物理现象中抽出任意一小部分，然后分析这个小单元中各种物理量的相互关系及其运动规律，建立起描述整个过程的函数关系或微分方程，从而不仅可以求出物理过程在某一特定条件下的瞬时状态，而且可以认识整个物理过程的运动特点和趋势。科学推理中的综合方法，常见的有对称综合、移植综合和系统综合。[3] 在

---

[1] 王璐霞. 考查科学推理能力的高考物理试题分析 [J]. 物理教学探讨，2017，35（9）：48-51.

[2] 封小超，王力邦. 物理课程与教学论 [M]. 北京：科学出版社，2005：24.

[3] 封小超，王力邦. 物理课程与教学论 [M]. 北京：科学出版社，2005：24-25.

物理学科中，科学思维往往是在科学探究中通过科学推理来体现的。

(3) 科学论证。

物理学习过程中，科学论证也是重要的学习过程要素之一，是能够使学生的科学思维过程和推理过程外显的活动，是促进学生思维能力发展的一种有效途径。物理学习过程中科学论证实践活动的形式包括学术小论文、辩论、演讲等等。

产生于20世纪80年代的"5E"教学模式非常注重科学论证要素的设计和实施。"5E"教学模式由五个紧密相连的环节组成，它们是：引入（Engagement）、探索（Exploration）、解释（Explanation）、扩展（Elaboration）和评价（Evaluation）。引入环节的目的在于教师引出学习任务，吸引学生的兴趣和注意力；探索环节提供学生发展概念与过程技能的经验基础；解释环节给学生提供阐明观点的机会，通过学生讨论，教师提问，使用录像、投影、模型等教学媒体，师生共同将学生的经验抽象化、理论化；扩展环节通过质疑、实践等方式促进学生加深对概念的理解，学生把新知与技能扩展到学科的其他领域、其他学科及现实生活情境中去，解释周围世界或新情境中的问题；评价环节提供学生评价自己对概念的理解程度以及教师评价学生达成教学目标程度的机会，学生活动往往用作对学生进步和概念理解进行形成性评价的工具。

在高中物理学习过程中，质疑创新意识和能力的培养也是科学思维的重要内容。学生具有批判性思维的意识，就能基于证据大胆质疑，从不同角度思考问题，追求科技创新。

将科学思维作为物理课程的目标之一，不仅是对《普通高中物理课程标准（实验）》在实践中面临的问题的回应，同时也是当前发展学生核心素养和物理课程本身的要求。建立概念和总结规律离不开科学思维。在实际活动中，人们通常不是单独运用某一种思维方式。例如，学生在做物理实验时，一边要进行实验操作，一边还要运用直观形象和有关的理论知识进行判断、推理，得出结论，并分析这些结论，以不断改正自己操作中的错误，直至实验完成。有时还要通过实验现象的正反两个方面和其内外联系进行思考，进而对实验作出评价。实验教学不仅涉及逻辑思维和辩证思维等科学推理过程，还涉及质疑创新和科学论证要素。在高中物理教学过程中，师生间的双向交流中涉及的思维方式及过程实际上要复杂得多。

（三）科学探究目标

《普通高中物理课程标准（实验）》将科学探究作为内容标准的一部分，提出科学探究的多个环节，并且指出科学探究既是物理学习的重要内容，也是物理学习的主要方式之一。《普通高中物理课程标准（2017年版2020年修订）》并未将实验探究能力单独列在内容标准中，而是将科学探究作为课程目标的学科核心素养之一，这一方面表现出科学探究地位的重要性，将直接作为课程目标进行要求；另一方面将科学探究与实验能力分开，说明科学探究不但是物理实验实践的重要内容和目标，也是其他课型的重要学习内容和学习目标。

1. 科学探究目标的内容标准

科学探究既是学生的学习目标，又是重要的教学方式，强调科学探究应贯穿物理学习的始终。在课内，科学探究可能只侧重于某些要素，而在课外活动中，可以是一次较完整的过程，包含科学探究的全部七个要素。高中阶段是在初中阶段物理学习的基础上，继续强化科学探究作为学习方式和学习目标的重要性。

探究教学的基本要素包括问题、事实、解释、评价和表达五个方面。学生首先围绕某一物理问题展开探究活动；接着为了解释问题，通过猜想与假设获取对问题进行解释需要的事实或证据；然后根据假设的证据设计能够检验假设的实验；继而根据实验所得结论对解释进行评价并对问题做出回答；最后，学生要进行论证并把自己的解释跟他人进行交流和比较，在此过程中修正、发展自己的解释，形成新的理解。对于科学探究的要素，在一节课中并不一定都要涉及，探究能力的培养需放在较长的时间段整体考虑，分布到多节课中实施。

《普通高中物理课程标准（实验）》中有多个条目的内容要求通过实验或探究的方式学习，而《普通高中物理课程标准（2017年版2020年修订）》与之相比，虽删除了条目"通过实验观察门电路的基本作用"，但增加了15个新条目。增加的条目内容如下。

（1）通过实验，认识自由落体运动规律。

（2）通过实验，了解曲线运动，知道物体做曲线运动的条件。

（3）通过实验，探究并认识平抛运动的规律。

（4）通过实验，探究并了解匀速圆周运动向心力大小与半径、角速度、质量的关系。

(5) 通过实验，了解静电现象。

(6) 通过实验，认识磁场。

(7) 通过实验，了解电磁波，知道电磁场的物质性。

(8) 通过实验，认识简谐运动的特征。

(9) 通过实验，了解激光的特性。

(10) 通过实验，认识洛伦兹力。

(11) 通过实验，理解法拉第电磁感应定律。

(12) 通过实验，认识交变电流。

(13) 通过实验，了解电磁振荡。

(14) 通过实验，估测油酸分子的大小。

(15) 通过实验，了解扩散现象。

《普通高中物理课程标准（2017年版2020年修订）》与《普通高中物理课程标准（实验）》相比，有些关于实验内容的要求，认知水平层次明显降低，如"干涉和衍射现象"由"认识"层次降低为"了解"层次。还有一些给出了更加明确的要求，如关于匀变速直线运动规律，《普通高中物理课程标准（实验）》要求通过实验理解概念，了解规律，体会实验的作用；《普通高中物理课程标准（2017年版2020年修订）》要求探究规律，能用公式、图像的描述方法，能解决实际问题，体会这部分内容所涉及的抽象方法和极限方法。

值得指出的是，《普通高中物理课程标准（2017年版2020年修订）》单独列出了学生必做实验共21个，这21个实验在内容标准部分几乎全部体现为要求通过实验探究的方式学习，这里体现了"物理科学探究既是学习方式也是学习内容"的思想。

2. 科学探究目标的内涵

(1) 科学问题。

科学探究的起点是科学问题，所谓科学问题，是针对客观世界中的物体或事件提出的可以进行科学研究的问题。正是这一类科学问题的发现激发了科学探究活动并确定了科学探究的起点，也就是说，科学问题启动了科学探究活动，规定了科学探究的方向和内容。在日常生活中，当个体已有的科学知识与经验不足以对当前的客观现象或问题做出解释时，便产生了认知冲突，问题也就自然形成。对高中物理课堂教学而言，如果学生已知的物理概念与规律不足以对客观的物理现象和问题做出解答,就会产生认知冲突,促使学生产生探究的愿望和要求,驱动学生为了寻求答案而进行科学探究活动,得出科学解释,习得新的物理概念与规律。因此,科学问题是科学探究的原动力,也是科学探究的总导向。

什么样的科学问题能成为物理课堂教学中科学探究的对象呢?基于课堂教学所承担的知识传递任务,高中物理课堂中的科学问题应该是物理教学中的核心知识和重点知识。核心知识和重点知识一般可以依据以下三个方面进行确定:第一,物理学中的基本概念或核心概念,如速度、力、运动与相互作用、电磁感应定律、热力学三大定律等;第二,物理知识在社会和生活中的重要作用,如增大货运车轮胎粗糙程度以增大摩擦力、通过万有引力定律推算出航空发射所需要的最小速度等;第三,基于学生已有的知识基础和学情,不易理解的、具有比较丰富教育内容的知识主题。①

问题要素的培养目标是什么?结合前面对科学问题的界定以及课程标准内容的阐述,高中物理学习中问题维度的科学探究能力的目标是:具有问题意识,留心日常生活、自然和物理实验中的物理现象,能把自己的发现转换成一个具体的与物理有关的问题,并且能清晰、准确地用文字或语言将其表述出来。

科学问题是进行假设和探究的前提。猜想与假设需要以经验、科学事实等为依据。学生面对课堂中创设的物理情境是否可以做出恰当的假设,能否选择科学方法进行科学探究,取决于学生在所给的情境中有没有新的问题困惑。比如,某物理量与有关的问题已经讨论清楚,甚至已经总结出定量计算的公式,教师还要求学生再提出别的猜想或假设,并要求用实验进行检验,以达到巩固已学知识的目的,这里就没有科学问题,这样的活动也不是科学探究。②

创设恰当的物理情境是提出科学问题的重要策略。联系生活中的物理现象,或借助演示实验、学生分组实验,让学生获得感性认识,为发现问题、研究问题奠定基础,这实际上就是在创设物理情境。创设良好的物理情境是提出科学问题的前提。

---

① 郑长龙. 关于科学探究教学若干问题的思考 [J]. 化学教育, 2006 (8): 6-12.
② 封小超, 王力邦. 物理课程与教学论 [M]. 北京: 科学出版社, 2005: 111-112.

（2）证据。

与《普通高中物理课程标准（实验）》相比，《普通高中物理课程标准（2017年版2020年修订）》中科学探究要素的最大变化便是证据这一要素。《普通高中物理课程标准（实验）》中的科学探究有提出问题、猜想与假设、制订计划与设计实验、进行实验与收集证据、分析与论证、评估、交流与合作七个要素，与《普通高中物理课程标准（2017年版2020年修订）》中证据维度对应的要素有猜想与假设、制订计划与设计实验、进行实验与收集证据。从中可以发现，证据这一要素的范畴包括假设、方案、数据三方面。

科学探究要素构成：第一，数据的收集和处理是核心要素；第二，证据的获取方式包括做实验、检索文献等途径；第三，问题、证据、解释和交流是出现频率最高的四个要素。证据是科学探究中必不可少的要素，它作为客观事实，保证了科学探究中方法的科学性、操作的科学性、思维的科学性。

证据维度的科学探究的学习目标是什么？在上述概念辨析的基础上，结合课程标准的阐述可以发现，证据维度的科学探究的学习目标包括假设、方案、数据三方面，具体目标是：能提出合理猜想与假设，具有设计可行的探究方案和获取证据的能力，能正确实施探究方案。

（3）解释。

科学探究维度的解释主要是指演绎型解释或功能型解释，是在数据收集的基础上，分析数据，论证并修正假设，得到结论。

在讲授"探究电磁感应的产生条件"一节时，教师要引导学生收集三方面的数据：第一，已有知识基础——在初中物理课程中已经学过，闭合电路中的一部分导体在磁场中做切割磁感线的运动时会产生感应电流；第二，将磁铁插入或抽出线圈时会产生感应电流；第三，一个含有电磁铁的电路，在开关打开或闭合时，在电磁铁的外层线圈中会产生感应电流。在上述三方面数据的基础上，教师进一步引导学生分析解释上述三方面的事实，从中归纳出产生感应电流的条件是穿过闭合回路的磁通量发生了变化，然后通过实验进行证明。这是一个将学生学过的知识充分调动出来构建新的知识体系的过程。设计这样的教学环节，既能巩固学生学过的相关知识，也能给新知识的探究提供铺垫与理论依托。

(4) 交流。

交流即相互沟通、相互交换信息，"彼此把自己有的供给对方"①。根据前面对科学探究要素的解析与比较可以发现，交流是科学探究活动中必不可少的一项内容，它不一定是一个独立的环节。《普通高中物理课程标准（2017年版2020年修订）》要求高中生在物理学习中需要达到的目标是"具有交流意愿和能力，能准确表述、评估和反思探究过程与结果"。

20世纪八九十年代，在全球化背景下，美国意识到世界经济形势变化对其的挑战越来越大，正是由于这种强烈的危机意识，美国劳工部针对"低技能导致低工资和低利润"等状况，委托美国劳工部就业技能委员会（Secretary's Commission on Achieving Necessary Skill，SCANS）专门针对年轻人成功应对工作所需要的技能进行研究，并于1992年首次发布报告，多轮的年度报告均认为资源、人际交往、信息、系统、技术是年轻人走进社会、走上工作最重要的五种能力，需要对比制定全面的能力发展指标体系，建立全面动态的能力培养体系。② 资源（时间、金钱、人力、工具）、人际交往（与他人一起工作）、信息（获取和评价信息、组织和维护信息、解释和交流信息、运用计算机获取信息）、系统（理解复杂的交互关系）、技术（选择工具解决问题）五种能力均与交流意识和能力有密切的关系。在科学探究的各个环节，也都有交流要素的内容融合其中。在物理课堂中，交流要素的实践路径包括小组合作学习、师生对话、生生对话，甚至包括学生与学习资料之间的交流。

（四）科学态度与责任的目标

物理学科核心素养的第四个维度是科学态度与责任，其作为三维目标中"情感态度与价值观"目标的继承和发展，在内涵和表征范畴上都有比较明显的变化。

1. 科学态度与责任目标的表征

在《普通高中物理课程标准（2017年版2020年修订）》中，科学态

---

① 中国社会科学院语言研究所词典编辑室. 现代汉语词典 [M]. 7版. 北京：商务印书馆，2016：650.

② 万作芳. 美国能力分类、培养及启示——以SCANS为例 [J]. 教育研究与实验，2014（5）：36-39.

度与责任维度的目标是在逐渐认识科学本质和科学、技术、社会、环境关系等问题的基础上达成的，也就是强调从外显到内化的过程。科学态度与责任维度的目标包括科学本质、科学态度、社会责任三要素。

对科学本质的认识是在对科学内涵及外延进行解读的基础上形成的。科学本质包括：科学知识及其确定性、可重复性、可验证性；科学研究思维方法；科学发展及其与社会、技术、环境的关系；等等。高中阶段的科学本质教育有利于学生形成正确的科学观，有利于学生体验科学研究过程并掌握科学研究方法，有利于学生培养严谨、批判等科学精神。科学态度的内在含义是个体所持有的稳定的心理倾向，外在表现是举止神情，是对事物的看法和所采取的行动。高中物理学习中所培养的科学态度主要包括：好奇心和求知欲；具有基于证据和逻辑发表自己的见解的意识，实事求是，严谨认真，不迷信权威；善于从不同角度思考问题，持之以恒探究问题，追求创新；与他人有效合作。[①] 社会责任主要包括科学伦理和STSE 理念。科学伦理是指在学习、研究和应用物理知识及研究成果的过程中，考虑和遵守社会道德及行业规范，实事求是，不给人类和自然带来不利影响。STSE 理念是指理解科学、技术、社会、环境之间的相互关系，具有保护环境、促进可持续发展的责任感。

2. 科学态度与责任目标的内涵

（1）科学本质。

科学本质的内涵辨析离不开对"科学"一词的理解。科学的本义为"学问、知识"，在 16 世纪以后，我国学者把它翻译为"格物致知"。所谓"格物"，就是要以"物"为本，要解决实际问题，强调实践的重要性。科学的狭义理解是自然科学，包括一系列思维方式、一套研究方法、一个知识体系，要与技术和社会相互作用。

高中物理学科中科学本质的内容涉及以下方面：科学知识的确定性，科学知识的相对真理性，依靠证据且可重复性，科学方法，批判性思维，问题和假说，创造性，协作，科学、社会、文化、技术之间的关系。

高中物理学习中的科学本质教育有利于学生形成正确的科学观，体验并掌握科学的方法，培养科学态度、科学情感。在科学与技术主导的现代

---

① 廖伯琴. 普通高中物理课程标准（2017 年版 2020 年修订）解读 [M]. 北京：高等教育出版社，2020：6－7.

社会，公民只有理解了科学本质，才能理解科学作为一种人类文化所具有的价值，才能更好地进行与科学有关的社会问题的民主决策。因此，理解科学本质是公民科学素养的重要内容。

（2）科学态度。

科学态度的外显表现主要包括好奇心和求知欲、实事求是、严谨认真、善于从不同角度思考问题、持之以恒地探究问题、追求创新、与他人有效合作。外显表现是内在稳定心理倾向的反映，包括对事物的看法和所采取的行动。科学态度是一个人的人生观和世界观在科学学习领域的真实反映。与其他学科相比，物理学科具有明显的科学性和实践性，能更好地激发好奇心和求知欲，从而引导学生自主地基于证据和逻辑思维进行物理学习，培养学生的科学态度。

那么，如何在高中物理课堂教学中培养学生的科学态度呢？对比科学探究的基本要素和科学态度的内涵可以发现，科学探究的基本要素均体现着对学生科学态度的培养，而科学态度又是促进学生科学探究有效开展的保证，所以科学探究是科学态度目标达成的重要策略和路径。有研究表明，科学态度目标就像学生的能力一样，不可能在学习的过程中自然形成，需要通过有效的教学方式进行有意识的培养和训练。①

（3）社会责任。

物理学作为一门基础科学，一直引领人类探索大自然的奥秘，逐步深化人类对大自然的认识，是技术发展和进步的重要基础，对人类文明和社会进步做出了重要贡献。

责任感是一种自觉主动地做好分内分外一切有益事情的精神状态。责任感从本质上讲既要求利己，又要利他人、利事业、利国家、利社会，而且当自己的利益同国家、社会和他人的利益相矛盾时，要以国家、社会和他人的利益为重。

科学态度与责任作为物理学科核心素养的主要内容之一，是指在认识科学本质、理解STSE的基础上，逐渐形成的探索自然的内在动力。严谨认真、实事求是和持之以恒的科学态度，以及遵守道德规范，保护环境并推动可持续发展的责任感是对科学和技术应有的正确态度以及责任。科学

---

① 沈嵘，郭玉英，曾路. 在探究过程中培养学生的科学态度 [J]. 学科教育，2003（12）：28–31.

态度与责任是物理学科核心素养目标实现增值的关键维度。基于物理学科核心素养，要鼓励学生探究科学本质，主动关注 STSE，养成科学的学习态度，认识并践行科学伦理。

第二节　创设核心素养下的教学情境

一、创设教学情境的原则

教师在物理课堂教学中要基于学生科学思维四个要素的发展要求，多维度创设物理情境，用情境中产生的问题开启思维活动，用问题探究引领学生深度思考，促使学生在获取知识的同时养成具有物理特性的思维品质，为学生终身发展、应对现代和未来社会发展的挑战打下基础。创设物理教学情境要遵循如下原则。

（一）目的性原则

情境创设是为了将学生置身于特定的情境当中，确保学生的学习更加高效，同时还能够在实际生活中对所学知识进行应用。如此，情境创设需要有特定的目的。情境的创设还必须是有效的，要在最短的时间里将教学目标有效地完成。设计相应的教学情境时，既要确保其与教学内容相互适应，还要使情境的数量控制在合理的范围之内，确保情境教学的进行更为顺畅。如此一来，不仅能够确保课堂效率，还能够引导学生全面发展。

（二）适应性原则

心理学强调，人类的认知总是呈现为不断发展的过程，这一过程是阶梯式的。人到了一定的年龄段之后，总是能够发展到更高的认知层面，这种认知结构是相对固定的。用一个比喻来说明，竹子放置在水里，儿童看来竹子是弯的，而具备了一定的知识的成年人看来，竹子就是直的。同样的一个事物，认知结构的差异决定了认识的区别。同样地，在创设情境教学时，情境创设需要具有明显的层次性。例如，可以在与"弹力"有关内容的教学中创设多个情境,让学生感知、认识、探究弹力的方向、大小。情境一:要求学生用手指压桌面;情境二:教师演示用气球压桌面的实验;情境三:探究"弹力和形变量的关系"。所以,物理课堂在设置情境时,需要以学生的认知基础为根基,依照相应的层次进行情境的创设。这不单单顺应学生的身心发展规律,也能够确保物理课堂的效果。

情境创设可巧妙利用最近发展区等心理学和教育学知识设计教学环节,以保证教学设计符合学生的认知发展规律,既要符合学生的现有水平,又要考虑到学生的潜在水平。也就是说,问题不仅要与学生已有的知识经验密切联系,而且要具有一定的思维空间和思维难度,要在紧扣知识内容的基础上,引发学生积极质疑和主动思考。

(三) 真实性原则

教学情境的真实性,是指学习情境与客观事实相符,应是仿真再现情境,是人的活动和行为赖以存在的真实情境,而不是想象出的情境或者头脑中臆造出的只存在于个体主观世界中的某种情境。创设教学情境应结合实际,尊重事实,不能为了创设情境而创设情境,更不能仅靠播放动画取代或简化让学生在真实物理情境中进行实验探究学习的过程。只有在符合自身阅历基础的情境中进行学习,学生才会产生情感共鸣,体会到物理知识与实际生活的联系,并顺理成章地在头脑中形成相关联想,进而进行有效思考,寻找解决问题的途径。

二、创设教学情境的角度

教学情境的创设要把握好两点。一是问题要落在学生学习的最近发展区,具有一定的困难,需要学生努力去解决,而又在学生能力范围内。二是问题要能激起学生的认知冲突,从而使学生产生好奇心和求知欲,有效地激发学生的探求动机和兴趣。

教学情境可以从以下五个角度创设。

(一) 从生活实例的角度

著名教育家陶行知提倡"生活即教育",主张教育与生活的一致性,强调教育要以生活为中心,反对传统教育以书本为中心,认为不以生活为中心的教育是死的教育。对于高中生来说,要想把抽象的物理知识变得浅显而具体,就需要教师在引导时把物理概念和生活实例联系起来;对于初中生来说,他们刚接触物理,抽象、逻辑与推理能力均需提高,借助生活中常见的情境可以消除他们对物理抽象概念的恐惧感。

在教学中,教师通过关注新课内容与学生现实生活和经验的联系促使学生运用来自生活中的经验去理解、掌握所要学习的知识,这本质上是学生已有知识经验和新学习知识之间的一种相互作用。这种作用有助于学生深化对物理知识和概念的理解,深度把握物理规律,有利于提高学生学习的积极性。如教师在讲解"摩擦力"的时候,可以让学生回想一下:机场、火车站安全检查的传送带是怎样工作的?当物体放在传送带上时,是什么力促使物体前进?当我们用手握住一个瓶子时,瓶子保持静止,那么和瓶子的重力保持平衡的力是什么力呢?摩擦力在生活中还有哪些应用?当然,有情节的物理生活实例则更能激发学生的求知欲,在讲解"物体惯性"这一教学内容时,教师可以创设实际生活的问题情境:在一辆公共汽车上,小明身边站着两位同学,在汽车发动的一瞬间,小明的身体向后倾,碰掉了后面同学手中的书,在车突然刹车的一瞬间,小明的身体向前倾斜,碰到了前面同学的手臂,这时小明感到很尴尬了。你能从物理的角度分析原因吗?这给乘车的同学怎样的启发?这些生活情境是学生熟悉的,运用这些生活情境更能激发学生强烈的好奇心与求知欲。

物理教学中,如果能够将生活中的物理现象融入其中,学生的学习就会更具自觉性。学生在生活中遇到常见的物理现象时,就会将其和课堂上所学的知识建立紧密的联系。如果学生碰到的物理现象无法用所学知识解释,他们就会充满好奇心,在好奇心的驱使下,他们就会主动寻求教师的帮助,有的学生还会主动查资料解答自己的疑惑。在不断探索的过程中,学生的思维得到不断发展,对物理学科的好奇心被激发,他们的学习就会变得更为主动。

物理知识点之间有着紧密的联系,它们不是孤立存在的,而是相互联系的。将生活中常见的现象和物理学知识联系起来,传统的"填鸭式"教学模式就会被打破。在进行物理学理论知识的总结时,学生能够主动观察,积极思考,学会探究,确保知识体系的构建更为完整。例如,教师要求学生根据所学的静摩擦力知识,想办法用筷子提起一杯米。准备的工具有:生米,一次性杯子一个,水,木筷子,金属筷子。这一挑战打破了学生固有的习题解决模式,通过学生之间的自主合作与讨论,大家得出的方案是:用一个一次性杯子装入米粒,在倒入少许米粒时,用一根木筷子插入米粒中,边倒入米粒边加入少许水,并用手压紧,多次重复这一动作,最后当杯子装满米粒时,可用木筷子把这一杯米提起来,但换成金属筷子,进行同样的操作,并不能把这一杯米提起来。这样操作所代表的物理意义是什么呢?学生结合静摩擦力产生的条件进行讨论分析,从多方面、多途径解决问题,创新能力在这一过程中便会得到有效培养。

(二)从实验的角度

实验教学中的情境创设可采取以下策略。

(1)对教科书中介绍的某些演示实验、学生实验,可以进行一定的改造,创设一个不同于教科书的新鲜情境。

演示实验进行情境导学最关键的是实验现象要明显,学生易于感受到惊喜并被吸引,这样更利于教师引导学生进行新知识的学习或问题的解决。

(2)运用身边所能找到的物品,进行简单的课堂实验,给学生提供更多的实验机会,提高学生的实际操作能力。

运用身边的物品进行简单的实验多用于高一年级的教学中。如讲解"摩擦力"时,为了能让学生感受摩擦力的方向,可用手在桌面上做出相对运动(或相对运动的趋势)的动作,通过手的感觉让学生理解摩擦力的方向与相对运动或相对运动趋势的方向相反。还可以利用类比的思想,构建相应的肢体运作让学生体会力的分解效果。如在讲解牛顿第三定律时,为了让学生感受到作用力与反作用力大小相等、方向相反,可让学生用两只手的食指对压,通过观察对压处皮肤的变形情况体会牛顿第三定律的特点。

(3)利用实验与学生自身认知之间的矛盾创设情境,激发学生思考。

例如,教师可以设置这样的情境,让连接灵敏电流计的线圈,快速通过被遮盖住的强磁体上方,学生可观察到电流计指针发生偏转。这个现象与学生的初始认知可能不符,在引导学生发挥联想之后再进行实验演示,形成认知冲突,从而激发学生去思考、探究、学习并重新构建新的知识图式。

（三）从利用信息技术的角度

多媒体教学资源类型多样，常见的类型包括电子软件、影像资料以及教学网站等，使用频率最高的是影像资料。一般来讲，通过影像资料（一些物理学视频、物理学社会事件以及和物理知识有关的时政新闻等）能将物理学知识呈现出来。除了影像资料之外，一些教师自己制作的教学资源的使用频率也较高。学生在课堂上能够集中精力的时间是有限的，如果教师一味地选择通过黑板进行知识的讲解，学生将会觉得十分无味，他们会产生审美疲劳。如果能够将多媒体资源有效利用起来，让学生能够看到物理现象产生的整个过程，将抽象的物理知识在课堂上以形象的方式呈现出来，知识的感染力增强，学生就能够更好地聚焦课堂。

在教学中使用影像资料导入时，要选择和新课学习内容相关的片段，要有明确的目的性和针对性，所选内容应符合学生心理健康发展的需求，应删掉与课堂教学无关的内容，所提的问题要考虑到学生的思维特点，可以适当应用问题导学引导学生应用抓住主要因素、忽略次要因素的物理研究方法进行思考。

（四）从新旧知识联系的角度

最近发展区是学生经过努力可以达到的较高水平的发展区。教师创设的情境问题要符合学生现有的认知水平，使问题落在学生的最近发展区，以旧引新，旧中有新，新旧相融，使学生既需要深思熟虑，又力所能及，不断地对原有知识进行回忆和联想，例如，回顾旧知识；显示知识间的联系；使用类比和比喻；运用实验等方法，在原有能力的基础上提高认知水平。从新旧知识的有机联系中，找到合理的最近发展区，创设恰当的知识情境，不失为情境创设的良策。

（五）从实践问题的角度

学生对世界认识的形成源于他们对生活实践的体验、认识、感悟。因此，教师要善于把问题情境生活化，将探讨日常生活中的物理现象，分析体育运动中的物理原理，研究现代科技中的物理应用等与学生的生活实践紧密联系起来，使学生置身于生活问题情境中去解决实际问题，在问题解决中学习新知识。

第二章 高中物理教学设计

第三节 开展核心素养下的教学活动

一切教学活动都起源于问题，教师之所以需要创设情境，是因为特定的学习环境有助于提升教学的效率。所以，在进行情境教学时，要将递进式的问题作为教学活动的重要引领，确保教和学能够不断优化。本节将对小组合作学习和问题教学法进行详细的说明。

一、小组合作学习的课堂教学策略

合作学习强调，在人与人彼此交流和合作的过程中，人的心理逐渐发展成熟，个体的人格得到提升。心理学强调，学生之间如果能够进行频繁的交流与合作，他们的未来会得到更好的发展。从我国高中教学的实际情况来看，班级人数较多，无论是教学的技术还是基本的手段方面都需要改进。加之合作学习理论多种多样，不少合作学习模式的开展需要以多种理论基础为依托。教师的工作本身就十分烦琐，学生们不愿意进行合作学习，学校的相关措施也未能达到理想的效果。卡干合作结构法①对这一问题进行了有效的破解，为学生营造课堂归属感，使他们愿意在熟悉的环境中与同学、组员、搭档相处，并且受到尊重和欢迎。对学生核心素养的培育起到了良好的作用。具体的操作策略包括以下几点。

（一）概念教学思维联动，培养学生的物理观念

物理观念是物理学科核心素养的重要内容之一，它指的是物理学习的基本观点以及深层次规律，即运动观、能量观以及作用观等。强调物理概念的作用，不仅能够引导师生从复杂烦琐的公式、理论、定理和概念当中解脱出来，还能够引导学生形成较强的科学素养。物理核心素养导向教学强调内容必须要建立在相应的概念学习基础之上，教学的重点应该放在从

---

① 斯宾塞·卡干（Spencer Kagan）自20世纪60年代开始一直致力于合作学习的研究，提出了一个著名的公式：结构＋内容＝活动，"结构"是卡干与其他合作学习理论倡导者的差异所在。

物理学视角解释自然现象和解决实际问题。学生不能单单进行理论知识的记忆，更应该对概念的内涵进行准确的理解，形成相应的理论架构。

（二）习题教学合作讨论，从重结论应用到重思维过程，培养学生的科学思维

物理习题教学除了可以引导学生形成相应的物理概念，还能够引导学生更好地把握物理规律，针对重难点知识进行更好的突破，学生的思维品格得到了较好的锻炼，他们的物理思维也就能建立起来。同时，习题教学还能够帮助学生发现失误之处，提升学习的效果。因此，习题教学能够帮助学生养成较好的科学思维习惯。

然而，传统习题教学往往"一答一问"，这种模式沿袭下来，学生在课堂上没有太多话语权，参与度不高，往往十分被动，习题教学难以取得预期的效果。习题类型不同，教师选择的教学方式应该存在差异。教师要引导学生主动探究，学会合作，善于分析，让学生在课堂上拥有更多的话语权，将学生的主体价值充分释放出来。

高中物理习题课要将学生的主体价值体现出来，教师只需要发挥主导作用。习题教学是一个由抽象发展到具体的过程，学生要想对物理知识形成深刻的理解，必须摆脱模仿。学生应在不断练习的过程中，真正去行动，才能摆脱旁观者的身份，不断提升问题解决的能力，形成科学思维。

（三）实验教学合作探究，从猜想假设到定性研究，培养学生的科学探究能力、科学态度和责任

物理实验课教师往往会选择合作探究的方式。实际上，在一些实验课上进行合作学习时常常会存在下述问题：①一些教师对实验课的组织不够科学，部分教师常常实行"一支笔板上实验"。②小组内部成员之间没有很好地进行互动，他们的参与意识不强，有些甚至袖手旁观。③学生之间很少进行交流，相互之间也没有形成较强的赶超意识，直接导致的结果是学生的实验操作能力较差，对课堂产生厌倦心理，很难取得理想的学习效果。④教师未能构筑科学的评价体系，没有对实验结果进行较好的考核，学生没有较强的学习积极性，常常会产生懈怠心理。之所以会存在以上问题，根本原因在于实验课堂没有形成较强的互动性，学生彼此之间也缺乏竞争意识，这些都是影响活力生成的主要要素。

合作学习未来的应用场景是十分广阔的，教师如果能够较好地掌握卡干合作结构法，就能够按照相应的教学任务，在组织教学的几个关键步骤建立紧密的联系，这些就构成了复杂课堂的主要内容。从学生的角度来说，进行探究活动时，学生之间能够有更多的交流，也能够倾听他人的看法，并相互补充、质疑。一些学生还能够聆听来自他人的宝贵建议，对他人给予高度的认可。学生的思维不断碰撞，迸发出创新的灵感。

二、问题教学法的课堂教学策略

问题教学法是以问题为主线，以问题解决为基石，使学生在解决问题的过程中掌握知识，通过自主学习，形成高效教学的课堂教学模式。《普通高中物理课程标准（2017年版2020年修订）》提出，高中物理课程通过创设学生积极参与、乐于探究、善于实验、勤于思考的学习情境，培养和发展学生的自主学习能力。通过多样化的教学方式，利用现代信息技术，引导学生理解物理学的本质，整体认识自然界，形成科学思维习惯，增强科学探究能力和解决实际问题的能力。以问题教学法为主导的课堂教学就是一次落实物理核心素养的活动，如通过创设情境设计问题，引领学生思考，培养学生形成物质观念、运动与相互作用观念、能量观念；通过对问题的思考与科学推理，培养学生构建物理模型的能力；通过科学设问，引领学生进行科学探究，培养团队意识，了解科学本质，形成科学态度；通过自主学习，让学生提出新问题，或对问题进行质疑与创新。发现问题和系统阐述问题可能比问题得到解答更为重要，解答的可能仅仅是数学或实验技能问题，而提出新问题、新的可能性，从新的角度去考虑问题，则要求拥有创造性的想象，而且标志着科学的真正进步。问题教学法是以问题营造教学氛围，从而激发学生的情感、意志、动机、兴趣等，促使学生积极主动地去思考、想象、探索和解决问题，激发学生的求知欲和积极性，在活动中体现了充分尊重学生学习的主体地位，提高了学生参与教学活动的自主性。

问题教学法分为五个基本环节：创设问题情境、提出有效问题、组织学生活动、对问题进行点评、引出新问题。

（一）问题教学的关键在于教师的"导"

课堂教学过程就是教师与学生、学生与学生之间的一种多向信息交流的动态发展过程，也是群体之间情感交流的活动过程。在这个过程中，教师的"导"是高效课堂的关键，如教师搭建合理的互动平台、营造合作学习的氛围，就会激起学生主动参与活动的热情。在问题教学法中，教师的"导"体现在创设问题情境、提出有效问题的基础上。

一位德国学者曾提出一个比喻："将 15 克盐放在你的面前，无论如何你难以下咽。但当将 15 克盐放入一碗美味可口的汤中，你早就在享用佳肴时，将 15 克盐全部吸收了。"情境与知识，犹如汤与盐，盐需要溶入汤中，才容易被吸收，知识需要融入情境之中，才能显示出活力和美感。建立在合适的情境下的设问，更能调动学生的主观能动性，实现高效课堂。

1. 以实验为情境设问

物理是一门以实验为基础的学科，实验是学生学习物理的重要途径。实验现象、实验原理、实验操作、数据处理、误差分析、方案改进等都可以成为物理问题设计的内容。

2. 以现实生活为情境设问

物理来源于生活，物理已渗入人类生活的各个领域。将问题置于现实的生活情境之中，激发学生作为生活主体参与活动的强烈愿望，并将物理核心素养转化为学生作为生活主体的内在需求，让他们在生活中学习，在学习中更好地生活，从而获得鲜活的知识，并使情操得到真正的陶冶。

3. 以高科技为情境设问

教师可以基于现有的高科技引入问题，让学生了解物理知识的应用前景，会激起学生的参与热情。还可以通过参与教学活动，让学生认识科学本质，逐渐形成对待问题的科学态度。

4. 以新旧知识结合为情境设问

基于新旧知识结合提问，可让学生重视复习巩固旧知识，将知识串联起来形成知识框架，从而达成双层目标：既复习了旧知识又学到了新知识。根据设问的基础性原则、层次性原则，可以由复习旧知识过渡到学习新知识，再拓展知识提问。

5. 以信息技术和多媒体为情境设问

学生的心理特点决定了他们仍然是以形象思维占主导地位,正好处于从感性思维到理性思维的过渡阶段。对一些复杂的、抽象的概念或是物理过程,他们理解起来存在困难。此时利用信息技术和多媒体,将抽象的概念或物理过程以3D动画形式转变为直观、形象的模型,更便于学生理解情境,主动参与教学活动,逐渐培养理性思维。

6. 以习题拓展为情境设问

教师可以通过习题,让学生构建一些在学习过程中总结得出的具有普遍应用性的规律式结论——"二级结论",学生可以应用"二级结论"高效解决实际问题。但学生知识结论的形成需要经过一个过程,根据"学习金字塔"理论,通过建立情境,让学生主动参与,引领他们自主总结归纳形成知识结论,今后学生就可直接运用结论解决物理实际问题。

(二)问题教学的核心在于学生的"议"和"学"

学生的"议"是手段,"学"是根本。在课堂教学中,情境和问题都只是手段,而活动既是手段又是目的。学生是活动的主体,教师的作用是引导启发、指导帮助。教师通过创设情境,提出问题,学生则通过活动解决问题,获得情感体验、思想方法,认识科学本质。学生的"议"和"学"有三种方式:自主思考、合作探究、讨论与交流。

1. 自主思考

自主思考就是让学生有个性化的体验。问题教学法要实现高效课堂,首要的是学生个体的表现,自主思考是合作探究、讨论与交流的基础,"一千个读者有一千个哈姆雷特",在充分尊重学生个体感受的基础上,引导学生个体进行探究性学习、在体验中获得知识。只有学生完成自主思考后,再进行合作探究、讨论与交流,这样才有意义,否则合作探究、讨论与交流只会流于形式。

2. 合作探究

合作探究是以现代心理学与认知心理学、现代教育技术与信息技术等为理论基础,以目标设计为先导,以全员互动合作为基本动力,通过组织学习小组活动,展现团队智慧的教学形式。合作探究能活跃课堂氛围、调动学生的主观能动性,形成良好的团队意识和科学探究意识。

3. 讨论与交流

讨论与交流是学生之间相互学习、相互帮助的体现。讨论与交流的形式可以是学生与学生之间的交流，也可以是老师与学生之间的交流。讨论与交流是思维的碰撞，个人的智慧与能力是有限的，通过与人交流，分享各自成果，能弥补各自不足，提升个人情操和个人能力，学生在这一过程中能获得更多知识、信息，树立科学态度与责任。讨论与交流能通过凝聚集体智慧，促进个体思想、知识、能力等方面的成长。

（三）问题教学的成效在于教师的"点"与"评"

1. 教师的"点"与"评"

教学点评是一门艺术，是教师语言表达、逻辑思维、专业素养等多方面的体现，是对教师专业水平的考量。教师的"点"，是为了启发学生，激发学生的思维；教师的"评"，是为了鼓励学生参与活动、积极思考，引领学生进行质疑与创新，引出新问题。对学生参与活动的表现，教师给予恰当的"点"与"评"，会让学生的学习热情高涨，从而提高学习效率。

（1）教师的"点"是点到为止，起到启发作用即可。"点"的过程，要注意语言表达，语言要精练，不说多余的字词；注意把课堂时间还给学生，让学生有足够多的时间与空间思考，通过学生自己的努力来达成学习目标。

（2）教师的"评"是对学生参与教学活动的肯定，并帮助学生找出解决问题过程中存在的错误或不完善之处。"评"的过程，就是培养学生思维的过程，所以教师的"评"，应多用鼓励性、发展性的语言，注意培养学生学好物理的自信心，注意引领学生创造性地发现新问题，并进行新的思考。

2. 学生的学习效果

学生是课堂教学的主体，新课程标准下的一堂好课，要求明确地凸显学生的主体地位，在课堂中落实物理核心素养的达成目标。对应用问题教学法的教学效果评价，主要体现在对学生学习目标达成情况的评价，而不是对教学设计、教师课堂展现的评价。问题教学法的教学效果评价主要包含三方面。

(1) 学生的参与情况。

学生的参与是实施问题教学法的基础。学生的参与情况直接反映了课堂的学习氛围，也间接反映了教师对课堂的调控能力。如果学生主动积极参与教学互动，说明学生的思维较活跃、学习欲望较强、对知识的理解比较到位，此时较容易达成教学目标，实现高效课堂。反之，如果学生参与教学互动热情不高，教师就要反思问题的"导"是否恰当、合理。

(2) 学生的交流效果。

教师通过营造和谐氛围，引导学生相互交流，让学生展现个体智慧，增强团队意识，凸显学生的主体地位。学生之间的交流情况既能反映出学生的学习热情、思维碰撞的程度，也能反映出教师设问的知识性、合理性、技巧性等。

(3) 学生的学习目标的达成情况。

学生的学习目标的达成情况反映了教学目标的落实情况，是衡量教学效果的重要指标。从课程目标方向来衡量，学生的学习目标达成情况可从如下四方面来评价：①是否形成物理观念，是否能用物理知识解释自然现象和解决实际问题。②是否有建构模型的意识和能力，是否能用科学思维找出规律、形成结论。③是否有科学探究意识，是否能通过观察和实验发现问题、解决问题。④是否能认识科学的本质，是否能主动与他人合作，尊重他人，主动发表自己的见解。

综上所述，问题教学法就是以问题为主线，渗透科学探究方法，营造一个师生互动的和谐氛围，突出学生主体地位的教学方法。对物理概念、规律的教学，以问题形式引领学生参与教学互动，将难点知识分解，从低难度逐渐向高难度过渡；设计一些具有挑战性的问题来激发学生思维、促进知识迁移，并向学生提出各种各样的新任务，在不同的情境中呈现"变式"，培养学生的质疑与创新能力。在问题设计中，不能只提出那种只注重情境而忽视问题本身的纯粹性问题，要注意问题设计的针对性原则。根据生活和生产的实际创设情境、设计问题，可以使学生认识到物理学习的现实意义与价值，吸引学生的注意力，启迪学生的思维，从而激发学生科学探究的欲望。

第三章　高中物理单元教学设计

第一节　单元教学设计的概念界定及相关理论

一、单元教学设计

单元教学设计是指参照单元主题内容设计有针对性的教学计划和单元教学活动，并带领学生开展一系列单元学习任务。随着单元教学活动过程逐步推进，应充分结合学生的学习特点和规律，在不断拓展学生思维能力的同时丰富学生的知识，增强学生的综合学习能力。综上可知，高中物理单元教学设计实际上是指基于学生学习发展规律，科学进行单元内容整合规划，制订一系列围绕单元主题且契合学生思维发展规律、与学生生活相贴近的单元，借助这些单元开展相应的教学活动。

（一）单元教学设计的含义

课时教学是教学实践活动中常见的一种形式，具有突出的便捷性。课时教学时可以帮助学生充分理解碎片化的知识点，这是课时教学的一大优势。然而，课程改革以来对教学要求更高，使用单元教学设计可显著提升学生的综合素养与能力，进一步掌握知识逻辑，增强学生的知识理解、应用和迁移能力。因此，高中物理课程与单元教学设计融合应用时需要加强分析和探究设计。以培养学生素养为目标，合理设计和优化教学环节，创建单元教学课堂。作为课堂教学的引导者，教师有责任带领学生充分吸收课堂教学知识点。

（二）单元教学设计的优势

单元教学有别于传统课时教学，本质上在于其优化单元结构，科学调整教学内容，确保学生在课堂学习过程中的系统性、灵活性、针对性、互动性、实践性、创新性、评价性。整合相关知识点形成结构化课堂。使学生进一步掌握单元主题内容，提高解决实际问题的能力，即使面对生活中的种种难题也能够有独到的见解和解决方式。高中生关注的是课堂学习效率，由于高中阶段课业繁重，倘若全部使用传统学习模式，必然会削弱学生的学习成效，造成巨大的学习压力，影响学生身心健康。课时教学依据已制订好的计划开展，课程内容和教学方式有条不紊，尽管这种教学模式可以达到知识传授的目的，但实际教学成效要逊色于单元教学，学生对知识的理解不够充分，还需配合大量的练习进行深化和巩固。相比之下，单元教学将教材内容划分成不同模块，将内容相近的知识点结合在一起，通过对学习过程进行观察和评价，及时发现学生的学习问题，从而调整教学策略。

（三）单元教学设计的必要性

普通高中课程方案和物理等学科课程标准（2017年版2020年修订）指出，进一步精选学科内容，重视以学科大概念为核心，使课程内容结构化，以主题为引领，使课程内容情境化，促进学科核心素养的落实。普通高中新课程标准一个突出的变化就是课程目标从"三维目标"升级为"学科核心素养"，明确了各学科教学的逻辑起点是学科核心素养目标的达成。学科核心素养的提出，对课堂教学形态产生了深刻影响。课程目标从对知识点的了解、理解与记忆转变为对学科核心素养的关键能力、必备品格与价值观念的培育，这就要求必须提升教学设计的站位和格局，即从关注单一的知识点、课时转变为关注单元设计，以此改变学科教学碎片化的现状，力求实现教学设计与素养目标的有效对接。因此，在当前课程改革的背景下，基于单元的教学设计能有效整合学科知识，联结真实情境，促进深度学习，因而成为落实新课程标准的有效路径，从而将学科素养目标转化成课堂教学目标。

二、理论基础

单元教学设计源于系统论提出的教学方法与建构主义学习理论，不仅要求培养学生的核心素养，同时还要求开发和培养学生的理解能力、思维能力和知识应用能力。教师应引入科学高效的教育方法与教育理念，引导学生掌握更多知识，并从中感悟生活的智慧，对现实社会有一个更为深刻的理解和认知，让学生通过学习和思考，增强学习能力和思维能力。教师还应加强实践教学，建立系统、全面的知识体系，激励学生不断成长和发展。

（一）建构主义学习理论

建构主义学习理论的重要作用主要体现在三个方面：一是教学内容，教师以此确定学习框架和知识框架；二是教学方法，通过教学任务设计最大限度地发挥学生的思维能力，引导学生积极思考，学会反思和质疑；三是教学关系，找到在课堂上师生互动的正确路径，优化课堂教学过程中的各种关系，激励学生主动学习，形成强烈的学习动力。在建构主义单元教学设计中，学生是重要的主体。建构主义单元教学设计的主要目的是让学生可以自主完成知识建构，实现知识内化、情感与智慧提升。教师负责提供引导，帮助学生掌握正确的学习方法、明确学习思路，为学生学习做好方向引导。单元教学设计的基础是学科核心素养、科学整合与规划教材内容。单元教学需要明确学习目标与学习方法，基于建构主义开展的单元教学主张结合教材知识理解教学内容，尤其是掌握教学中的重点问题，厘清知识结构，对知识逻辑脉络有一个清晰的理解和认识，这也是帮助学生确立知识框架的一个重要阶段。整理高中物理知识体系，进一步细化成若干逻辑线，明确单元教学任务，以单元知识架构为基础，为每节课时统整重构学习内容，帮助学生找到合适的学习方向和学习方法。将单元主题与情景化问题相结合，提高知识的清晰度和细致度，同时提供更贴近生活的情境和学习资料，帮助学生完成自主知识建构和知识迁移应用。

目前，建构主义理论为教学活动的顺利开展提供了重要的引领，建构主义的代表人物为皮亚杰、维果斯基等。建构主义强调知识总是处于不断建构的过程中，它总是不断发展的，主体在知识建构中的作用不容忽视。

学习的过程需要个体主动进行知识体系的建构，在特定的情境中所开展的学习才具有更强的社会意义；情境的创设能够帮助学生在新旧知识之间建立联系，使学生能够更好地开展有意义的学习。这一理论强调，学生的学习环境主要由四个要素构成，它们是情境、协作、交流和意义建构。① 将学生置身于特定的场景当中，学生的知识建构才更有意义，深度学习才能更好地开展。学生学习的各个环节都离不开彼此之间的协作，在完成一些具有一定难度的学习任务时更是如此。无论是信息的检索、问题的提出还是结论的验证都需要彼此之间的协作，学生在不断交流的过程中开展有意义的知识建构，通过交流的方式提升自我能力。

高中物理课程教学需要在建构主义的指导下进行。学生在进行概念建构时，不仅能够进行知识的自主建构，还能将特定的观点整合起来，对知识进行更为全面的把握，这是一个螺旋上升的过程。学生必须接受一些更具挑战性的工作，对知识的掌握才能够更为全面，这样才能有针对性地解决现实问题。在对理论知识进行有意义的建构时，单元教学的重要性愈发突显。因此，教师必须尊重学生的差异，将学生置于特定的情境当中，在学生以往经验的基础上不断进阶，开展单元教学，推动深度学习更好地开展。

（二）系统论的教学方法

基于系统论形成的教学方法需要结合方法论指导，教师根据教材系统内容正确理解教材知识的逻辑关联，以学生的学习情况和成长特点为参照，确保初中物理与高中物理课程的有效衔接；基于理论框架体系，灵活进行不同学科之间的互动沟通，进一步扩展学生思维。比照系统设计内容划分教材内容，形成多个不同模块，以课程标准为目标，让教师能够正确厘清课程逻辑，充分理解教材内容，落实好单元教学设计工作。

课时教学是依据教材内容一步步完成课程教学和讲解任务的，若能够保证课堂学习的高效性，学生自然能够充分理解和把握在课堂上所学的知识，但是这种教学方法的不足之处在于无法帮助学生形成科学、全面的知识体系，对知识理解的程度不够深刻。基于系统论形成的单元教学是指重新拆分教材内容，将其中具有较强联系的单元融合在一起，在教师的引导

---

① 崔鸿，郑晓蕙. 新理念生物教学论［M］. 北京：北京大学出版社，2016.

下，根据相应的逻辑结构，立足于单元总体开展的单元模块学习活动。

结合系统理论要求，合理开展各种项目化的教学任务，致力于妥善处理好各种问题，支持学生自主学习和探究，通过学习理解不同概念和知识，对各个知识理论有一个更加深入的理解和体会，并将其纳入现实生活当中，丰富经验，增长智慧，从而实现立德树人的教育目标。

第二节 从课时设计走向单元设计

随着改革逐步推进和深入，高中物理教学设计主张以大单元为核心，注重知识内部的逻辑性关联，设计更加贴合现实的、科学的整体性单元教学活动。充分利用现有的课时教学设计案例，通过优化和调整，以大任务为主体目标完成大单元教学活动设计，这种设计操作是符合单元教学设计的最佳方式和途径。

一、单元教学设计的两大核心要素

单元教学设计可围绕某一单元主题概念整合碎片化的知识，或者是根据单元主题大任务内容开展教学活动，帮助学生开拓思维，建立知识结构体系。以教学章节的形式确立单元学习进阶维度，或者是灵活调整，采用科学思维进行单元教学主题设计。维度愈加丰富意味着学生有机会从多个视角探索和发现物理问题，体会物理知识点，促进思维不断进步和成长。

单元教学设计内容需要与学生实际认知水平和情境相契合，通过对学生已有的相关基础知识、课程标准与教学内容的分析来确定符合学生需求的进阶起点。对于学生进阶终点的定位，可参照学生单元学习关键能力以及预期表现予以明确。单元教学设计的基础理论是学习进阶理论，该理论强调找到进阶起点与进阶终点二者之间的核心点，以此匹配适合学生的进阶层级，从而找到能够高效完成单元教学目标的最佳路径。教师作为学生课堂学习的关键指挥者和引导者，应带领学生开展各种丰富且有价值的自主探究活动，帮助学生确立正确的科学思维和物理观念；学生在面对进阶关键节点时可由教师提供帮助，以解决认知障碍。

二、单元学习过程中学生思维进阶的过程

从学生知识建构的角度分析,学习是一个不断完善知识结构的过程,联结碎片化知识建立完善立体的知识架构。学生在掌握概念知识后,对物理知识结构有了更为精准深刻的认识,实现由低能力水平到高能力水平的学习进阶。学生以完成任务的方式进行学习,将原本碎片化的数个知识点关联在一起,形成完善、系统的知识网络,并在此基础上进行知识网络拓展,逐步延伸从而形成有序的物理知识层级进阶。

从教师层面分析,从本质上看,单元教学任务设计是指学生在教师的带领下,进行知识进阶,从原本单一化的碎片化知识,向多点关联和抽象延伸的方向发展。单元教学设计的基础是学生已有的认知前概念和课程标准,对照学生实际认知水平制订对应的任务引领进阶起点,匹配适合的问题。教师在单元教学设计过程中采用设置问题情境的方式向学生提供一系列前置性物理问题,从而把握学生对物理观点的认知情况,这些对物理观点的认知情况与学生物理观念的建立具有密切关联。

综上可知,单元知识结构化的过程实质上是指学生形成物理观念的整个过程,单元教学设计的基础是学习进阶理论,具体路径是问题情境设置、从问题中形成观点、建立完善的概念以及观念。对于单元教学环节中的几大重要认知关键点,可借助单元知识思维导图设计进阶层级,选定合适的问题或是任务,以此引导学生解决各种思维问题,突破思维障碍并建立新的知识架构。在此过程中,学生的物理核心能力与学科素养得到增强,真正达到学习进阶的目的。

学习进阶按经验或实证、分析或理性思考分为两类[1]:升阶法和全景图法(图3-1、图3-2)。这两种方法是从两个侧面描述同一概念的理解过程,升阶法侧重于对学生概念理解水平的描述;全景图法则侧重于用概念陈述的方式呈现知识的支撑关系。

---

[1] 张玉峰. 高中物理概念学习进阶及其教学应用研究[M]. 南宁:广西教育出版社,2020,83-86.

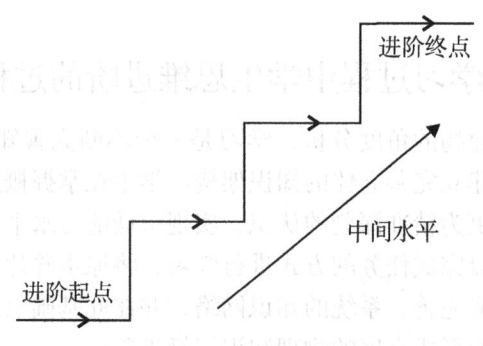

图3-1 认识水平升阶法学习进阶示意

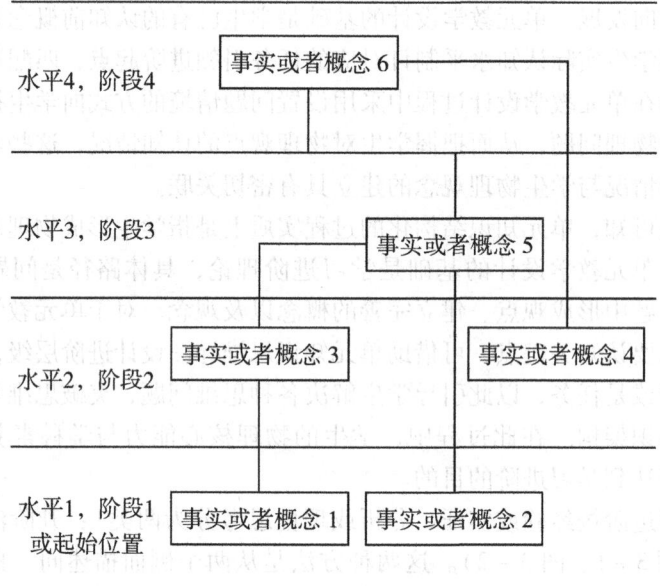

图3-2 全景式学习进阶示意

三、从课时设计走向单元设计的策略

(一) 从课时设计出发,走向单元设计

单元教学设计属于综合性的教学设计策略,其最终目标是实现知识结构化,围绕单元大任务这一主线,确立一个个单元目标,陆续完成一系列教学活动。因此,其关键点是基于单元知识结构梳理多个概念间的逻辑关系,找出单元的核心概念,并在此基础上设计契合学生实际认知水平、与知识内在逻辑关系相吻合的单元进阶层级。不同单元进阶层级之间依托对应的单元大任务,实现串联设计单元教学大任务时可从上至下完成,以单元核心概念为突破口,将核心任务群融入整个单元当中。例如,学者张玉峰的单元学习任务要求是制订建构学习进阶假设,确保学习层级与核心概念相结合,以学习层级为基础进行知识内容规划和整理,实现教学单元整体素养的发展和进步。[1] 此种单元设计的价值在于能够从宏观总体上精准把握单元知识脉络及其内部逻辑关系,但是需要教师自身具备相当高的核心素养和宏观分辨能力。

现实情况中,教师擅长进行课时教学设计,大部分教师的课时教学设计经验丰富,拥有众多可参考的教学案例。所以,单元教学设计可借鉴原有的课时教学设计案例,或是重新开展单元教学设计。教师参照学习进阶理论内容改进课时教学设计案例,使其成为与单元教学相互渗透融合的大任务。以课时教学设计为突破口,明晰课时教学内容内部逻辑关系,科学进行整合与延伸,建立层次分明的单元教学层级和单元教学路径。对于大部分教师而言,这种方式的操作性与可接受度更强。

(二) 从课时设计到单元设计的路径

课时教学设计转变为单元教学设计是原有课时教学设计的升华,形成"1+1>2"的效果,并非简单的课时教学设计的加总。单元教学大任务关注的是整体单元层级间的关系,将不同单元层级进行有效衔接,帮助学

---

[1] 张玉峰. 基于学习进阶的物理单元学习过程设计 [J]. 课程·教材·教法, 2020, 40 (3): 50-57.

生解决跨级障碍。这一过程中要整理和明确学科贯穿的思想方法，明确其核心概念，衔接原本碎片化的知识点，建立完善的知识结构。充分融合课时教学设计案例，使其成为目标单元活动任务，在完成各项活动任务的基础上建立知识关联。学习进阶理论的作用是帮助教师在进行课时整合时能够明确找到单元跨层级的核心要点，改进学生思维进阶层级的模式和路径。学生在初步感受后进一步理解所学知识，并做到灵活应用，这一过程就是学生学习进阶的过程，实际上也是学生从本质认知向实践探索进步的过程。单元教学设计需充分与学生实际认知水平相结合，制订与之相匹配的大任务，以此保证整个单元架构的有效支撑，帮助学生养成高阶思维。

1. 以单元核心概念建构为目标的单元教学内容进阶

"概念有大小之分，具有层级结构。物理概念不仅是相互关联的，也处于不同的层级结构之中。"[1] 按照抽象水平从低到高依次为基础概念、重要概念、主题核心概念和学科核心概念。[2]

基于单元教学内容展开科学分析，一是为了了解高中物理知识结构框架中单元所发挥的作用，二是为了探究单元自身知识特有的逻辑结构，通过上述分析明确单元核心概念并制订合适的单元教学计划。单元教学内容进阶以单元核心概念为重点，结合这一主线确定单元教学内容之间的关联关系，找出内容进阶层级。明确教学内容进阶层级是实现单元内基本概念结构化的最终结果。以"相互作用与力的平衡"单元学习为例，它以初中所学的概念为基础，形成彼此相互影响的观念。学生了解"生活中常见的力"，继而掌握力的相关规则，建立新的科学思维，以等效代替的视角学习"共点力的平衡条件"来应对生活中的各种问题，从而实现以力为核心衍生出的教学内容进阶。

2. 以科学思维素养发展为目标的思维能力发展进阶

单元教学设计的关注焦点是基于单元教学内容形成的进阶层级，从本质上看，建立单元核心概念的过程意味着学生科学思维的发展和进步，是其思维方式发展进阶过程。学生需要具备基本的物理观念，才能养成物理

---

[1] 张玉峰. 高中物理概念学习进阶及其教学应用研究[M]. 南宁：广西教育出版社，2020：47.

[2] 张玉峰，郭玉英. 科学概念层次分析：价值、变量与模型[J]. 物理教师，2015，36（11）.

学科核心素养，其外部表现是学生科学思维能力进阶发展。[①] 学生在开展科学探究时完成思维进阶。例如，学习"相互作用与力的平衡"单元时，以单元内概念发展进阶框架为基础，学生自主开展科学探究，从而形成良好的科学推理能力；通过学习力的分解与合成以及重心的概念等，掌握等效替代方法的积极效用；结合现实生活中的摩擦现象，从科学论证的角度入手，正确掌握滑动摩擦力与静摩擦力之间的差异，并基于此计算摩擦力的具体数值；借助共点力平衡条件处理生活中的各种问题，不断增强科学创新思维能力。学生在此过程中进一步掌握力的概念，形成良好的相互作用观念，同时带动科学思维逐步提升。笔者参考王磊老师的观点，将学习认知活动划分为三个不同的过程：学习理解、应用实践、迁移创新。[②] 与此同时，将学生科学思维能力发展进阶过程划分为五个阶段：问题提出、学习理解、应用解决、质疑创新、提出新问题。这五个阶段不断循环，以螺旋式形态逐步进阶。

本节选择"共点力平衡"课时教学作为典型案例，深入探究学生处理问题任务时科学思维的进阶情况。

（1）提出原初问题。

队员在拔河比赛时的站位是否具有一定含义和规律？根据学生前思维发展情况进行问题情境设置，让学生根据问题任务完成探究式学习。

（2）理解原初问题→应用实践→处理问题。

全体学生共同讨论，提出朝向某个共同目标发力，可以实现全体多元的最大合力。由此可见，学生开始在现实问题中融入物理的知识，进而展现出学生的科学论证与推理能力以及处理问题的能力。

（3）质疑创新→提出新问题→新的思维进阶循环。

为学生设置一系列问题，找出上述方案的不足之处，借助这种开放性问题让学生自行讨论和思考，从而锻炼学生的批判性思维。部分学生通过分析注意到某侧直线存在稳定性不佳的问题，应用力的知识点进行分析，指出绳子两端站立同等数量的队员，以此保持两侧平衡。借助这种交流锻

---

① 朱宁宁，崔琰. 以大概念统领单元教学设计，促进学科核心素养的落实——以"机械能及其守恒定律"单元为例［J］. 物理教学探讨，2021，39（2）：31-36.

② 王磊，黄鸣春. 科学教育的新兴研究领域：学习进阶研究［J］. 课程·教材·教法，2014，34（1）：112-118.

炼学生的质疑能力和创新能力。

(4) 重新进行质疑创新,实现思维的螺旋式进阶。

学生在探究过程中指出,队员站在绳子两端,虽然能够确保受力平衡,但是与绳子横向垂直的分力直接消散,此时的合力并未达到最大化,最后学生通过交流获得后仰式站位的处理方案。教师引导学生进行集体讨论,由学生自行进行整理,厘清多种解决方案的优劣,进而提升学生的综合能力。

总的来说,单元教学设计过程中不同进阶层级任务的重点存在一定差异,单元学习活动任务中学生的科学思维以螺旋式形态进阶。教师设计单元教学实践操作时还可实行逆向设计,以固有的课时设计案例为参照进行单元教学大任务的整合与构建。这种设计模式的优势在于:可以降低教师的单元教学设计难度,提高单元教学设计的可行性与可操作性;结合学习进阶理论,重新汇总整理课时教学设计案例,制订与整个单元设计彼此融合的大任务。教师应结合科学思维与教学内容调整改进学生学习进阶方式,以培养学生物理学科核心素养为宗旨,达成立德树人的目的。

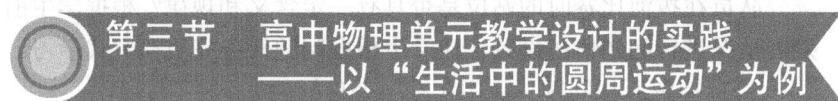

第三节　高中物理单元教学设计的实践
——以"生活中的圆周运动"为例

一、"生活中的圆周运动"单元教学设计

学习进阶是"对学生在一个时间跨度内学习和探究某一主题时,依次进阶、逐级深化的思维方式的描述"。学习进阶是依据课程标准的要求,根据学生已有的知识结构和思维能力、教学内容和教学目标确定最近发展区,将教学内容划分为许多个不同的"阶",将学习起点和终点连接起来。基于学习进阶设计的单元学习过程可以清晰地呈现单元学习层级等内容。

(一) 单元教学内容分析

1. 系统梳理单元的认知主线

"圆周运动"单元是粤教版高中物理必修第二册第二章的内容,是直线运动知识的延伸,是对曲线运动知识的深入研究,拓展了对机械运动形式多样性的认识。本单元基于生活现象先从运动观视角建立线速度、角速度、周期等概念来描述圆周运动;接着从运动与相互作用的视角分析匀速圆周运动的本质,建立向心力和向心加速度的概念;最后利用动力学的思路,类比直线运动分析问题的方法,对生活中的圆周运动和离心运动的现象进行分析,提高对圆周运动模型的理解和应用模型解决问题的能力,体会牛顿运动定律的普适性,为后续学习万有引力定律的应用和带电粒子在电磁场中的运动奠定知识和方法基础。可见,本单元具有承上启下的作用。本单元从对圆周运动现象的认识到对圆周运动物理本质的理解,再到圆周运动的应用,体现知识的内在逻辑,符合学生认知发展规律。

2. 规划围绕核心概念的单元学习层级

物理大概念的学习不是一蹴而就的,而是通过大量的基本概念的学习,不断深化,在促进学生知识结构化过程中逐渐形成的。学习进阶是为了帮助学生构建更加连贯且深入的知识体系,进一步理解"力与运动"大概念,发展科学思维。因此,要从大概念出发,基于具体的核心概念来建构知识结构框架。本单元围绕圆周运动这一核心概念深入理解线速度、角速度、向心加速度、向心力等基本概念,由浅入深,不断完善、扩充知识结构,并且利用所学知识分析生活中的圆周运动,实现对生活的观察,从感性认识到理性认识的升华,深化对运动与相互作用观这一大概念的理解,促进物理核心素养的发展。以圆周运动为依托,对单元学习进阶中知识学习的层级进行了规划,如图3-3所示。

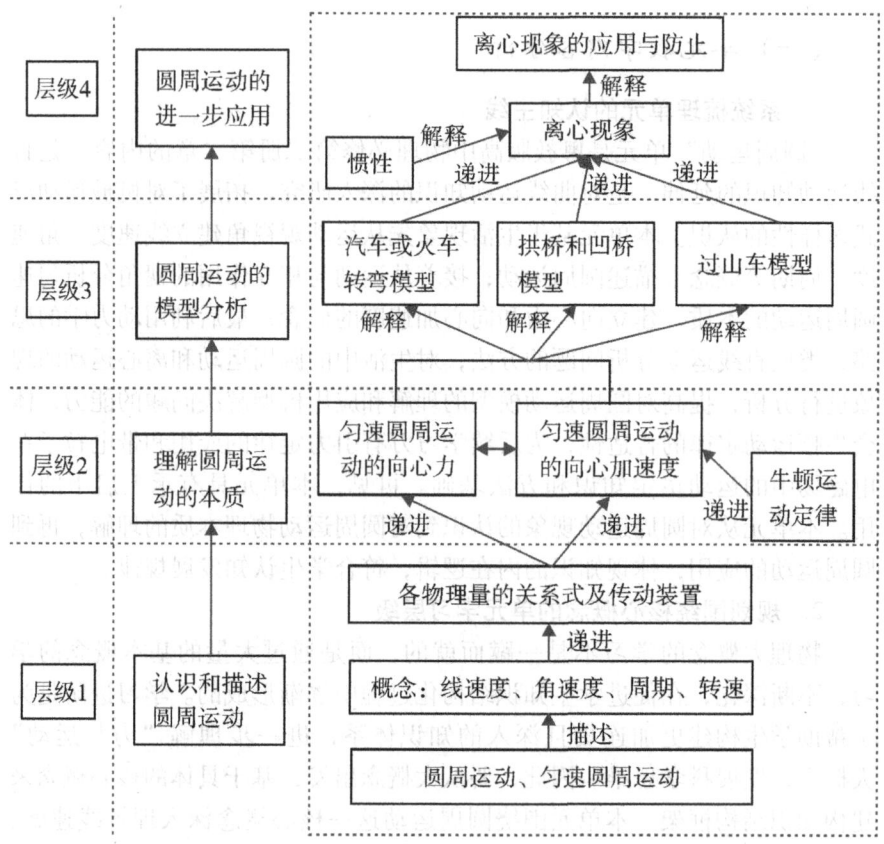

图 3-3 "圆周运动"单元知识内容结构进阶

3. 挖掘单元学习的核心素养体现

物理大概念的深度学习过程,既要重视物理知识的学习,也要剖析知识背后隐含的科学思想方法。学生在发展物理观念的过程中,必然要经历科学思维、科学探究的过程,逐渐形成科学的本质观,发展严谨认真、实事求是的科学态度与相应的社会责任感。所以,在单元教学设计中要挖掘育人价值,注重学生核心素养的发展。学习内容和相应的核心素养及科学思想方法的一些具体体现见表 3-1。

表3-1 "圆周运动"单元隐含的核心素养与科学思想方法举例

学习内容	核心素养及科学思想方法的体现
圆周运动、匀速圆周运动	运动观念，模型建构
线速度、角速度、周期及三者的关系式	模型建构、科学推理、基于证据的科学论证等科学思维，科学探究，类比方法，比值定义，微元法，极限思想，从不同视角看待同一问题的辩证唯物观，科学态度和价值观
向心力、探究影响向心力大小的因素	运动与相互作用观念，模型建构、推理论证，基于非匀速运动中向心力的质疑创新，基于合理猜想的问题、证据、解释、交流的科学探究，抽象概括，控制变量法，体会物理知识建构的思维路径——从感性认识到定性认识最后到定量认识，科学态度、合作交流等社会责任感
向心加速度	运动与相互作用观念，演绎推理，质疑创新，体会牛顿第二定律的普适性，发展知识迁移能力
生活中的圆周运动	运动与相互作用观念，基于不同情境灵活建构物理模型，结合实例进行科学思维，以定性分析和定量分析相结合推导得出表达式的方式寻找证据并得出结论，理论联系实际，科学态度与责任
离心现象及其应用	运动与相互作用观念，发展基于事实的科学解释能力，科学态度与责任，培养知识迁移能力

（二）学生学习情况分析

学习进阶理论认为，学生在入学前已经具有的对物质世界、生命世界和社会的观点是科学学习的基础，教学的起点应据此展开。因此，应先了解学生学习进阶的起点。

学生已有的事实经验：力和运动的关系相关的具体事例，牛顿运动定律的应用的具体事例，平抛和斜抛运动模型及相关事例，生活中很多圆周运动的具体事例，与离心现象相关的具体事例。但学生在实际生活中基本没有线速度、角速度、向心力和向心加速度的认知经验，缺少合力与向心力供需关系的事实经验。

学生已有的知识：知道比较直线运动快慢的方法、瞬时速度的概念，理解曲线运动，知道力和运动的关系，由数学课知道圆的相关知识、角度大小的表示方法，在科学探究方法上学生已经有初步的极限思想，初步掌握比值定义法。但学生对曲线运动的认识还比较肤浅，不善于从多方面、多角度研究一个问题。

学生的思维和认知特点：高一学生已具备一定的观察能力、归纳总结能力和演绎推理能力；具备一定的实验操作技能，能够进行实验、分析数据、得到结论，进行合作与交流，对物体做圆周运动的本质原因有较强的探究欲望。但学生常受到感性经验的影响，缺乏严谨的逻辑抽象能力。从现象到本质，对新知识的应用由陌生到熟练逐层递进，需要教师为学生铺设进阶的台阶。

（三）核心素养导向的单元学习目标分析

根据《普通高中物理课程标准（2017 年版 2020 年修订）》对"圆周运动"单元的内容要求和学业要求，以"运动和相互作用的关系"为主线，在单元教学内容和学情分析的基础上，确定本单元学习目标，具体内容见表 3-2。

表 3-2 "圆周运动"单元学习目标

素养	单元学习目标
物理观念	通过手表指针、摩天轮、飞机发动机叶片、自行车车轮的运动等情境，进行分析、推理，建立线速度、角速度、周期等概念来描述圆周运动；借助旋转圆桌上的杯子和旋转秋千等实例，分析匀速圆周运动的向心力；能从牛顿第二定律的角度理解向心加速度的大小和方向；能用向心力及向心加速度等解释生产生活中的离心现象及其产生的原因，形成与匀速圆周运动相关的运动与相互作用的观念

续表 3-2

素养	单元学习目标
科学思维	以自行车齿轮为背景，经历科学推理、分析讨论得出描述圆周运动快慢的不同物理量，同时明确两类圆周运动模式即皮带传动和同轴转动；利用汽车转弯、火车转弯、汽车过桥、过山车、弯道赛跑等情境，通过建立水平匀速圆周运动和竖直圆周运动模型，经历推理论证、质疑等思维过程，结合受力分析和牛顿运动定律等知识获得结论，能用与匀速圆周运动相关的证据说明结论并作出解释；利用乒乓球在转动圆盘上的运动、公交车急转弯的情境，进行科学推理，总结离心现象产生的原因和条件，利用合力和向心力的关系判断物体的运动；利用雨伞上的水滴、投掷链球、砂轮防护罩等情境，进行解释交流，认识离心现象的应用和危害。在发展科学思维的过程中，实现类比、归纳、微元、极限等思想方法的迁移应用
科学探究	利用绳子拉不同小球在水平面上转动的情境，分析物理现象，合理猜想影响向心力大小的因素；利用向心力演示器进行半定量"探究匀速圆周运动向心力大小与半径、角速度、质量的关系"，能在教师的帮助下采用控制变量法设计相关的方案，获得证据，分析实验数据，归纳出向心力的表达式；通过对实际情境的分析判断，增强敢于思考、质疑，积极发表观点的能力，基于证据作出解释，对结果进行交流，从而培养问题意识和证据意识
科学态度与责任	在经历实验探究后，体会严谨认真、尊重事实、探索真理的科学态度；能在学习过程中学会合作与交流；有主动将所学知识应用于日常生活的意识，体会物理学的应用价值，了解科学、技术与社会的关系

（四）呈现单元教学设计

"圆周运动"单元教学设计采用表格的形式呈现，具体包括学习进阶确定的学习层级，每个学习层级包括情境创设、具体知识内容安排、核心素养发展规划、学习方式选择等，具体内容见表 3-3。

表3-3 "圆周运动"单元教学设计

学习层级	学习过程设计	具体内容
层级1：认识和描述圆周运动	生活情境、问题情境创设，游戏闯关模式创设	核心任务：怎样比较物体做圆周运动的快慢？ 1. 自主闯关 观察生活中常见的圆周运动，如手表指针、电风扇叶片、摩天轮、飞机发动机叶片的运动等，思考上述几种运动有什么共同特点？得出圆周运动的概念。 2. 合作闯关：概念构建 创设大情境——自行车齿轮传动 闯关问题链： (1) 做圆周运动的物体上的质点在不同位置运动情况不同，应用哪些物理量来描述呢？ (2) 观察自行车的后轮同一辐条到转轴距离不同的点，哪个点运动得最快？你能说出判断的依据吗？ (3) 观察自行车大、小齿轮边缘上的点，线速度大小相同吗？哪个绕轴转动得快？你能说出判断的依据吗？ (4) 还可以怎样描述做匀速圆周运动的齿轮转动的快慢？ (5) 匀速圆周运动是匀速运动吗？它有什么运动特点？ 3. 比赛闯关：概念应用 小关1：你能找到线速度、角速度、周期之间的关系吗？ 小关2：自行车齿轮传动包含皮带传动和同轴转动两种模式，已知自行车大、小齿轮和后轮的半径，两个齿轮边缘某点和后轮某点线速度、角速度和周期的大小、比值是怎样呢？ 4. 对比闯关 观察变速自行车的齿轮级，它是怎样实现变速的？ 5. 自主闯关 阅读资料活页，了解我国从古代的牛力齿轮到现代的高铁齿轮，你有什么启发？（课外拓展）

续表 3-3

学习层级	学习过程设计	具体内容
层级1：认识和描述圆周运动	具体知识内容安排	知道线速度、角速度、周期、转速，知道线速度、角速度和周期的关系，知道匀速圆周运动的特点及运动性质，能分析同轴转动和皮带传动问题
	核心素养发展规划	发展抽象概括的模型建构能力，通过类比方法进行知识迁移，渗透微元法、极限法，培养学生的问题意识和解决问题的能力
	主要学习方式选择	通过观察法，得出圆周运动的概念；通过分组讨论，类比直线运动，分析得到线速度的概念；通过教师引导、学生自主探究得到角速度、周期、转速的概念；通过自主探究，推导各物理量之间的关系
	学习难点突破	(1) 在课堂上准备一辆倒置的自行车，学生现场观察主要传动部件，研究传动方式的特征并比较传动速度，切身体会线速度和角速度的关系。 (2) 设置合理的问题，如为什么同一辐条各点线速度不同，但转过的角度相同，而大、小齿轮边缘的点线速度大小相同，但转过的角度不同？类比线速度的比值定义法，引出用角速度描述圆周运动。 (3) 引导学生画出这一节的思维导图，整理知识构架
	学习反馈检测要点及方式	(1) 要点：线速度、角速度、周期之间的关系。 (2) 方式：课前利用预习案诊断学情；课堂上通过观察、提问、讨论交流、练习等方式进行检测；课后布置针对性练习进一步巩固和反馈
	学习时间安排	1课时

续表 3-3

学习层级	学习过程设计	具体内容
层级2：理解圆周运动的本质	生活情境、实验情境、问题情境创设，游戏闯关模式创设	播放视频、展示图片：游乐场中的旋转秋千，旋转圆桌。 核心任务：物体做匀速圆周运动时，力使物体的运动状态发生变化，那么物体受力有什么特点？力的效果是什么？ 1. 合作闯关：向心力概念的构建 感受向心力实验：一根细绳拴着小球，让小球在近似光滑的桌面上做匀速圆周运动。 闯关问题链： (1) 忽略小球运动时受到的阻力，小球受到的合力方向是怎样的？ (2) 你认为使小球做匀速圆周运动的力指向哪里？ (3) 松手后，小球还能继续做圆周运动吗？ 学生进行受力分析，发现物体做匀速圆周运动时所受合力时刻指向圆心。 教师总结向心力的概念、方向和作用效果。 2. 合作闯关：向心力概念辨析 向心力是真实的力吗？是什么力提供了向心力？ 情境：分析做匀速圆周运动的圆桌上的杯子、旋转秋千（包括秋千上的人）、波轮式洗衣机内壁上贴着的衣服等受到哪些力？合力指向哪里？ 3. 比赛闯关：实验定性探究影响向心力大小的因素 趣味实验：取一支空心笔杆，将一根尼龙绳穿过空心笔杆，在尼龙绳一端拴着质量小的橡皮，另一端拴着小瓶矿泉水。手握笔杆让橡皮在上方做圆周运动。当转速增大到一定值时，矿泉水瓶上升。你能用此法拉起更多的矿泉水瓶吗？ 学生体验汇报：当橡皮质量变大、转动半径变大、角速度变大时，可以拉起更多矿泉水瓶。 问题： (1) 向心力大小与哪些因素有关？ (2) 采用哪种实验方法进行探究？ 4. 合作闯关 利用向心力演示器半定量探究向心力大小与物体质量、角速度大小和运动半径之间的关系

续表 3-3

学习层级	学习过程设计	具体内容
层级2：理解圆周运动的本质	生活情境、实验情境、问题情境创设，游戏闯关模式创设	教师介绍实验仪器。 学生进行小组合作探究，分析实验数据，得出结论： 向心力大小的表达式：$F = m\omega^2 r$ 同时，推理得出其他表达式：$F = m\dfrac{v^2}{r} = m\dfrac{4\pi^2}{T^2}r$ 5. 合作闯关：验证向心力表达式 播放视频：利用 DIS 向心力实验器定量探究影响向心力大小的因素。 6. 对比闯关：变速圆周运动的合力方向特点 播放视频：中国选手王峥投掷链球。 提问：链球在做加速圆周运动的过程中，所受的合力等于向心力吗？ 教师引导，学生把合力分解为指向圆心方向和沿切线方向的两个分力，得出两个分力的作用效果。 通过对比匀速圆周运动和变速圆周运动的受力特点和运动特点，发现合力沿半径方向的分力还是叫向心力，其作用效果还是改变线速度的方向。 7. 自主闯关：向心加速度概念的构建 问题：请根据牛顿第二定律，分析做匀速圆周运动的物体的加速度的大小和方向是怎样的。 学生独立思考，进行理论探究，得出加速度的大小和方向，并得出表达式：$a = \dfrac{F}{m} = \omega^2 r = \dfrac{v^2}{r} = \dfrac{4\pi^2}{T^2}r$ 8. 比赛闯关：向心加速度概念辨析 根据 $a = \omega^2 r = \dfrac{v^2}{r}$，向心加速度与半径成正比还是成反比？
	具体知识内容安排	向心力的概念、作用效果、大小和方向，变速圆周运动的受力特点，向心加速度的概念、大小和方向

续表 3-3

学习层级	学习过程设计	具体内容
层级2：理解圆周运动的本质	核心素养发展规划	完善运动与相互作用的观念，发展抽象概括的模型建构能力和分析、推理、论证能力，培养科学探究意识和能力，培养知识迁移能力，形成理论联系实际的意识，培养科学态度、合作交流等社会责任感
	主要学习方式选择	通过两个动手小实验，体验向心力方向以及大小与哪些因素有关；通过分组实验，探究影响向心力大小的因素；通过理论分析推理得出向心加速度的表达式；通过交流讨论，理解变速圆周运动的分析方法
	学习难点突破	(1) 向心力的来源：通过让学生自主完成小实验，增加对向心力的感性认识；创设丰富的生活情境，让学生讨论、归纳得出向心力的来源，教师重视引导学生理解向心力是按效果命名的。 (2) 实验探究向心力大小：让学生参与设计定性实验探究，并提供向心力演示器，让学生分组合作探究。播放DIS向心力实验器的视频，进一步验证向心力公式。 (3) 向心加速度：学生对做匀速圆周运动的实例进行分析，推理得出向心加速度的大小和方向，理解牛顿第二定律也适用于曲线运动
	学习反馈检测要点及方式	(1) 要点：明确向心力来源，向心力演示器原理、实验数据分析，向心力和向心加速度表达式的简单应用。 (2) 方式：课前利用预习案诊断学生对受力分析的了解情况；课中通过教师提问、学生回答问题和课堂巩固练习等来考查学生对向心力的理解，通过教师操作、讲解或借助微课视频，让学生初步明白向心力演示器的原理，学生小组合作、讨论交流完成实验探究；课后布置针对性练习进一步巩固和反馈
	学习时间安排	2课时

续表 3-3

学习层级	学习过程设计	具体内容
层级3：圆周运动的模型分析	生活情境、实验情境、问题情境创设，游戏闯关模式创设	播放视频：汽车拐弯向外侧滑、列车脱轨。 核心任务：汽车如何安全转弯和过桥？ 1. 合作闯关：汽车转弯 小关1：汽车在水平路面转弯时相当于在做圆周运动，向心力由什么力提供？你能写出相应的动力学方程式吗？ 小关2：哪些情况需要在转弯时限制速度的大小？ 小关3：当汽车转弯时，存在一个安全通过的最大速度，如果超过了这个速度，汽车将发生侧滑现象。请提出你的改进措施，让汽车安全转弯。 小关4：假如道路客观因素如半径、粗糙程度不变，要使汽车不必大幅减速又能安全通过，还有什么改进措施呢？ 2. 合作闯关：火车转弯 图片展示：火车车轮和铁轨的结构。 小关1：火车在水平面转弯时由什么力提供向心力？此时存在什么安全隐患？ 小关2：如果你是工程师，如何设计安全的铁路弯道的轨道？ 小关3：展示斜坡式设计的火车转弯图片。请对火车进行受力分析，并写相应的方程式。 小关4：当火车速度过大或过小时，对铁轨的侧向压力的情况是怎么样的？ 小关5：请尝试用理论分析公路弯道处采用外高内低的斜坡式设计的原理。 小关6：汽车在倾斜路面转弯，如果速度的大小不等于$\sqrt{gr\tan\theta}$，此时由哪些力的合力提供向心力？ 小关7：你还能列举生活中通过倾斜的方式来获取水平转弯所需要的向心力的实例吗？ 3. 合作闯关：拱形与凹形路面 小关1：汽车过拱形路面或凹形路面时的运动，可构建什么样的物理模型？

续表 3-3

学习层级	学习过程设计	具体内容
层级3：圆周运动的模型分析	生活情境、实验情境、问题情境创设，游戏闯关模式创设	小关2：汽车在拱形路面最高点时对路面的压力比车所受的重力大还是小呢？请利用牛顿运动定律进行推理论证。 小关3：汽车在最高点的速度越大，对拱形桥面的压力如何变化？如果速度越来越大，会发生什么现象？ 小关4：公路在通过小型水库的泄洪闸的下游时，常常要修建凹形路面，也叫"过水路面"。汽车通过该路面最低点时，车对地面的压力比车所受的重力大还是小？请利用牛顿运动定律进行推理论证。 4. 比赛闯关："水流星" 趣味实验：用一根细绳系着盛有水的一次性杯子，抡动绳子让杯子在竖直平面内做完整的圆周运动。当杯子在最高点时水不会从杯里洒出来，请分析原因
	具体知识内容安排	受力分析，向心力公式，牛顿第二定律，生活中的圆周运动分析
	核心素养发展规划	深化运动与相互作用的观念，培养从实际问题中建构物理模型、进行科学推理的能力，培养问题意识，培养应用知识分析现象背后的物理原理的迁移能力，培养科学态度与责任
	主要学习方式选择	借助典型的生活情境，通过师生的讨论交流，用比较和总结的方法进行运动模型归纳，并梳理解决圆周运动问题的思路和方法；通过合作学习与交流，理解公路和铁路转弯处设计成斜坡式的物理原因；通过自主学习，理解拱形和凹形路面的超重、失重现象；通过实验体验，理解过山车蕴含的物理知识
	学习难点突破	通过做实验、播放视频和图片的方式，让学生感受生活中的圆周运动；通过让学生对典型实例构建物理模型，进行受力分析，找到向心力的来源；通过几个典例的对比分析和总结归纳，学会运用牛顿运动定律分析、解决生活中的圆周运动问题

续表 3-3

学习层级	学习过程设计	具体内容
层级3：圆周运动的模型分析	学习反馈检测要点及方式	要点：建构圆周运动模型，运用牛顿运动定律定性、定量分析生活中的圆周运动问题。 方式：课前利用预习案反馈学情；课堂通过提问、小组讨论交流等方式进行检测；课后布置针对性练习进一步巩固和反馈
	学习时间安排	1课时
层级4：圆周运动的进一步应用	生活情境、实验情境、问题情境创设，游戏闯关模式创设	播放视频：公交车在水平面急转弯，乘客没有扶好而向外侧倾倒；游乐园里的"魔盘"游戏，人被抛到圆盘边缘地带。 学生实验：在瓶盖的侧壁扎上许多小孔，中间用牙签固定做成小小甩干机，在里面放湿棉球，转动瓶盖时观察到有小水滴向外飞出。 这些现象背后的原理是什么？ 核心任务：离心运动产生的原因是什么？ 1. 合作闯关 演示实验：利用水平圆盘和小物块进行实验，慢慢匀速转动圆盘，小物体随圆盘一起做匀速圆周运动；逐渐加速转动，小物体逐渐远离中心，最后从圆盘边缘飞出去。 学生观察现象，分析总结原因。 学生实验：利用绳拉球在水平面内做圆周运动，突然松手，观察小球飞出去的方向。利用慢放镜头回放视频，学生认真观察现象，分析总结原因。 小结：离心现象的本质、定义和条件。 2. 比赛闯关 小关1：你能解释前面三个离心现象产生的原因吗？ 小关2：结合离心现象分析示意图，你能总结合力与向心力的供需关系吗？ 3. 自主闯关 小关1：离心现象在生活、生产和科技中有广泛的应用。请你举出一些利用离心现象的例子。

续表 3-3

学习层级	学习过程设计	具体内容
层级 4：圆周运动的进一步应用	生活情境、实验情境、问题情境创设，游戏闯关模式创设	学生播放课前准备好的视频或图片：旋转雨伞，洗衣机脱水，投掷链球，低温离心机分离血液中的血浆和红细胞，水泥管道制造等。 小关 2：离心现象有时也会带来危害，为了防止产生危害要采取一些措施。你能举出例子并加以说明吗？ 学生播放课前准备好的视频或图片：汽车在水平路面转弯时速度过大向外侧滑行，高速旋转的砂轮或飞轮破裂。 学生分析原因，指出防护措施，如公路弯道限速、砂轮加防护罩等。 思维拓展：在链球比赛中，除了出口处，周围要用铁线网围住是什么原因？学生讨论分析：防止因链条断裂或运动员的链球意外脱手而引发事故。 4. 对比闯关 小关 1：一根两端封口、中央位置下各开一个小口的透明长圆管装有两个小球，如何使两个小球分别处于圆管的两端？ 小关 2：游乐场的旋转盘上，开始时有的人离转轴近一些，有的人离转轴远一些。当旋转盘加速时，哪些人更容易发生滑动？为什么？
	具体知识内容安排	离心现象：离心现象产生的条件，分析离心运动的受力情况，离心现象的应用，离心现象的危害及防止
	核心素养发展规划	深化运动与相互作用的观念，树立科学的态度，培养运用科学知识进行解释的能力，认识事物的两面性，培养辩证哲学思维，培养知识迁移的能力
	主要学习方式选择	通过学生自主实验及观察思考，归纳物体做离心运动的条件，建构离心现象的概念；通过小组合作学习及讨论交流，展示离心运动的应用和防止产生危害的实例，并解释原因

续表 3-3

学习层级	学习过程设计	具体内容
层级4：圆周运动的进一步应用	学习难点突破	通过自主阅读，上网查找相关视频，初步了解离心现象及其应用；通过学生实验和理论分析，知道离心现象是惯性的一种表现；结合实例，通过师生互动，应用离心现象原理解释实际问题
	学习反馈检测要点及方式	要点：离心现象的产生条件，解释生活中的离心现象。方式：课前让学生小组合作准备离心现象的相关视频；课上通过实验、提问、讨论、交流等方式进行检测；课后布置针对性练习进一步巩固和反馈
	学习时间安排	1课时

（五）主要教学活动设计

下面以层级 3 为例，采用游戏闯关教学模式进行教学设计。"生活中的圆周运动"一节是"圆周运动"单元的一节运用课，采用创设丰富的生活生产情境策略，引发学生共鸣，把知识和方法融入学生已有的生活体验中；采用任务驱动策略，把每个大闯关分解成多个带有进阶任务的小闯关，逐步深入分析，在分析不同情境的圆周运动中促进学生科学思维的发展；采用对比和迁移策略，在从水平弯道到倾斜弯道的递进分析，以及多个不同实际现象中建构相同的圆锥摆模型，总结出相同的规律，提高学生解决问题的能力。具体的闯关任务、情境设置与活动如下。

1. 创设情境，引入新课

【播放视频】汽车拐弯向外侧滑、列车脱轨。

【提出问题】汽车和列车如何才能做到安全转弯？

【设计意图】利用真实案例，给学生带来视觉冲击，引发学生对机车安全转弯问题的思考，激发其求知欲，培养其社会责任感。

2. 合作闯关：公路弯道

【展示图片】生活中急转弯处的减速标志。

【小关1】汽车在水平路面转弯时相当于在做圆周运动，向心力由什么力提供？你能写出相应的动力学方程式吗？

生：由静摩擦力提供向心力，$f = m\dfrac{v^2}{r}$，得 $v = \sqrt{\dfrac{fr}{m}}$。

【设计意图】引导学生把生活中的实际问题转化为圆周运动的物理模型，创设问题情境，培养学生的问题意识。通过引导学生对研究对象进行受力分析，结合圆周运动知识，得出表达式，帮助学生从运动与相互作用的角度建立解决实际问题的思路。

【小关2】哪些情况需要在转弯时限制速度的大小？

生：公路急转弯处半径较小，汽车质量过大，雨天路滑时最大静摩擦力减小……

【小关3】当汽车转弯时，存在一个安全通过的最大速度，如果超过了这个速度，汽车将发生侧滑现象。请提出你的改进措施，如何让汽车安全转弯。

生：增大转弯半径，增加路面的粗糙程度，减小汽车质量，减速慢行。

【小关4】假如道路客观因素如半径、粗糙程度不变，要使汽车不必大幅减速又能安全通过，还有什么改进措施呢？

师：提示学生，从向心力的来源分析。如果不是靠侧向静摩擦力提供向心力，可以由什么力提供向心力？

学生小组讨论，指出重力的方向不能改变，牵引力和阻力方向与前进方向在一条直线上，只有支持力方向可以改变。

师：如何改变支持力的方向？

生：让路面向内倾斜，从而改变支持力的方向。

小结：在公路弯道处采用外高内低的斜坡式设计。

【设计意图】从水平公路弯道限速分析，到改进措施的讨论，学生的方案一步步从改变运动学的量转化为改变向心力来源，学生的运动观和相互作用观得以深化。学生在真实情景中利用模型建构解决科学问题，培养了初步的模型建构能力和科学探究能力；在游戏闯关中，逐步深入思考，培养了科学推理能力。

【小关5】请尝试用理论分析公路弯道处采用外高内低的斜坡式设计的原理。

教师创设问题情境：已知路面倾角 θ 和转弯半径 r，司机通过弯道的速度大小是多少？引导学生进行受力分析，找到向心力来源，列出方程。

学生进行小组合作，展示交流：如果只有重力和支持力的合力提供向心力，利用牛顿第二定律有 $mg\tan\theta = m\dfrac{v^2}{r}$，得出汽车转弯速度 $v = \sqrt{gr\tan\theta}$。

【小关6】汽车在倾斜路面转弯，如果速度的大小不等于 $\sqrt{gr\tan\theta}$，此时由哪些力的合力提供向心力？

【设计意图】引发学生进一步思考，经历完善的科学探究过程，体会科学建模的过程和方法，培养严谨的科学态度。通过两类典型圆周运动模型的对比分析，有助于培养学生的知识迁移能力。

3. 对比闯关：铁路弯道

【展示图片】火车车轮和铁轨的结构图。

【学生观察】发现火车车轮有突出的轮缘，铁轨仅通过道钉固定在枕木上。

【小关1】火车在水平面转弯时由什么力提供向心力？此时存在什么安全隐患？

学生独立思考，交流想法：由外轨道对车轮轮缘的侧向压力提供向心力。火车质量很大，轮缘和外轨间的相互作用力很大，铁轨容易损坏、变形，发生危险。

【小关2】如果你是工程师，如何设计安全的铁路弯道的轨道？

生：和汽车转弯相似，让转弯处的外轨高于内轨，让重力与支持力的合力提供向心力。

【小关3】展示斜坡式设计的火车转弯图片。修筑铁路时，内外轨之间的高度差要怎么确定？此时火车是在水平面内还是斜面内做圆周运动？请通过理论进行分析。

学生小组合作交流，明确火车是在水平面内做圆周运动。

教师引导学生对火车进行受力分析，写出相应的方程式。

学生小组展示结果：若使火车转弯时所需的向心力恰好由重力和支持

力的合力来提供，由 $mg\tan\theta = m\dfrac{v^2}{r}$，分析可知，可以根据弯道的半径和规定的行驶速度，确定内外轨的高度差。

【小关4】对于运行速度显著提升的高速列车，为避免高速列车在转弯时速度大幅度降低，请根据 $v = \sqrt{gr\tan\theta}$，提出解决的方法。

生：增加铁路弯道半径，增大倾角。

师：列车行驶速度为 350 km/h 时，铁路的弯道半径在 8 km 以上。轨道太倾斜，列车容易侧翻。

【小关5】当火车行驶速度大于 $\sqrt{gr\tan\theta}$ 或小于 $\sqrt{gr\tan\theta}$ 时，对铁轨的侧向压力的情况是怎么样的？

学生小组合作，讨论交流，得到答案。当速度大于 $\sqrt{gr\tan\theta}$ 时，会挤压外轨；当速度小于 $\sqrt{gr\tan\theta}$ 时，会挤压内轨。

【小关6】播放小鸟和飞机水平转弯时都会倾斜的视频，思考这是为什么。

教师引导学生进行受力分析，理解它们转弯所需的向心力由重力和空气对它们的升力的合力提供。

【小关7】你还能列举生活中通过倾斜的方式来获取水平转弯所需要的向心力的实例吗？

学生讨论交流，举例如旋转飞椅、人骑车转弯、人跑步转弯。

师：抽象出圆锥摆模型，总结圆周运动的一般解题思路是：先确定研究对象，然后进行运动分析（确定圆心和半径）和受力分析（关键是找到向心力的来源），最后根据牛顿运动定律列方程求解。

【设计意图】火车转弯用到的物理模型和公路弯道相似，这实现了知识的迁移和科学思维的深度学习，再次培养学生的建模能力，深化对知识应用价值的认识。从对普通火车到对高速列车的分析，体现了知识的创新应用和不断发展。对生活中其他实例的分析，在不同情境中概括出相同的圆锥摆模型，培养了基于抽象概括的科学建模能力，提高了学生的对比、分析、归纳能力。

4. 合作闯关：拱形与凹形路面

【展示图片】各种拱形桥。生活中很少见到凹形桥，这是为什么？

【小关1】汽车过拱形路面或凹形路面时的运动，可构建什么样的物理模型?

生:可看作圆周运动的一部分。

【小关2】汽车在拱形路面最高点时对路面的压力比车所受的重力大还是小呢?请利用牛顿运动定律进行推理论证。

学生先独立思考,然后小组交流,展示结果:汽车对拱形路面最高点的压力为 $F_N = mg - m\dfrac{v^2}{r}$,发生失重现象。

【小关3】汽车在最高点速度越大,对拱形桥面的压力如何变化?如果速度越来越大,会发生什么现象?

师生交流,得出答案。教师指出经过拱形桥面不宜高速行驶,否则会脱离桥面。

【小关4】公路在通过小型水库的泄洪闸的下游时,常常要修建凹形路面,也叫"过水路面"。汽车通过该路面的最低点时,车对地面的压力比车所受的重力大还是小?请利用牛顿运动定律进行推理论证。

学生先独立思考,然后小组交流,展示结果:汽车对凹形路面最低点的压力为 $F_N = mg + m\dfrac{v^2}{r}$,发生超重现象。

5.比赛闯关:"水流星"

【趣味实验】用一根细绳系着盛有水的一次性杯子,抡动绳子让杯子在竖直平面内做完整的圆周运动。当杯子在最高点时,水不会从杯里洒出来。请分析原因。

学生思考、讨论、交流:以水为研究对象,进行受力分析,找到向心力来源,写出相关方程。师生交流得出杯子在最高点时水刚好不洒出来的临界速度。

【设计意图】创设小实验可以提高学生的学习兴趣和求知欲;对"水流星"现象的分析,可以完善竖直平面内的圆周运动模型,同时促进学生对知识的再加工和思维的迁移性发展,培养学生解决实际问题的能力,深化运动与相互作用观。

(六)单元学习评价

本单元学习评价以学生发展为中心,以物理学科核心素养为导向,创设有利于学生讨论、探究的真实问题情境,采用多元、多维的评价方式,对学生的知识获得、认知思维、学习态度、学习方法、价值观念等方面给予评价和反馈。单元学习评价把终结性评价和形成性评价有机结合，贯穿学习的全过程。

（1）实施了基于课堂表现观察的形成性评价。教师通过观察学生参与课堂活动的思维能力、情感投入、团队合作等情况，评价学生学习物理的行为和认知，以及学习目标的达成效果，根据反馈情况及时调节学生的学习节奏，改进学生的学习方法。

（2）实施了基于课后访谈的形成性评价。通过与不同层次学生的面对面交流，收集学生对本单元知识内容、物理思想方法以及课堂的看法，及时改进教学，实现"教—学—评"的一致性。

（3）实施了基于自我和同伴的形成性评价。学生作为主体对自己和同伴的学习进行反思，记录学习前后的心得体会，反思收获与遇到的困难和问题，及其产生的原因，明确下一步学习的方向。

（4）实施了阶段性的终结评价。完成本单元学习后，通过小结和绘制思维导图、课时作业和单元测试等方式进行终结性评价。通过梳理"圆周运动"单元知识体系和画出思维导图来检验学生对本单元知识的掌握情况。依据学业水平要求和学生实际情况，设计考查核心知识和关键能力的分层作业和测试题。通过学生答题情况来评价和诊断单元学习目标的达成度，检测学生物理学科核心素养的发展水平。

（七）教学反思

本单元教学设计以学习进阶为工具，依据学生的认知规律和认知水平，以及知识逻辑与思维方法规划学习层级，并挖掘学科内容的育人价值。通过设计多种圆周运动情境问题和学生活动，引导学生从生活实际出发，学会透过现象分析本质，再用规律解释生活现象，发展学生的模型建构、科学推理和科学探究能力，帮助学生逐步形成解决圆周运动问题的大思路，促使学生建立知识框架，培养运动与相互作用的观念。通过设计多种形式的内容，基于核心素养进行评价，考查学生知识掌握和素养提升的情况。本单元教学设计体现了以学生为中心的理念，用游戏闯关教学模式来设计合理的学习方式与教学活动，可操作性较强。

二、"圆周运动"单元教学设计

(一) 选择单元教学内容

粤教版高中物理必修第二册第二章"圆周运动"一共由四节内容组成,分别是匀速圆周运动、向心力与向心加速度、生活中圆周运动、离心现象及其应用。本章在第一章"抛体运动"的基础上,进一步学习圆周运动,且以匀速圆周运动为主要学习内容。本章从描述圆周运动的基本物理量入手,通过向心加速度、向心力两个物理量深化学生对圆周运动特别是匀速圆周运动规律的理解,从运动与相互作用的视角,引导学生分析解决实际生活中有关圆周运动的问题,加深学生对力与运动观念的理解,并着重培养学生构建物理模型、科学推理等科学思维和科学探究能力,树立科学态度与社会责任感。

本章共四节内容,整章内容围绕圆周运动的规律与应用展开。第一节首先帮助学生建立圆周运动、线速度、角速度、周期等概念,这些概念是后续对圆周运动具体规律进行探究学习的基础,该节要求学生能在理解这些概念的基础上,用这些概念来描述圆周运动。第二节在学习描述圆周运动基本概念的基础上,进一步对匀速圆周运动的特点进行分析,通过对向心力、向心加速度概念的理解,深化学生对圆周运动的认识。从上一节"对圆周运动如何描述"深入到本节"圆周运动的特点分析",体现教材编写遵循由表及里、由浅入深的认知顺序。通过该节的学习,教师应引导学生从力与运动的角度分析匀速圆周运动的物理本质,并理解物体做圆周运动的根本原因。第三节对生活中常见的圆周运动现象进行分析,引导学生运用圆周运动知识分析现象背后蕴含的物理原理,深化对圆周运动的理解和认识。第四节由生活中常见现象出发,引导学生理解离心现象和离心现象产生的原因,并对生活中常见的离心现象进行解释,正确认识离心现象给生产生活带来的利与弊,从物理学的视角引导学生体会物理知识在生产生活中的应用。这四节内容,既能帮助学生进一步加深对曲线运动中的动力学问题的理解和应用,也是为学习天体运动和带电粒子在电磁场中的运动储备知识,具有一定的基础性和预备性。

（二）制定单元教学目标

本章内容注重各个知识点之间的内在联系，从圆周运动的认识到圆周运动的物理本质的理解，再到圆周运动知识的应用。引导学生围绕圆周运动这一主线，逐步深化学生对圆周运动这一特殊物理模型的理解，并借助生活中圆周运动的模型进行应用分析，深化学生对运动与相互作用观念的认识，培养学生的科学探究能力。

本章非常重视对物理模型建构能力的培养。首先是引导学生认识圆周运动这个典型运动模型，除了理解圆周运动模型和运动特点，还要从生活现象中提取圆周运动的应用实例，借助实例分析，深化对圆周运动模型的认识和提高应用模型解决实际问题的能力。以圆周运动这一特殊曲线运动形式为载体，引导学生从运动与相互作用的视角分析圆周运动的物理本质，体会牛顿运动定律的普适性，深化对运动与相互作用观念的理解。对科学探究能力的培养主要体现在探究影响向心力大小的因素的实验中，通过引导学生从影响因素的猜想到运用控制变量法对影响因素进行定量探究，让学生体会科学探究的过程和方法，逐步培养学生独立探究的意识和能力。特别注重引导学生观察生活常见现象，各节知识多以生活中常见的圆周运动实例为基础，先让学生建立感性认识，再结合实例提出问题，引导学生建立对圆周运动的认识和理解。考虑到学生的认知特点，引导学生理解物理知识在生活中的实际应用价值，体会从发现问题到运用物理知识解决问题过程中的学习乐趣和成就感，深化学生对物理知识价值的认同感，同时培养学生的科学态度与社会责任感。此外，本章教材每节内容特别注重培养学生的主动性和严谨性。各节内容均围绕圆周运动展开，按照"圆周运动的描述→圆周运动的受力分析→圆周运动的联系实际问题"的整体结构编写，特别注重引导学生建构模型与应用知识去分析和解决实际问题，体现了对学生科学思维和科学探究能力的培养。

本章还加大了实验探究的比重，使学生能够更好地理解并掌握向心加速度与各物理量之间的关系及其含义，并增加"探究并了解匀速圆周运动向心力大小与半径、角速度、质量的关系"这一实验。在教学过程中，建议教学这部分的内容时注重分析思路和方法的渗透，对圆周运动的描述首先根据运动学的知识学习向心加速度，然后再根据牛顿第二定律学习向心力的知识。为了形成合理的知识结构，使教学过程更加符合认知规律，应结合以上教学要求，制订本单元的教学目标。

1. 圆周运动与线速度、角速度

通过观察自行车后轮的运动让学生理解线速度、角速度的物理意义并掌握其定义式，了解转速和周期两个概念，知道匀速圆周运动的特点。加深学生对比值定义法的理解，同时培养学生基于证据的科学论证能力。

（1）引导学生建立对圆周运动的初步认识，并且会从运动观的角度描述匀速圆周运动。

（2）借助实景实例让学生理解线速度、角速度、周期等物理量的建立过程，同时体会类比法等方法的应用及模型建构和推理论证科学思维的应用。理解线速度、角速度和周期三者之间的关系，并能将其用于解决实际问题。

（3）通过对自行车车轮转速的观察与研究，让学生体会科学探究的方法。

（4）通过对生活和生产中各类圆周运动现象的观察，培养学生形成乐于求知的精神和主动应用科学知识解决问题的意识。

2. 关于向心力

让学生了解向心力的概念，并能从牛顿第二定律的角度来理解向心力的表达式。能够运用牛顿运动定律来解决匀速圆周运动的各种问题并理解运动与相互作用的物理观念。通过实验探究让学生理解向心力及向心加速度的方向和表达式，根据问题情境引导学生选择合适的向心加速度表达式进行简单的运算。同时培养学生实验探究的意识及基于事实抽象概括的模型建构能力。

（1）理解向心力与向心加速度，培养学生建立运动与相互作用的观念，并体会牛顿第二定律的普遍适用性。

（2）引导学生结合生活实例对具体情境中的向心力来源进行分析，培养学生的模型建构能力和科学推理能力。

（3）通过探究向心力影响因素的实验设计与检验过程，培养学生的科学探究意识与能力。

（4）通过探究性活动，让学生体会成功的愉悦，培养学生参与物理学习活动的兴趣，形成注重应用理论联系实际的意识。

3. 关于生活中的圆周运动

引导学生定性与定量地分析生活中的圆周运动，知道离心运动及其产生的条件，了解离心运动的应用和防止。同时培养学生基于事实的科学解释能力，对任何事都有科学的态度。

（1）教师通过对生活中典型的圆周运动实例进行分析，深化学生对圆周运动中运动与相互作用观念的理解。培养学生从生活中发现问题，并依据问题构建物理模型，应用物理知识结合实际分析现象背后的物理原理的能力，落实对学生科学思维和科学探究能力的培养。

（2）引导学生从典型实例中抽象出物理模型，深化对模型的认识和理解，灵活应用物理模型解决实际中的圆周运动问题。通过对生活中圆周运动的典型事例的分析，让学生应用知识解决实际问题，同时培养学生的科学态度和社会责任感。

（3）引导学生了解生活中的离心现象，知道什么是离心现象。通过观察实验，体会离心现象的产生条件，体会其中包含的运动与相互作用的观念。能应用所学知识解释生活中的离心现象，知道离心现象是惯性的一种表现。

（4）通过列举生活中的各种离心现象，让学生认识离心现象在生产与生活中的应用和危害，树立科学的态度和社会价值观。

（三）学习进阶路径规划

从物理观念的角度来看，学生通过本单元的学习可以进一步完善对曲线运动的认识，更有利于建立力与运动的物理观念及建构模型。从科学思维的角度上看，本单元教学涉及的比值定义法、模型建构思想是物理学习研究的主要思想方法。尤其是"生活中的圆周运动"这节课，一方面可以让学生亲身经历模型建构、科学推理、科学论证的过程；另一方面可以培养学生解决生活中的实际问题的能力，增强学生实践的意识。从科学探究的角度上看，本单元第二节"向心力与向心加速度"中影响向心力大小的因素的演示实验要按照探究性实验的要求进行教学设计，从而培养学生的实验探究能力。原来的验证性实验转变成探究性实验，目的是培养学生的实验探究能力。因此，教师在教学过程中一定要有意识地多提问，让学生能够在交流的过程中提高实验探究能力、问题意识和论证意识。从科学态度与责任的角度上看，比较两个质点圆周运动的快慢或者转动的快慢，可以培养学生基于证据的科学论证的能力。同时，本单元的两个实验探究既可以培养学生基于事实进行抽象概括以及模型建构的能力，也可以培养学生的求真精神与团队合作的意识。本单元最后一节"生活中的圆周运动"既能培养学生运用物理知识解决生活中的实际问题的能力，同时也能培养学生用物理的视角发现问题、解决问题的能力。

基于学习进阶的系统设计与各个知识点之间的衔接和内在逻辑，"圆周运动"单元的学习层级与素养发展的规划进阶见表3-4。

表3-4 "圆周运动"单元学习层级与素养发展规划进阶

学习层级	素养发展规划
层次1：知道什么是圆周运动、什么是匀速圆周运动	加深学生对曲线运动的理解，完善曲线运动的物理观念
层次2：知道线速度、角速度的物理意义和定义式，了解转速和周期，知道匀速圆周运动的特点	加深学生对比值定义法的理解，发展学生基于证据的科学论证能力
层次3：知道匀速圆周运动是一种变速运动，有方向指向圆心的向心力及向心加速度	加深学生对加速度概念的理解，使学生对运动学知识进行进一步拓展和延伸，形成物理观念
层次4：知道向心力和向心加速度的表达式及方向，能根据实际问题情境选择合适的向心加速度公式进行简单的运算	培养学生实验探究的能力，培养学生基于事实概括抽象的模型建构能力
层次5：能定性、定量地分析生活中的圆周运动，能从牛顿第二定律的角度深入理解向心力的表达式	运用牛顿运动定律解决匀速圆周运动的实际问题，掌握运动与相互作用之间的物理规律
层次6：知道离心现象及其产生条件，了解离心现象的应用和防止	培养学生基于事实的科学解释能力，形成正确的科学态度与价值观

（四）落实单元教学环节

1. 层次1、2：匀速圆周运动（1课时）

（1）（创设物理情境）列举生活中的各种圆周运动现象，引导学生观察圆周运动物体的轨迹形状，同时提出问题：如何比较做圆周运动物体的运动快慢？

（2）（猜想与假设）引导学生基于已有的生活经验进行有效的猜想：运动一圈所用的时间是多少？在相同时间内转过多少圈？对比之前学过的直线运动速度的定义，能否类比迁移到曲线运动呢？将直线运动速度的比值定义法类比迁移到曲线运动的线速度、角速度的定义，即比较物体在相同时间内走过的圆弧的长短，在相同时间内转过的角度的大小，从而突破教学难点。

（3）（实验探究）引导学生思考：可测量什么物理量？用什么实验仪器测量、怎么测量？如何安排实验步骤？通过观察可调速自行车的车轮，向学生展示匀速圆周运动的各种情况。

（4）（科学解释）自行车轮子同一根辐条上 A、B 两点哪个点运动得更快一点，理由是什么？在相同的时间里，A、B 两点运动的弧长不一样，说明了什么？这样不仅可以将直线运动中定义速度的方法自然类比迁移到圆周运动中线速度的定义，而且可以让学生明白曲线运动的线速度与直线运动的速度没有本质的区别。在圆周运动中，我们还可以通过相同时间内半径转过角度的快慢（角速度）来描述物体的运动速度，为了与角速度区分，我们把圆周运动中的瞬时速度称为线速度。

本节课将生活中的实际场景引进课堂教学，再引导学生对物体的运动轨迹进行研究。通过观察物理运动轨迹后思考如下问题：如何判断物体做圆周运动的快慢？等学生观察思考后，再引导学生进行猜想。猜想的具体内容围绕学生已有的生活及学习经验：做圆周运动的物体，经过多长时间转动一圈又回到原点？不同物体在单位时间内转的圈数是否一样？对于以上猜想，教师可让学生将以前所学习的直线运动知识迁移到圆周运动，以此来帮助学生实现知识的有效迁移。再通过对比圆周运动的线速度定义、角速度定义与直线运动定义之间的差异，让学生了解解答上述问题需运用圆弧长短以及转过的角度大小等知识点，继而达到突破教学重难点的目的。为巩固学生对所学新知识的理解，教师可以选出与生活相关的物理实验，用实验仪器进行具体测量，让学生思考该如何测量、具体需要哪些工具以及各种实验工具该如何使用等问题。

2. 层次 3、4：向心力与向心加速度（2 课时）

（1）（情景创设）我们知道，物体如果不受外力，它将静止或者做匀速直线运动,其加速度为零。匀速圆周运动并不是匀速直线运动,这意味着它所受到的合外力不为零,其加速度也不为零。那么这个加速度的大小和方向又是怎么样的呢?

(2)(实验探究一)绳子一端系一个小球,另一端用手固定,让小球在近似光滑的玻璃桌面上做圆周运动,此时牵绳的手有什么感觉?小球受合外力的方向如何变化?松手后小球是否还能继续做圆周运动?具体分析这三个问题后,学生就可以理解匀速圆周运动的合外力时刻指向圆心,故此称其为向心力。同时,还要引导学生在各种物理情境中找到充当向心力的力的来源,对做圆周运动的物体进行受力分析,发现向心力可以由某一个力充当,可以由几个力的合力充当,也可以由某个力的分力充当,即表明向心力是一种效果力。

(3)(实验探究二)利用向心力演示器进行实验操作,探究物体做匀速圆周运动所需的向心力的大小与物体的质量、角速度和运动半径三个物理量之间的定量关系。学生先观察教师的实验操作,教师边操作边讲解。例如测向心力的大小时,转动手柄可以使长槽和短槽分别随变速塔轮匀速转动,槽内质量相同的小球随之做匀速圆周运动,长槽和短槽的挡板提供小球运动的向心力。小球对挡板的作用力通过杠杆结构原理使弹簧测力筒下降,根据露出标尺上红白相间等分格的数量,就可得出两个小球所受向心力的大小之比。如何改变角速度呢?通过调整塔轮上的皮带,使其套在半径不同的塔轮上,就可以改变长、短槽旋转的角速度;同时,根据上节课学习的皮带传动原理就可以知道转轮上的角速度的大小关系。如何改变运动半径呢?这个就很简单了,把小球放在长槽不同的卡位上,即可改变小球做圆周运动的半径。通过上述实验原理的介绍,学生就可以根据实验需要测量的各个物理量,设计相应的实验方案,完成本实验探究活动。本实验采用控制变量法来探究向心力与质量、角速度和运动半径三个物理量之间的关系。通过定量实验分析,得出向心力的表达式,再通过牛顿第二定律得出向心加速度的定义及表达式。

物体在不受力的情况下将保持静止或者匀速直线运动的状态,此时的加速度为零,但匀速圆周运动并不等同于匀速直线运动,这便意味着其合力以及加速度不为零。那么又该如何判断该加速度的大小及方向呢?对于上述问题,教师可通过实验的方式来引导学生展开物理实验探究。

(理论推导)从运动学角度来学习向心加速度。由于所谓的向心加速度是线速度变化量与时间的比值,而其中最关键的变化量便是线速度,因此,教师可在实际教学过程中先由直线运动的速度变化量开始,通过引入相关物理概念来对速度变化量的方向予以强调,由此引申出曲线运动中的速度变化量,再加以推导计算。

(理论探究)根据牛顿第二定律,我们可以用向心力的大小和方向推导得到做匀速圆周运动的物体受到的加速度的方向和大小。

3. 层次5、6:生活中的圆周运动(2课时)

(1)(情景创设)本节课是实际生活中的圆周运动,列举教材上具有特点的生活中的几个例子,再逐个例子进行理论分析。

(2)(理论分析)以汽车转弯作为分析水平方向上的匀速圆周运动的例子。先播放汽车在水平路面上和倾斜路面上转弯及超速行驶的视频,接着让学生思考、分析物体在各种情况下的受力情况,分析向心力的来源,思考在何处建立圆心,再用牛顿第二定律建立方程,最后通过汽车速度变大或者变小进行拓展问题研究。同时思考,如果汽车在雨天路滑的状态下超速转弯会发生什么后果,这对学生的科学态度、价值观的培养具有一定的指导意义。以汽车通过凸形桥的最高点和凹形桥的最低点作为竖直方向上的圆周运动的实际例子。汽车通过拱桥是变速圆周运动的特殊例子之一,我们只分析汽车在最高点和最低点的受力情况,合外力全部在同一竖直线上,由牛顿第二定律可知由合力提供向心力。分析完汽车过拱桥的模型后,让学生亲自演示"水流星",独立思考"水流星"在最高点时的受力情况。通过对火车转弯问题的情况分析以及观察某国火车脱轨视频,让学生思考如果超速转弯会发生什么安全问题。先了解某个现象,再对该现象进行受力分析和讨论,让学生思考相关问题,比如物体受哪几个力、由哪些力提供向心力、在何处建立圆心,最后用牛顿第二定律建立方程。

4. 离心现象及其应用(1课时)

在乘公交车时,我们常常能听到车上的广播提醒说:"车辆转弯,请乘客们坐稳扶好。"在车辆急转弯时,乘客如果没有扶好,往往会向弯道的外侧倾倒,其中的原理是什么?通过问题让学生思考:公交车急转弯时,乘客身体往往会向弯道的外侧倾倒,与实验中远离圆心的现象是相似的。那么,当使物体做圆周运动的向心力突然消失,会发生什么情况呢?例如,用细绳拴着一个小物体,使之在光滑水平面内做圆周运动,突然松手或绳子断了,向心力变为零,此时小物体将沿切线方向飞出而做远离圆心的运动。做圆周运动的物体，在所受向心力突然消失或合力不足以提供维持圆周运动所需向心力的情况下，物体做逐渐远离圆心的运动，这种现象称为离心现象。向学生列举生活中的离心现象，并分析其利与弊。

总之，高中物理涉及很多物理思想、方法、概念、定义、定理以及原则，而这些内容均是学生学习过程必须掌握之重点。因此，教师应该多总结生活中的圆周运动的经验，继而在帮助学生完善自身知识体系的构建的同时，也让学生对科学本质形成深刻的理解。

（五）以"生活中的圆周运动"的教学设计为例

1. 教学内容分析

本节是粤教版高中物理必修第二册第二章第三节，是对圆周运动、向心加速度、向心力的总结和综合应用，是对牛顿运动定律应用的升华。学习本节课有助于了解物理学的特点和研究方法，通过建立圆周运动的模型，研究圆周运动规律在生活中的具体应用，使学生深入理解圆周运动规律。本节教材中的事例与生活联系紧密，学生易于观察。例如，汽车公路转弯、火车转弯、汽车过拱形桥的例子，既有水平面内的匀速圆周运动，也有竖直平面内的非匀速圆周运动。教材进一步拓展，由地上的圆周运动延伸到"天上"的圆周运动，帮助学生感受规律的统一，体会物理学在生活中的应用以及对社会发展的影响，同时也为后续知识（如万有引力与航天、带电粒子在磁场中的圆周运动等）的学习奠定基础和铺平道路，起到承上启下的作用。

2. 学情分析

通过前面的学习，学生已知道描述圆周运动的基本物理量（如线速度、角速度、向心加速度和向心力等），并且已经知道在一般的曲线运动中，曲线各部分曲率半径不一样，但在研究极短的一小段时，就可以将其看成某个圆周运动的一部分，可以利用圆周运动的分析方法。同时，学生对向心力的理解还不够透彻，导致不能正确地分析向心力的来源以及运用牛顿运动定律列出动力学方程。

高一阶段的学生，形象思维能力较强，逻辑思维能力有待提高，虽然已掌握了部分的物理研究方法，但还需要进一步培养。

根据学生的实际情况，本节内容安排2个课时，第1课时研究两个部分，第一部分是汽车转弯，第二部分是火车转弯，先分析学生更为熟悉的汽车在水平路面的转弯，再分析火车转弯，这样做的目的是让探究从易到难形成梯度，第2课时研究的是竖直面内的圆周运动。

3. **教学目标（根据学科课程标准和学生实际，指向学科核心素养，描述学生经历学习过程后应达成的目标和学生应能够做到的事情。可分条表述）**

（1）物理观念：树立运动与相互作用的观念，加深学生对向心力的认识，使其学会在实际问题中分析向心力的来源，并进行简单运算。

（2）科学思维：通过对火车转弯、汽车过拱形桥（将其看作匀速圆周运动）的实例分析，渗透理论联系实际的观点，提高学生分析和解决问题的能力。

（3）科学探究：通过火车转弯、汽车过拱形桥物理模型的巩固，体会建立物理模型在物理学习中的重要性。

（4）科学态度与责任：第一，通过向心力在具体问题中的应用，培养学生将物理知识应用于生活和生产实践的意识。第二，通过圆周运动在生活中的应用，加强学生的安全意识，强化学生的社会责任感。

4. **教学重点与难点**

教学重点：

（1）理解向心力是一种效果力。

（2）准确描述物体的圆周运动的"三定"（定轨道、定圆心、定半径）。

（3）在具体问题中能够找到由什么力提供向心力，并结合牛顿运动定律求解有关问题。

教学难点：

（1）具体问题中向心力的来源。

（2）对临界问题的讨论和分析。

5. **学习评价设计**

从知识获得、能力提升、学习态度、学习方法、思维发展、价值观念培育等方面设计过程性评价的内容、方式与工具等，通过评价促进课堂学习持续深入，突出诊断性、表现性、激励性，体现学科核心素养发展的进阶。课时的学习评价是单元学习过程性评价的细化，评价要适量、适度，评价不应中断学生的学习活动，应通过学生的行为表现判断学习目标的达成度。

教法：创设情境，通过创设生活情境培养学生的学习兴趣；问题启发，通过设置层层递进的问题，引导学生思考；图示法，利用实验演示，视频、图片展示，将学习内容更加形象、直观地展示在学生面前。

学法：学生在学习过程中通过观察思考、分组讨论、自主推理寻找解决问题的方法。

教学准备：课件、导学案、教学视频（汽车转弯、火车转弯、飞机空中转弯、太空中的失重现象）、实验器材（模拟过山车轨道、"水流星"）。

课型：新授课。

课时安排：2课时（本节为第1课时）。

6. **教学环节与教学内容**

教学环节与教学内容见表3-5。

表3-5 教学环节与教学内容

教师活动	学生活动
环节一： 情境导入，播放视频资源：生活中的向心力	
教师活动1 新课导入：通过观看视频让学生直观感受，激发学生的好奇心。 问题设置：为什么过山车在左右转弯的位置两根轨道的高低不一样？	学生活动1 观察：过山车轨道 思考：通过观察过山车轨道（在左右转弯的位置，两根轨道的高低不一样），分析其设计的原理
设计意图：设置简单的情境激发学生的好奇心，符合高中生的认知规律	
环节二： 播放图片：生活中常见的圆周运动（汽车转弯、火车转弯、汽车过拱形桥等等）	
教师活动2 建立物理模型：生活中有很多曲线运动，可将其在某一小段的运动看成圆周运动的一部分，与学生共同分析总结物体做圆周运动的条件	学生活动2 将物理知识与生活实际相联系，给生活中的一般曲线运动建立模型

续表 3-5

教师活动	学生活动
设计意图：引导学生建立圆周运动的模型	
环节三： 水平面内的圆周运动：汽车转弯	
教师活动 3 导学案预留作业： 1. 汽车在水平路面转弯和倾斜路面转弯，所需要的向心力的来源是什么？ 2. 汽车的实际速度如果超过安全速度就会发生侧滑（播放视频），提出问题：如何让汽车能以某一个较大的速度安全通过弯道？	学生活动 3 学生通过翻阅教材或在网络上查找资料，寻找答案，结合生活经验和受力分析得出：由静摩擦力提供向心力。 认真观察视频：赛车弯道的路面（外高内低）
设计意图： 1. 以学习小组和任务驱动模式，培养学生相互合作、利用身边资源解决问题的能力； 2. 培养学生理论联系实际生活的能力，加强学生分析问题的能力	
环节四：水平面内的圆周运动：火车转弯 分析内外轨道没有高度差和内外轨有高度差的情况	
教师活动 4 建立模型：将火车一小段时间内的运动看成圆周运动的一部分，展示火车车轮模型。 问题设置： 1. 在内外轨道没有高度差的情况下，火车转弯的向心力的来源是什么？ 2. 若车轮长期挤压内轨与外轨，谁会先损坏？如何解决这个问题？ 3. 内外轨有高度差时，火车转弯的临界速度是多少？	学生活动 4 （理解：将火车转弯看成圆周运动模型） 1. 观察火车车轮模型，对轮缘有直观的认识。 2. 受力分析：在内外轨道没有高度差的情况下，由外侧铁轨和外轮轮缘之间挤压产生的弹力提供向心力。 3. 通过阅读教材，火车转弯类比汽车转弯，为了防止对轮缘的损坏导致严重事故，因此火车轨道建成外高内低

续表 3-5

教师活动	学生活动
4. 如果实际速度不等于临界速度，会出现怎样的问题？	4. 进行受力分析并计算，交流讨论，得出结论
设计意图：利用层层递进的问题设置，激发学生的逻辑思维能力和推理能力，培养学生的计算能力，加强学生的安全意识，强化学生的社会责任感	
环节五：竖直平面内的圆周运动：汽车过拱形桥与凹形桥 导学案预留作业：查找资料：生活中的桥梁	
教师活动5 情景引入：质量为 m 的汽车在拱形桥上以速度 v 行驶，探究向心力的来源。 问题设置： 1. 汽车过拱形桥是什么运动？ 2. 汽车过拱形桥（在最高点）所需向心力的来源？ 3. 汽车对桥面的压力随汽车速度如何变化？ 4. 汽车速度过快会怎样，有没有可能对桥面的压力为零？ 通过问题引导学生自行分析凹形桥并总结汽车过凹形桥的情况	学生活动5 1. 通过对拱形桥的运动分析、受力分析得出：汽车通过最高点附近可看成圆周运动，由重力和支持力的合力提供向心力，并列出牛顿运动定律表达式进行分析。 2. 一位学生在黑板上对凹形桥进行受力分析并板演过程。 通过对汽车过两种桥对桥的压力的分析来解释桥梁设计的合理性和安全性
设计意图：激发学生的兴趣，引导学生利用类比的方法解决问题，培养学生的计算能力，并为下一章的学习做好铺垫，提升学生自我分析问题的能力	

7. 板书设计

板书能完整呈现教与学的活动过程，最好还能呈现建构知识结构与思维发展的路径与关键点。使用 PPT 应注意呈现学生学习过程的完整性。

（1）水平面内的圆周运动：汽车转弯。

（2）竖直面内的圆周运动：

火车转弯：由 $mg\tan\theta = \dfrac{mv^2}{r}$ 得 $v = \sqrt{gr\tan\theta}$（临界速度）

拱形桥：汽车过拱形桥（图3-4）。

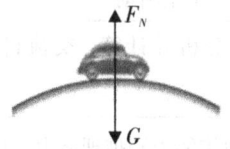

由 $G - F_N = m\dfrac{v^2}{r}$ 得 $F_N = G - m\dfrac{v^2}{r}$

图3-4 汽车过拱形路面
最高点时竖直方向的受力情况

凹形桥：汽车过凹形桥（图3-5）。

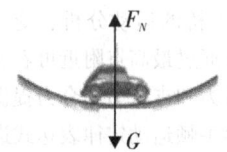

$F_N - G = m\dfrac{v^2}{r}$ 得 $F_N = G + m\dfrac{v^2}{r}$

图3-5 汽车过凹形路面
最低点时竖直方向的受力情况

8. 课堂小结

（1）在知识层面上介绍了生活中汽车转弯、火车转弯、汽车过拱形桥的事例，引导学生深入理解如何运用圆周运动和牛顿运动定律解决生活中的问题。

（2）通过本节课的学习，要深刻认识到建立物理模型对物理学习的重要性。

（3）希望学生在生活中多多观察、多多思考，将学习的物理知识应用到生活中。

9. 作业与拓展练习

作业：教材第42页练习题第2题。

拓展练习：观察过山车（只研究最高点）和制作"水流星"（只研究最高点），培养学生建立物理模型的能力，让学生更好地理解课堂内容，提高学习效率。

10．教学反思与改进

（1）自我评价。

本节课是圆周运动的综合应用课，教材选择的实例比较贴近生活，但是学生对此并没有深入了解，对生活中的圆周运动的理性认识较少。因此，在本节课的课堂教学中，笔者主要通过层层设疑，配合视频播放，调动学生的兴趣，引导学生积极思考问题，并且通过导学案发布预习任务，以任务形式驱动学生积极主动去探究，同时引导学生归纳总结解决问题的思路和方法，利用类比迁移解决相关的问题，培养学生举一反三的能力，在整个教学过程中凸显学生的主体地位。

（2）问题反思与教学重建。

第一，学生对汽车（火车）在倾斜路面上做圆周运动的轨道难以确认，较多的同学认为轨道平面沿斜面方向（引入类似的"倒圆锥"模型帮助学生理解）。

第二，在教学过程中借助实物模型帮助学生理解问题，但这种教学手段只能帮助学生进行定性分析，对帮助学生进行定量分析还有所欠缺（在条件允许的情况下，可利用力学传感器进一步进行定量探究）。

第三，本节内容需要教学的理论知识较多，学生理解得不够透彻（在教材难点的地方还需要适当放缓节奏，给予学生更多的时间进行思考和讨论，并配合相关的习题帮助学生巩固所学知识）。

第四，课堂教学时间有限，部分拓展知识可留作课后思考，这样既能节约课堂时间，也能培养学生自主分析、解决问题的能力。

本节课笔者认真研读了教材，查阅了大量资料，从网上搜索了一些与教学有关的资源，包括视频、图片、习题等，能够有效利用多媒体课件给学生展示视频与图片，有利于学生直观了解，同时增大课容量；在处理不易理解的火车拐弯时的向心力分析问题上能够分层次逐步渗透设计思想，更符合学生掌握知识的客观规律；在处理竖直平面上的圆周运动时能够分类讨论，演示验证实验，做到知识点滴不漏；整个教学过程中不仅注重物理观念、科学思维的培养，也注重科学态度与责任的培养。本节课做到因材施教，真正地实现以学生为中心的教学，为学生的长远发展负责，使物理教学更好地为生活与生产服务。

(六) 单元教学设计反思

（1）根据高中物理课程标准和学科教学的指导意见，确定本单元教学目标、教学重难点以及具体内容。基于学习进阶的理论，从高中物理学科的学业要求和核心素养两个层面进行单元教学设计。

（2）在分析课程标准、学科教学指导意见以及教材的基础上，梳理本单元的主要知识，结合以往的教学经验，围绕大概念建构知识体系，对本单元各个物理知识间的逻辑关系进行挖掘，并要求学生画出思维导图，从而更好地理解并掌握圆周运动的知识。

（3）对本单元涉及的各种思想方法、分析问题的思路进行深度挖掘，帮助学生深度理解物理知识，找出不同概念之间的相互联系，建构知识体系，加深对高中物理科学本质的理解。

第四章　高中物理单元学习及其设计

第一节　单元学习的概念与理论基础

一、单元学习的定义

学者熊梅强调，所谓单元学习即以单元为基础所开展的一种学习类型，这一学习过程具有较强的综合性和系统性，能够引导学生将不同的学科知识紧密联系起来，将学科的整体架构构筑出来，能够充分彰显学生的主体价值，强调他们的主体地位。同时，这一过程也是一个共同创造的过程，其特点主要包括深度性、情境性、主体性以及对话性。学者张玉琴强调，单元学习是对以往学习的一种超越，它摆脱了课时本位的诸多缺陷，教师能够以"单元"为课程的组织形式，将零散的知识以整体、系统、综合的方式呈现出来，使学生能够感受到学习的整个过程。单元学习的开展能帮助教师通过整体思维引导学生开展学习，零散、碎片化的知识被整合成为系统。站在整体性的维度，学生能够将知识体系内化于心，更好地进行知识的迁移，对知识形成深刻的理解，进而发现情境教学中的多种现象，使用理论知识对其进行解释，形成核心素养。物理学科具有较强的系统论思维，无论是哪一个主题的知识，它们彼此之间都相互交叉、彼此联系，形成一个完整的生命体，构成极具综合性与系统性的学科体系。因此，我们在开展深度学习时需要以单元为重要依托。

二、理论基础

(一) 情境认知理论

情境认知理论突出了"知识特有的协商性以及情境性"的特点。这一理论强调,学习不仅具有较强的社会性,还具有一定的情境性特点;要把学习活动置身于特定的现实场景之中,主动进行知识的生成,引导学生在一定的情境当中进行知识的建构。①《普通高中物理课程标准(2017年版2020年修订)》明确指出:创设情境进行教学,对培养学生的物理核心素养具有关键作用。知识只是素养的媒介和手段,知识转化为素养的重要途径是情境。本节所说的深度学习充分强调学生的认知需要有一定的深度,学习实践需要在最客观、真实的情境当中进行,深度学习的开展首先需要以真实情境为基础和依托。情境是刺激学生产生认知冲突的必要因素,要将其转化为科学的学科架构以及学科概念,帮助学生更好地开展深度学习。在进行单元设计的过程中,只有创建最具真实性的情境,在知识与社会实践中建立密切的联系,学生才能够主动进行知识的迁移,更好地解决现实问题。②

(二) 教育目标分类学

布鲁姆的代表性观点为"教育目标分类学",他看到了知识运用的重要性,将其看作深度学习的起点,并将知识的分析、综合和评价等和知识的运用联系起来,这些都是深度学习的必然组成部分。L.W.安德森站在认知过程的角度对知识与能力之间的联系进行了深入的理解,并从学习深浅两个层面进行了深度阐释。布鲁姆将思维分为低阶思维与高阶思维两个不同的阶段,前者是后者的重要基础。

深度学习开展的目的是进行知识的迁移,它需要将动作、认知以及情感等密切联系起来,使其相互配合而实现更高水平的学习。霍恩斯坦将教

---

① 吕甜甜. 基于真实情境培养学生的科学思维——以"基因突变"一节为例 [J]. 中学生物学, 2021, 37 (1): 20-22.

② 黄玮. 高中生物结构化教学 [M]. 广州: 华南理工大学出版社, 2020: 42-43.

学目标进行了分类，细化为四个领域、五个层级。马扎诺依按照个体学习行为模式的不同，将深度学习细化为六个不同的层次，分别是信息提取、领会、分析、知识应用、元认知、自我思维。对教育的目标进行细化和分类，既能够更好地进行深度学习水平的鉴别，对最终的学习结果有着一定的影响，也能够确保所设计的评价任务更加适合于深度学习的开展，提升深度学习的效果。

无论是深度学习还是单元学习，其设计都是在系统观念的指导下进行的。教师在进行教学的同时，可以引导学生通过整体思维去认知这个世界，将使知识的建构变得更有意义。

三、单元学习的落实途径

（一）落实原则，铺设课程通道

问题情境的预设需要具有逻辑性。在编排导学案时，不仅要顺应理论逻辑，也要顺应生活逻辑，确保横向与纵向逻辑之间的彼此统一。所谓顺应生活逻辑，即顺应真实情境中的问题情境，更好地实现学以致用的目标。顺应理论逻辑是指在理论知识的基础之上，将其中的逻辑梳理出来。

问题情境的预设必须足够真实。在开展单元教学的过程中，核心就是如何培育核心素养。如此，教学流程需要放置在真实的情境中，这样才能更好地开展，所以，真实情境是尤为重要的。选择问题时，需要选择具有普适性、代表性的问题，为学生的终身发展奠定扎实的基础。

问题情境的预设要具有思考性。情境由一连串的问题组成，要引导学生通过多个维度解决问题，避免将学生的思维禁锢起来，要引导学生通过发散性方式思考问题。此外，具有思考价值的问题能够帮助学生从特定的情境中找到答案，如果问题脱离情境那将会毫无意义。

（二）课堂预设，疏通课程通道

课堂要想取得成功，学生需要提前进行预习。预习工作如果没有做好，课堂的效率就会变得极低，师生之间也难以形成共鸣。第一，要求学生阅读教材。要求学生依照导学案的步骤对教材进行勾画，构筑完整的单元体系，明确整个单元的关键概念，同时，要提出自己的质疑，并在课堂上找到答案。第二，要求学生了解导学案所设置的情境，指导学生利用课余时间阅读相关的资料，形成大体的认识。课堂是单元学习的关键所在，单元学习致力于构建互动的物理课堂，让学生成为课堂的主角，教师是课堂的辅助者、引导者。因此，教师要展开一系列的探究活动，充分激发学生的学习积极性，提升他们的参与度，从而培养学生独立思考、自主探究、交流协作的能力。探究过程中产生的认知冲突有助于学生知识的获取、思维的开发、学科核心素养的培养。课后拓展提升的内容，可以是完成导学案课后习题，也可以是学生自行设计习题，还可以开展课后实验、课后问题分析、课后调查、课后制作，发展学生的动手能力、社会实践能力和创新能力。

（三）环境保障，完善课程通道

核心素养培育通过单元学习能更好地得到落实。新课程改革实行之后，核心素养成为一个关键的概念。各个学科都有属于本学科的核心素养。然而，概念要想得到更好的落实，必须以相关的措施为保证。因而，要推进教学环境的不断优化。其一，教研会商。将教师的作用充分发挥出来，教师通过集体备课的方式将自己的疑惑提出来，大家共同解答，提出好的做法，将各个单元融会贯通。其二，同步年级调研与学校调研。无论是学校还是年级，要将一些优秀的做法进行进一步推广，不断磨合，确保做法的科学性。其三，阶段性总结。在发扬新事物优势的同时，可能会存在这样或者是那样的问题，要将师生的疑惑收集起来，不断进行总结，为之后的工作提供根基。

四、单元学习与核心素养之间的关系

单元学习以培育学生的高阶思维为目标。在传统课堂当中，教师主要进行讲述，学生则主要进行学习，学习的过程具有明显的机械化特点，学生一味地通过记忆的方式进行学习，学习的主动性较差。核心素养培育需要引导学生学会学习。单元学习可使学生的课堂参与度优于常规教学，使学生亲历科学思维、科学探究的过程，显性方面可增强学科知识、提升物理成绩，隐性方面可提升学习能力、学习兴趣、团队意识、社会实践能力等。从本质上来讲，单元学习是深度学习的一种类型，学生的问题更加容易被发现,更加便于教师进行针对性指导。在进行单元学习时,过程评价是十分重要的一点,我们要坚决避免过于看重结果而忽视过程评价的现象出现。

单元学习是对学生思考的一种延续。单元以目标为指向,只有实现了真实目标之后,核心素养才能够逐渐形成。

第二节 高中物理单元学习设计的模式与步骤

学者李勤华认为,在核心素养背景下,单元学习设计是所有在职教师需要具备的基本功。无论是确定单元主题,还是制定单元学习目标、开展单元学习评价或者是进行单元学习反思,教师都需要扮演好总设计师的角色,进而推动学习进程的深度发展。钟启泉强调,教学活动的一个核心就在于学习设计,它能够深化课堂的转型发展,为其提供一个支点。① 这就需要教师立足于学生的成长和学习需求,充分考虑到学生以往的经验,对学习的整体框架进行架构,通过最科学的方式呈现出来,帮助学生获得较好的学习经验,确保最终的学习效果。② 从我国的实际情况来看,以单元为基础的学习设计是深度学习课程改革所倡导的。在学习任务的完成过程中,学生的学习成就感不断增强,他们的核心素养逐渐发展起来,立德树人的任务也取得了较好的成效,育人价值也得到了充分彰显。

一、单元学习设计的一般模式

钟启泉强调,教学设计中最为常见的模式是"ADDIE 模型"③,这一模型更多被应用到学习设计的过程之中,其基本环节包括五个方面,分别

---

① 钟启泉. 单元设计:撬动课堂转型的一个支点[J]. 教育发展研究,2015,35(24):1-5.
② 陈静静. 学习共同体:走向深度学习[M]. 上海:华东师范大学出版社,2020:107.
③ "ADDIE 模型",即分析(Analysis)、设计(Design)、开发(Development)、实施(Implement)、评价(Evaluation)。

为分析、设计、开发、实施、评价。① 前两个环节是准备阶段，其目的在于对学生的现实诉求进行更好的分析，明确课程标准，更好地促进深度学习的开展，明确单元学习主题，以学生核心素养的提升为单元学习的主要目标；单元学习设计的关键在于开发与实施，教师要依照固定的目标开展单元学习设计，在现实情境中对其进行应用；单元学习的每一个环节都需要开展评价，因此，评价为单元学习的顺利进行提供了根本保证。

建构主义理论将学习设计细化为六个要素，分别为情境、协同、支架、任务、展示、反思，它们是进行学习设计的重要方式。② 创设真实情境为其他要素提供了重要的根基，情境创设需要围绕特定的主题来进行，在社会情境与学科知识之间建立密切的联系；协同的过程需要有效组织小组之间的合作，将一些难度较大的学习任务更好地完成，实现互利互惠；支架即所谓的"脚手架"，将核心问题展示出来，通过范例呈现，以可视化的图表、文字等作为学习支架，在已有知识经验和当下知识之间建立密切的联系；进行单元学习设计时，任务是一个必要环节，常常需要围绕特定的情境进行问题的深化探索；评价主要指的是通过展示与反思将学习以可视化的方式呈现出来，确保学生的学习更加可持续。

当前单元学习设计的思路主要有两种。一是教育技术的思路，由"三设问"［到哪里去（如何确定目标）？如何实现目标？怎样才算实现了目标？］进而引出单元学习设计的"三重心"（目标的设计、教学的设计和评价的设计）。二是建构主义学习的思路，强调学习的设计而不是教师讲授的内容。从这两种思路出发，开发了以下单元学习设计模式（图4-1）。

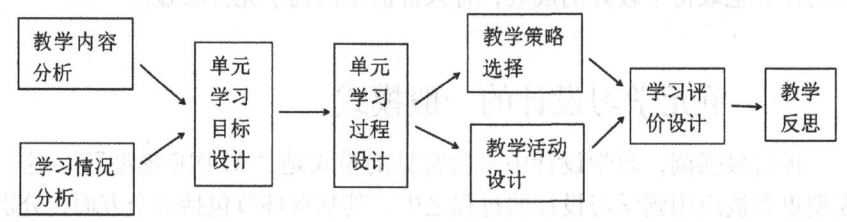

图4-1 单元学习设计模式

---

① 钟启泉. 学会单元设计 [J]. 新教育, 2017 (14): 3-5.
② 邵朝友, 杨宇凡. 回顾与反思: 近十年我国单元教学设计述评 [J]. 现代教育论丛, 2020 (4): 59-68.

二、单元学习设计的步骤

以核心素养培育为目标的单元学习设计与一般设计有着较大的差异。笔者在对单元学习进行设计的过程中,对二者的关系进行了合理的处理,对核心素养视角下应该如何进行单元学习设计进行了尝试性探索。

(一)选择单元内容,明确单元主题

在进行单元学习设计之前,需要对主题单元进行合理的选择。组织形式决定了单元的基本内容,组织形式存在差异,主题单元也就存在差异。通过对之前的文献进行研究可知,常见的主题单元组织形式主要包括下述几种类型。

一是紧密围绕新课程标准的主题进行教材章节的选定,这种方式也是当前最为常见的,其接受度也相对较高。新课程标准(2017年版2020年修订)规定高中物理分为必修、选择性必修和选修三类课程,每类课程由三个模块组成,各个模块之间相互联系也分成了不同的主题。比如在粤教版必修一课本中,将力和运动就分成了"运动的描述""匀速直线运动""相互作用"和"牛顿运动定律"四个不同的单元。

二是针对特定的目标开展组织。以疑难问题为切入点,在问题驱动教学法(Problem-Based Learning,PBL)的基础上选择最为合适的内容。例如,万有引力、圆周运动以及抛体运动等,它们描述的都是曲线运动的基本内容,可以以特定的主题为单元来组织;以比值定义法为重要的思想来组织,包括功率、加速度、角速度以及线速度等。相似的组合方式多种多样,确定单元的同时无须局限于特定的教材内容,也可以跨教材或者是跨章节来组织实施。

三是抓住核心素养,将教材当中包括核心素养的部分作为重点单元。例如在粤教版必修一第三章"相互作用"中就有物理学科四个核心素养的重要内容。除此之外,还可以在不同的章节或者是教材中对核心素养进行简单的梳理。比如,把握物理核心素养这一主线,打造素养单元。

四是将不同学科内容组织为主题单元。这种形式具有较强的综合性,涉及的范围较为广泛,主题也十分开放,操作的难度较大。

单元划分及示例见表4-1。

表 4-1 单元划分及示例

单元	示例
章节（主题）单元	机械运动、相互作用单元
目标（任务）单元	曲线运动、比值定义法等
素养单元	物理观念、科学思维单元
跨学科（综合）单元	STEM 教育

如表 4-1 所示，几种不同的单元组织形式有其各自的优势和劣势。"任务型"和"综合型"要以较多的经验为基础。针对"核心素养"单元，我国在这一方面的研究还相对缺乏。对于年轻教师而言，需要把握学科核心素养，依照具体的课程章节进行内容的选择，在了解单元主题之后才能够更好地进行操作。

（二）分析教学要素，制定单元学习目标

单元学习设计的核心在于制定单元学习目标，这也是前期准备工作的一个重要起点，它为教学效果的判断提供了重要的参考，也为未来的教学方向提供了重要的指引。在制定单元学习目标时，首先要对教材进行简单的分析，厘清单元的基本结构，设计教学任务。在前期的准备阶段，工作内容十分烦琐，设计者必须具有较强的韧性。

课程标准是由国家所制定的纲领性文件，它对教学的方向进行了重要引领。开展教学的过程中，需要以教科书为参照，教科书对课程标准进行了细化。《普通高中物理课程标准（2017 年版 2020 年修订）》着眼于整体与细节两个维度对物理核心素养进行深入分析，明确本单元的基本素养目标，再进一步细化为素养目标。综上，根据单元教材的基本内容，将不同的素养目标细化出来，明确重难点，将本单元的基本框架构建出来，这些都是前期准备工作的基础。教学以学生为对象，不管是采取哪一种教学方式，都需要按照学生的实际情况来组织，对学生已有经验、学习动机以及思维特点等进行分析是教师备课的主要内容。在完成教材的分析后，要确定单元主题，建立本单元的基本框架，在此基础上深化研究。

在进行教学时，教学工作需要在教学目标的引导下完成。按照从大到小的顺序，教学目标又被细化为学年、单元以及课时教学目标。制定学年

第四章 高中物理单元学习及其设计

教学目标时，由年级主要负责人共同探讨，而后两种目标的制定则主要由教师来完成。在进行教学时，单元学习目标立足于宏观的维度对教学进行设计。设定单元学习目标并不代表着将一个又一个课时目标简单综合起来，而是要在特定设计意图的基础上进行总体安排，进而实现学生期望实现的目标。相比较而言，课时学习目标强调学生在这节课需要掌握的基本知识、主要技能以及重要能力。尽管和学年学习目标相比，单元学习目标似乎站位稍低，然而，它比课时学习目标更具综合性与系统性。所以，要制定科学的单元学习目标，便于教师对教学的整体有更好的把握。单元学习目标具体的设计流程如下：根据课程标准分析教材→了解学生的实际情况→明确单元学习目标重难点→构建单元逻辑结构→构建单元知识结构→制定核心素养单元学习目标。

在明确单元学习目标时需要围绕以下几点：第一，把握主题单元，要坚决避免单元目标与课时目标混为一谈。教师在进行教学设计时首先应该将课时目标作为考虑的重点。第二，在对单元学习目标进行层次划分时，要考虑到其代表性。除了要将单元的重难点体现出来之外，还要将核心素养培育作为一个重要目标。事实上，强调整体性和层次性之间并不是矛盾的。"整体"是着眼于结构来讲的，"层次"则突出强调的是目标明确，把握起来更为简单。第三，单元学习目标设计时要把握前后之间的关联性，层次分明，依次推进。要把握知识点之间的内在关联，确保单元目标设计彼此有一定的关联性，坚决避免过于杂乱等问题的出现，也不能进行大杂烩式的汇总。教学过程中，在进行知识讲授时，学科素养也逐渐培育起来，这是一个润物细无声的过程。单元学习目标除了应该具有较强的连贯性之外，也应该具有综合性，依照现实情况在不同课时中进行安排，每节课都要完成一个小的目标，最终达到理想的效果。

（三）编写单元学习设计，分节设计课时

前期准备工作完成后，通过问卷调查的方式进行调研，选择最佳的教学形式，对单元的内容进行简单的梳理，科学安排课时，确保教学设计更具完整性。进行单元学习设计并不代表着将课时教案简单堆砌在一起。单元学习设计在具体的呈现方式上可以自由选择，不必将其同纸质文献一起呈现出来，教师只需宏观把握教学设计的整体。在组织教学活动时，要紧扣核心素养的基本要求，不能单纯为了培育核心素养将其他内容穿插进来，使学生产生更大的学习负担。教师在进行教学活动之前，需要对单元进行整体的设想，这就是单元学习设计，至于课堂上究竟会发生哪些情况则取决于学生。教学需要进行科学的安排。在进行教学的同时，教师要发挥引导作用，让学生参与其中，使学生能够自主发现问题并主动解决问题。在进行单元学习设计时，为了将教材内容更好地联系起来，需要将前后的学习活动紧密联系起来，帮助学生发展思维，形成较强的探究能力，如此一来，学生的物理学科素养才能逐渐养成。

要想更好地实现单元目标，需要对学习活动进行设计，选择科学的学习活动能够帮助学生获得最佳的学习体验。单元学习目标能够促进学生更好地参与到学习活动当中，二者之间是彼此促进的。根据单元学习目标，及时发现重点和难点，构建单元架构。在物理素养的培育过程中，活动环节的设置是学习过程中尤为重要的一个环节，应和生活实际密切结合起来，更好地创设物理情境。学习活动有着多种多样的类型，也有着大小之分。所以，在对多元化教学方式进行应用时，其形式也千差万别。常见的活动包括项目学习、实验探究以及问题情境等。

单元学习设计的内容包罗万象，它们之间彼此联系。所以，在进行单元学习设计时，需要以课时为单位推动活动的开展，对单元学习任务进行科学的设置。课时教学过程中要充分考虑到核心素养、内容、目标等。在进行单元学习设计的过程中，要彰显出"整体"这一思维形式，对教学进行科学的组织，无须体现出单节课的完整性。[①] 每一个课时之间除了要将知识点紧密联系在一起，更要引导学生对之前的知识进行复习与巩固，为后续的知识学习做好铺垫，帮助学生掌握更为系统的学习方式。无论在哪一节课中，核心素养的培养都应该有各自的侧重。尽管无须在课堂中将每一个知识点呈现出来，但依然要通过循序渐进的方式体现单元整体素养。

(四) 实施单元学习，评价—反思—优化

在实践的过程中，理论的正确性得到了较好的验证，将所有的工作完成之后，关键的一个步骤就是在教学实践中对单元学习设计案例进行更好

[①] 余斌. 指向核心素养的知识单元教学建议——以人教版必修1第二章《匀变速直线运动的研究》为例 [J]. 物理教学探讨, 2018, 36 (5): 25-27.

的应用。在开展单元学习时,往往会存在预设与现实相互偏离的问题,我们需要对其进行恰当的调整,将单元设计模式进行不断优化,积累一定的经验。

当下,单元学习设计循序发展,速度较快。然而,其评价形式依然没有固定的标准,测量方式也不够科学。我们不能将分数作为评价的唯一指标。其一,学生的课堂表现能够真实体现出教学的现实效果。其二,培育核心素养不可能一蹴而就,它是一个十分漫长的过程,成绩无法直接显示最终的结果。因此,要通过记录卡、实验等多种方式进行过程评价。其三,单元学习实现后,教师要将提前准备好的试卷发放给学生,评价学生的物理核心素养。试卷的难度要适中,要创设相应的情境,培育学生的物理素养。

通过分析可知,培育核心素养不可能一蹴而就,它是一个不断反复的过程。从评价的周期来看,它关乎前、中、后三个时期。为了对最后的设计结果进行科学的判断,确定核心素养落实的基本情况,需要不断提升教师的评价水平,这样才能更好地实现激励目标。按照评价的反馈情况,不断反思,进而提升教师的单元学习设计素养,其意义十分重大。

第三节 高中物理单元学习设计策略

一、单元学习设计框架

单元备课要求教师首先备单元的架构、单元的核心知识和主要的思想方法,当然,各个知识点也需要放在一起思考,这有助于促使教师整体研究各个知识点的前后衔接及其思维的逻辑关系,使教师对学生的知识学习和能力培养具有系统的整体思考。学科单元是基于学科核心素养,以相关主题与任务为线索串联起来的教学内容单位,有关内容的组成符合学科知识发展的逻辑顺序和学生的认知规律,有明显的结构化特点。在学科单元学习设计中,应凸显教学过程的整体性、递进性、关联性等。

单元学习设计首先要基于学科课程标准,结合学科教材,明确每一个单元学习的总体要求，思考每一个单元的核心能力培养、具体操作方法和对策。简要来说，就是教师要明确教什么、如何教。单元学习设计是以结构化单元为单位，进行单元学习任务分析、单元学习目标设定、单元活动设计、单元作业设计、单元评价设计、单元学习资源设计等。在单元学习任务分析中，还要深入分析单元教材特点和学生特征之间的联系，进一步思考为培育学生的学科核心素养所要组织的实践性活动。要通过单元学习任务分析，准确把握学科核心素养和课程目标的有关要求，形成对学科单元学习的整体性设计。单元教学设计框架如图4-2所示。

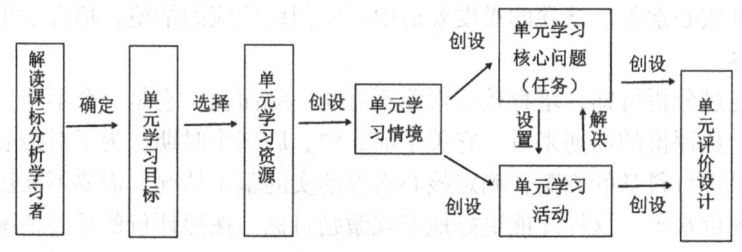

图4-2　单元学习设计框架

二、单元学习目标设定

单元学习目标是对学生学习某一单元给予的一种理想预设和期待，是关于学习将使学生发生何种变化的明确表述，是对学习活动期待得到的结果。因此，单元学习目标要确定单元教学框架、学习起点、内容、要求和终点，制定出评价标准。单元学习目标是课时教学目标的纲领，课时教学目标是单元学习目标的细化。在新课程标准下，单元学习目标应包括学科核心素养的物理观念、科学思维、科学探究、科学态度与责任四个组成部分。

物理观念是学生从物理学视角形成的关于物质、运动与相互作用、能量等对象的基本认识，是物理概念和规律等在头脑中的提炼与升华，是从物理学视角解释自然现象和解决实际问题的基础。

科学思维是学生从物理学视角对客观事物的本质属性、内在规律及其相互关系的认识方式；是基于经验事实建构物理模型的抽象概括过程；是分析综合、推理论证等方法在科学领域的具体运用;是基于事实证据和科学推理对不同观点和结论提出质疑和批判,进行检验和修正,进而提出创造性见解的能力与品格。

科学探究是学生基于观察和实验提出物理问题、形成猜想和假设、设计实验与制订方案、获取和处理信息、基于证据得出结论并作出解释,以及对科学探究过程和结果进行交流、评估、反思的能力。

科学态度与责任是学生在认识科学本质,认识科学、技术、社会、环境相互关系的基础上,逐渐形成的探索自然的内在动力,严谨认真、实事求是、持之以恒的科学态度,以及遵守道德规范、保护环境并推动可持续发展的责任感。

三、单元学习重点分析

在单元学习设计中,针对单元学习重点,应根据教材内容和学生的实际情况设计一些重点活动,通过一系列有关联的重点活动逐步突出单元学习重点。单元学习重点是在分析单元教材内容内在联系的基础上确定的,它既能体现单元内容在教材中的重要地位,又能反映单元学习目标价值的教学活动。当单元学习重点不止一个时,必须弄清楚它们之间的关系并进行必要的说明。

单元学习课时的多少直接影响学习内容的广度与深度,以及单元学习目标的达成度。要合理设置单元课时数,并根据单元课时数的设置合理分配重点活动、教学内容和反馈评价内容。对于学生有兴趣又有利于增强学生思维能力的单元,可引导学生进行适当的课外自主探究;对于那些与实际生活联系较多的单元,建议做一些课外拓展,激发学生的兴趣。

四、单元主要活动设计

单元活动设计是教师教学方式变革的体现,单元活动的内容选择应在单元学习目标的统领之下。单元活动设计既要关注学科概念的形成,也要关注倾听、表达、表现、评价、责任、习惯等方面的培养,更要尽可能体现逻辑与思维的递进性。活动设计的关键是活动资源的获取、活动方案的设计以及交流和解释,引领学生做、想、讲三结合。活动的内容与形式要有利于激发学生的兴趣,充分关注学生的个体差异,确保每一个学生在单元活动中都受益。

单元重点活动的呈现一般包括活动属性、设计思路、活动过程、活动评价等。教师在进行单元重点活动设计时,要从学生、目标导向出发,强调内容的丰富性,注重策略,转换方式。尤其要关注基于问题解决的实践性活动,因为学生在实践性活动中的学习是"吸收"知识而不是"获取"知识。要让学生经历实践性活动过程,从而发展思维能力、认识科学方法,实现学科育人价值。

好的学习策略是给学生提供学习、练习的方法。让学生自主选择练习还是根据学习目标让学生进行创新练习,都要在每节课前设计好,为课时教案的设计提供直接依据。单元学习计划还应根据教学实际及时调整。单元学习完成后,要进行单元终结评价,因此,在单元学习计划中应制定单元评价内容和标准。

五、单元备课基本模式

备好课是上好课的前提。对教师而言,备好课可以加强教学的计划性和针对性,有利于教师充分发挥主导作用。单元备课要求教师系统思考单元的核心知识、重点活动和主要的思想方法,发挥学科育人价值。单元备课应遵循一定的原则,即教学目标的决定性、教材内容的规定性、教学对象的可接受性、教学方法的适应性和教学活动的教育性等。学科单元学习设计,要着眼于引导内容结构化、素养整体性、课内外一体化设计,应成为学校备课组活动的最重要内容和学校教研组建设的重要抓手。

(一) 教研组(备课组)统筹安排任务

教研组(备课组)集体讨论梳理教材,确定单元学习重点,分配单元学习设计任务,确定主备和助备人选;规划好学期备课任务和每位教师相应单元学习设计初稿完成时间与研讨时间的节点;确保有集体讨论交流单元学习设计与修改完善的时间,尤其是必须交流讨论备课单元中重点活动设计的可行性、可操作性,只有这样才有可能让其他教师理解活动的内涵,活动才能有效实施。

(二) 两位教师对同一单元进行独立初备

虽然一位是主备，一位是助备，但两位教师都要在自主研究课程标准、教材及相关资料的基础上，从学生的实际情况出发，确定单元学习目标，设计单元重点活动，选择单元学习资源。主备教师还要提供和说明单元学习评价的设计方案，包括引发学生自主学习与深度学习的思考题、尝试性练习题的选择设计，以及课后必做作业与选做作业的设计。两位教师需要提前一周完成各自备课的初稿。

(三) 教研组长（备课组长）主导合作交流与分享

教研组长（备课组长）组织开展集体备课，备同一单元课的教师解释和交流各自设计的意图、重点活动的内容与操作方法，交流预设学生在学习过程中可能出现的疑难问题与解决方法；其他教师共同参与讨论，对本单元学习的设想进行研讨。这样的备课活动，既能使组内每位任课教师上好每节课，提高课堂教学质量，又能将真诚合作与分享的教研方式长期坚持下去。

(四) 集体研讨后的个性化教学设计

单元学习设计要满足不同阶段教师的需求，要适应不同班级的学生的实际情况，要发挥不同风格教师的创造性，做到个体与集体、共性与个性的统一。广东省教育科学"十四五"规划课题"基于学习进阶的高中物理单元学习过程设计的行动研究"的课题组开展研究时，要求不同学校的两位教师对同一单元分别备课，然后两人进行交流，接着各自整理和修改，形成个人的单元学习设计，最后在两所学校进行同课异构。例如，湛江市第二中学裴姗姗老师和吴川市第一中学李丽文老师，在进行单元学习设计的研讨交流后，分别在工作室就"功"课题开设公开研讨课；湛江市第二十一中学林桂红老师和湛江市第四中学覃捷老师分别在工作室就"反冲运动"课题开设公开研讨课。通过课堂教学展示，再次对本单元进行整体的回顾反思和进一步完善，最后整理出质量较高的共享教学资源。

学科核心素养的培养和解决问题方法的习得都离不开过程，过程的重要载体就是活动，而活动设计的讨论与交流是最重要的。在进行单元学习过程设计时，若每个单元只是一个人独立备课，是很难达成目标的，若在备课时，发挥团队的作用，设置主备人和助备人，就可以做到更加深入的思考与讨论。单元备课能让教师关注学生是如何参与学习的，有利于教师分析学生的学习任务。如果教师发现教材的编排不符合本校学生的认知水平，可以适当调整教学顺序，对教材内容进行重新整合，使教学更符合学生的认知特点和思维习惯，从而更好地完成教学任务。只有这样，教师才能具有关注学科核心素养培育的大局意识，促进学科教学育人方式的变革。

第五章　核心素养导向的高中物理单元学习设计

第一节　核心素养导向的单元学习设计原则与方法

一、基于核心素养的单元学习设计原则

所谓原则，即处理问题的基本准则。单元学习设计的根本目的是更好地落实对学生的核心素养的培育工作，需要遵循相应的设计原则。对于一线教师而言，要对单元学习设计原则给予高度的重视，确保单元学习设计具有更好的效果。具体而言，单元学习设计应该遵循以下原则。

（一）学习目标的素养导向性原则

核心素养的培育不可能通过一个知识、一节课来实现，因而，教师在进行教学设计时要以单元为主体。《普通高中物理课程标准（2017年版2020年修订）》强调，在核心素养的基础上才能明确教学的最终目标，因而单元学习目标要牢牢把握物理核心素养的培育这一目标。在对目标进行设计时，要在所学单元与核心素养之间建立密切的联系。同时，要把握好核心概念、知识和物理课程标准之间的关系，在教学过程中融入物理知识。在完成教学之后，需要以单元学习目标作为检验学生核心素养培育的重要标准，也就是需要判断学生能否有针对性地解决问题、进行知识的运

用和掌握技能等。要看到素养导向的重要性，体现物理学科的育人价值，这也为教学活动提供了重要参考。

核心素养培育需要教师的共同努力，由教师完成各个单元的教学设计。需要以核心素养为基础，选定适合的教学内容和教学目标，可见在单元学习目标中，应以物理核心素养培育为主要方向选择符合学生实际的教学内容与目标。单元学习目标的作用至关重要，它是开展单元学习活动的主要参照，同时也是单元知识外化的具体表现。设计单元学习目标的前提是明确所学单元与素养之间的关联，充分考量多方因素，如核心概念、学生基础、教材知识、物理课程标准等，在教学环节中融入物理素养和相关知识。教学完成后需要检验学生核心素养的表现情况，通过单元学习目标，了解学生知识的掌握和应用情况，以及分析和解决问题的能力。以核心素养为导向的学习目标直接关联教学的整个过程，从教学起点至终点，都能够展现出物理学科育人目标，同时从中可以了解到教师的教学初衷。

（二）知识体系的相对完整性原则

高中物理教学的核心在于知识的完整性与结构性，这不仅有助于学生掌握核心概念，还促进了他们核心素养的发展。为了有效实现这些目标，从实际操作的角度来看，需要将物理知识进行模块化划分，并且强化学生的思维能力和探究能力。模块化划分的形式可以有多种，其中常见的三种形式是教材单元、课程标准主题和专题任务。这些单元划分方式都旨在将知识整合为一个整体模块，而非零散的知识点，从而帮助学生形成系统化的知识体系。

通过将知识组织成整体的模块，学生能够在学习过程中不断深化和持续掌握每个模块的内容。这样设计的好处在于，学生能够通过不断的学习，建立起系统的知识网络，掌握知识的内在规律，提高对物理概念的理解能力。这样一来，他们在面对现实问题时就能够游刃有余。知识的结构化强调对理论的升华，这种升华有助于促进学生科学思维的发展，并且帮助他们学会如何进行科学探究，从而确保知识的全面性和系统性。

在实际教学中，教师需要根据实际情况来划分物理知识模块，并选择合适的单元划分形式。无论是选择课程标准主题、教材单元，还是学科专题任务，核心目标都是帮助学生形成结构化的知识体系。教师的任务是引导学生进行深入探究，培养他们的科学思维，确保他们能够在学习过程中不断突破自我，实现更大的进步。

（三）物理概念的层级性原则

物理概念的层级性原则在教学中具有重要意义，因为它有助于理解概念之间的关系，并促进学生对物理知识的深入掌握。物理概念可以按照层级划分为基础概念、重要概念、单元主题概念、学科核心概念以及哲学概念等类型。基础概念通常是最基本的知识点，是理解其他复杂概念的基础。重要概念则是基础概念的延伸，具有更高的综合性和应用性。单元主题概念整合了多个重要概念，形成了对特定物理单元的系统性理解。学科核心概念则是对整个学科的核心思想进行概括，它们通常较为抽象，具有高度的概括性。哲学概念则进一步提升了对物理学科的理解层次，涉及更深层次的理论探讨。这种层级性不仅体现了概念的范围和深度，还影响了教学的策略和效果。

在高中物理教学中，教师需要特别关注前述的各个层级概念，尤其是基础概念和重要概念。通过对这些概念的系统性讲解，教师能够帮助学生建立起坚实的知识基础和清晰的知识框架。对于学科核心概念，由于其抽象性较强，直接讲解可能难以让学生完全理解，因此需要通过其下属的具体概念来逐步深入，让学生在具体的知识点中逐步体会核心概念的内涵。

概念的层级性有助于学生更好地理解不同概念之间的关系和层次。通过掌握这些层级性的概念，学生能够逐步掌握物理规律，并将这些规律提升为对物理现象的全面理解。这种理解不仅帮助学生在解决具体问题时能够更加得心应手，还促进了他们对物理学科的整体观念的升华。

总之，层级性物理概念的教学原则在高中物理教学中起到了至关重要的作用。它不仅帮助教师更好地组织教学内容，还帮助学生建立起系统化的知识体系，强化对物理概念和规律的理解。通过层级性概念的教学，学生能够在逐步深化的过程中，将具体的物理知识上升为更加全面的物理观念，从而提高他们的科学素养和解决问题的能力。

（四）学习任务的情境性原则

物理情境在教学中扮演着至关重要的角色。它是教师在特定目标的引导下，结合学生的学习特点，创设的具有学习性的背景和环境。《普通高中物理课程标准（2017年版2020年修订）》明确指出，教学过程中应重视情境创设。教师需要在特定情境下设计学习任务,以便有效解决问题并促进学生的学习。

物理情境不仅仅是教学背景的设置,更是教师根据学生实际水平、教学内容和目标,综合多种教学方法设置的学习环境。设计这些情境时,教师需要考虑如何将物理知识与现实生活紧密结合,确保所创设的情境能够激发学生的兴趣和探究欲望,从而提高物理学习的效率。

学生在构筑物理概念和探究问题的过程中,需要以特定的情境为基础。如果教学中仅仅关注物理公式或定理,而忽略了情境的设置,物理学习的实际意义就会受到影响。因此,教师在设计单元活动时,应该将学习内容与现实生活密切结合,选择那些与知识联系紧密且具有综合价值的问题情境。这样可以激发学生的物理兴趣,增强他们的探究动机,进而提高学习的效果。

真实的物理情境是学习物理概念和探究问题过程中不可或缺的一部分。单纯强调物理定理和公式,忽略了情境问题的教学,难以实现有效的学习目标。因此,教师在制定教学计划时,应以适当的情境为主线,设计符合学生实际、贴近现实生活的学习任务。这不仅能够帮助学生将所学知识应用于实际问题,还能促进他们的自主探究,增强学习成效。

总之,物理情境的有效创设对提高物理教学质量至关重要。教师应通过合理设计教学情境,确保教学活动紧密联系现实生活,吸引学生参与,激发他们的学习兴趣,从而提升物理学习的整体效果。

(五)单元评价的多样性原则

学习评价强调结果,评价方式过于单一,容易导致学生思维发展片面,因而学习评价应该对整个学习过程给予更多的关注,也就是教学评价更应该关注学生究竟获得了什么,不能只关注教师讲述了什么。学习评价强调对目标达成的关注、整个学习过程的关注,因此也要通过评价促进其改进。要通过多种方式进行单元评价,除了重视学习结果之外,也强调学习过程的重要性,要将评价贯穿整个教学过程。此外,要结合具体的内容,从多个维度开展评价,包括探究评价、实验评价以及论文评价等,组织学生及时反馈,实现最终的素养培育目标。

学习评价方向偏差会给学生的学习和思维发展带来不利影响,传统的学习评价侧重于结果导向,以至于评价内容过于狭隘,导致学生学习思维

第五章 核心素养导向的高中物理单元学习设计

的全面性略有不足,因此,现阶段的学习评价需要扩大范围,注重教、学、评的不间断性。于漪老师曾说,"我不断地反思,我上一辈子的课,有多少是上在黑板上的,有多少是教在学生心中的"。实际上,学习评价的核心应为学生所学的内容。学习评价应包含学习目标的完成情况、学习过程以及评价的作用,确保学习评价能够起到积极的引导作用,在评价完成后学生能够得到切实的进步和成长。单元评价方式应丰富多元,如过程性评价、结果性评价等,同时兼顾多种类型的评价,并且保证评价能够始终渗透到单元学习当中。培养学生的核心素养是学习过程与评价的有机融合,并不能仅根据结果性评价来实现。反之,教师需要充分融合学生活动情况和教学内容,综合多种评价,如科技论文评价、探究实验评价、课后评价等,及时给学生予以反馈,并督促学生改进,以此达成核心素养的培养目标。

二、基于核心素养的单元学习设计方法

(一)分析教学要素,凸显课程标准

《普通高中物理课程标准(2017 年版 2020 年修订)》是国家对于课程实施所提出的基本要求,能够反映出物理教育的实际水平,也彰显出我国对于创新能力的关注度不断提升。然而,《普通高中物理课程标准(2017 年版 2020 年修订)》是指导性文件,引导价值突出,其表述多着眼于宏观的维度,凝练着学科精髓,因而,学生无法对其直接进行学习。教师需要通过显性的方式呈现新课程标准的具体内容,以此为指导促进学生知识素养的不断提升。教师要将课程标准当中的细则进一步显化,从而便于教学活动的开展。显化课程标准要将多种多样的教学要素组合起来,在教和学之间建立紧密的联系。学生是知识接受的对象,教材在教和学之间发挥了媒介作用,上述要素都在教学设计中扮演着尤为重要的角色。

(二)创设教学情境,铺垫学习内容

教学的成功需要有和谐的师生关系作为基础和前提,也需要有良好的课堂氛围作为依托。课堂的气氛如果较为活跃,学生的思维也会更加灵活,他们能够更好地集中注意力,对知识的接受度更高,这种和谐、良好

的气氛要以相应的教学情境为基础。教师在日常的工作中要对学习情境创设给予更多的关注，站在学生的维度，在课本知识与各种素材之间建立一定的联系，确保教学具有情境化特点，以保证最终的教学质量，提升学生的素养。创设某一节课的情境难度较小，但创设单元情境的难度则相对较大，需要教师付出更多的精力。教师要在教学活动中融入单元情境，引导学生深化探究，培养科学的探究态度。

（三）开展教学活动，突出学生主体

学生是学习的主体，教师在教学的过程中更应该关注学生有没有学会知识。因此，要关注学生在教学活动中的重要地位，这是教学设计中重要的一点。

首先，开展教学活动需要考虑到学生的实际情况，和学生之前的经验建立密切的联系。也就是要将生活中常见的情境、飞速发展的科技和知识相互联系起来，引导学生不断进行科学探究，在探究的过程中获得理论知识，体会物理学的价值，激发学生的探索欲望。

其次，要保证学生具有较好的思维方式。学生在高中阶段逻辑思维发展迅速。在这一时期，教师要为学生构筑相应的物理模型，教会学生相应的物理学研究方式，引导学生从被动学习走向主动学习，让他们的思维向着成人化方向发展。

最后，要尊重个体差异。世界上没有两片完全相同的树叶，更何况是学生。在进行教学时要做到因材施教，将学生的特殊优势发挥出来，要体现出学生的主体地位，这也为教学活动的开展提供了重要参照。

（四）评价方式多元，检验目标达成

评价的过程即对既定目标与目标实现情况进行了解的过程。在日常教学中，常常是教师教的学生学不会，学生学会了的也往往学得不精。教学评价在一定程度上反映了学生的学习情况。多种多样的评价方式，能够帮助学生对自我形成更好的认识，重新建立自信并对自己的学习方式进行不断的调整。

首先，评价多元是从主体多元以及方法多元这两个层级而言的。所谓主体多元即站在不同的维度进行评价。要将教师、学生甚至是学校在评价过程中的重要性发挥出来，通过学生自主评价、教师进行评价以及学校开

展评价等方式确保评价的全面性。所谓方法多元指的是要通过多种多样的方式进行评价，也就是除了要对学生的探究流程进行评价之外，还要对他们的态度、知识技能的获得以及科学态度进行评价。不仅要重视结果评价，也要看到过程评价的优势所在。

其次，评价在整个教学活动中都始终存在，因此持续性评价也可以看作是对形成性评价的认可。在教学过程中要发挥教学评价的作用，引导学生监控自己目标的实现情况，对自己的学习进行调控，更好地实现既定目标。

最后，要营造和谐、民主的评价氛围，确保评价在引导学生反思方面的价值充分发挥出来。

第二节　核心素养导向的单元学习设计流程

以核心素养为核心的高中物理单元学习设计流程分为以下几个步骤：确定单元主题，分析教学要素，制定单元学习目标，设计单元学习活动，实施单元学习，确定单元评价等。

明确单元主题是单元学习设计的首要问题，这是对单元内容的整体概括；然后分析课程相关要素，如学情、教材、课程标准等；接着制定单元学习目标，主要涉及三个目标，即重难点目标、核心素养目标以及单元知识结构目标；再建立单元活动主线，设计单元学习活动；接着实施各项单元学习；最后确定单元评价。

一、确定单元主题

单元主题为单元学习开展提供方向，通过单元主题可以精准把握单元知识核心要点和思想。由于教师各自的观点和经验不同，即使面对同一单元，教师之间的见解也各不相同，由此衍生出的单元主题名称也相差各异。以粤教版高中物理必修第三册第一章为例，部分教师按照自己的想法确定单元主题，如从微观彼此影响和作用的角度看待静电场；部分教师依据章节题目选定主题，将其命名为静电场及其应用等。借助单元主题让学生在学习前便能够掌握即将学习的内容，起到"先见林，后见树"的作用。

教学单元包括三种形式：第一，以教材章节为参考安排教学单元，这种形式与知识逻辑相符，常见于新授课教学；第二，拆分不同章节，重新进行内容重组，这种形式要求教师具有较高的教学能力，并且对教材的整合能力较强，一般在复习课中使用；第三，以专题任务为参考开展教学，这种形式多与现代科技、日常生活衔接，常见于拓展与提升课程学习当中。本研究选择第一种情况安排教学单元，依据《普通高中物理课程标准（2017年版2020年修订）》规定的课程内容，找到单元核心思想与内容，以此概括单元主题。

二、分析教学要素

（一）分析课程标准

《普通高中物理课程标准（2017年版2020年修订）》中有两项新添加的内容：一是学科核心素养，展现学科育人目标与育人价值；二是学业质量要求，以此了解学生的学习情况。这两项新增部分让教材结构更为完善与全面，需要教师予以着重关注。《普通高中物理课程标准（2017年版2020年修订）》提出，高中学生需要达到的物理水平是掌握21个基本实验，积极开展学习评价，加强对各种活动的重视程度。教师充分了解课程标准内容，能够从整体上对物理学科有一个正确的认识，并掌握课程结构与高中教育的定位，有助于积极开展教学活动。

（二）分析教材内容

教材是以课程标准为参照，展示学科系统知识的学习用书，学生依托于教材学习。新课程标准推出后衍生出新版教材，新旧两个版本的教材存在一定差异，比较分析新旧两个版本的教材可以挖掘提高核心素养的关键点。教师应充分掌握单元学习内容，同时找到与学生当前知识相关的衔接点，结合各种教学工具书寻找有助于教学的教学案例和教学方法，在此基础上规划合理的单元学习目标，为后续开展教学评价打好基础。

(三) 分析学生学情

学生学情实际上是指学生的学习情况。物理教学要求培养学生的学习素养，单元学习设计更应围绕学生的学情展开，因此有必要全面了解学生的学情，并基于此开展教学活动。教师应考虑学生多方面的情况，把握学生已有的学习材料、学习经验和知识点，了解学生的身心特点，以此明确教学计划和教学目标。需要注意的是，学生之间的学情和学习能力各异，因此教师应做到因材施教。

三、制定单元学习目标

单元学习目标是教学工作开展的重要前提，单元学习目标应符合《普通高中物理课程标准（2017年版2020年修订）》的要求，基于单元整体结构进行分析，掌握教学活动和进度。教师需建立大局观，在科学分析和把握教材内容的基础上制定单元学习目标，主要包含下面三个方面。

(一) 基于核心素养制定单元学习目标

单元学习目标设计是把学科核心素养具体化为单元学习目标的过程，是单元学习设计的灵魂，它在"核心素养课程目标→单元学习目标→课时学习目标"目标链中处于承上启下的关键地位。单元学习目标的确定应以课程标准、教学内容和学情分析结果为基础，注重物理核心素养对教学的引领和导向作用，关注教学目标的可操作性、可检测性，实现学、教、评的一致性。

(二) 制定单元重难点目标

制定单元学习目标的目的是突破传统教学的约束，展现单元学习的重难点，以精准把握教学关键点。单元核心知识是确定单元重难点的关键，要求教师从三个方面深入分析单元重难点内容，帮助学生精准把握知识点，具体包括育人价值、方法能力以及基本要求。

(三) 制定单元知识结构目标

单元学习内容主要涉及两个方面：一是单元思维方法；二是单元核心

思想。同时需要明确单元不同层级的概念：学科核心概念—主题概念—重要概念—基础概念。建立概念层级的目的是帮助学生精准把握物理概念。学科核心概念是上位概念，也称为大概念，是碎片化知识点的集合，统领性特点突出；主题概念是核心概念，涵盖了单元主题内容；物理概念中的重要概念属于次级概念，主要是阐述事物本质与规律的概念，要求学生对这些概念有一个清楚的了解；物理概念中的基础概念具有客观性与直观性的特点，属于下位概念，学习者只需简单了解即可掌握。

四、设计单元学习活动

设计单元学习活动意义重大，而所有设计的最终目的是开展教学活动，高效合理的教学活动能够帮助学生充分掌握各方面知识，同时增强学生的核心素养。在单元学习活动设计中主要包括两个部分：一是单元活动思路设计，二是单元活动设计。

（一）单元活动思路设计

单元学习活动以单元活动思路为主导，设计思路是为了建立明确的单元核心概念，掌握单元核心规律，展现单元知识的逻辑关系。设计单元活动思路，要求设计者自身明确单元知识逻辑，聚焦单元学习目标，有效落实核心素养的培育工作，为学生提供适合学习和成长的活动。单元活动思路并不固定，可结合单元内容自主设计和调整。

（二）单元活动设计

根据活动思路内容设计的各种学习活动称为单元活动，应以学生学习为中心，考虑教学重难点、教学目标和教学要素规划各种单元活动。单元学习活动设计应强调精准理解学生学习的重难点，强调素养培养，确保教学活动能够推动学生自身发展和进步。素养目标是进行单元学习活动设计的主要参考，应结合真实情境总体规划活动内容。单元活动设计应涉及六个基本要素，即活动目标、时间、名称、准备、过程、评价，并确保学生参与活动的同时掌握相关知识。

五、实施单元学习

开展单元学习这一过程即为实际教学过程，在实际教学过程中，课时教学是单元学习的重要主体，教师需要在课堂中融入规划的目标、设计的活动以及研究得出的各项要素。此外，课时教学规划是教学开展的重要前提，教师还应明确课时目标，然后将课堂与单元学习活动相结合。

（一）课时教学规划

课时教学规划是指对所有单元学习进行的课时安排。教学内容质量与课时数量密切相关。在单元学习中，课时教学规划是其中不可或缺的重要环节，包括衔接单元学习目标、拆分单元主题等。单元学习目标规划科学合理，不仅有助于教学计划有序推进，而且可以尽快达成理想的教学目标，这就需要教师科学调整课时数量，降低掌握单元知识的难度。

（二）课时教学过程

对单元学习目标而言，课时教学过程十分重要，它是实现单元学习目标的重点。设计课时教学过程的前提是熟知物理基础概念，结合教学情境内容，与学生固有的知识相衔接，参考学生学情特点完成教学设计，逐步推进课时教学内容以实现预期课时目标。教学过程需要和单元活动相结合，教学过程还应保证考虑到所有学生。

六、确定单元评价

评价是指评估课程实施情况与教育目标要求的匹配程度。高中物理课程应根据评价内容有针对性地激励学生，除了了解评价结果，还需要关注评价过程。单元学习评价主要分为两个部分：一是过程性评价，这种评价强调的是过程。过程性评价指的是评估学生日常学习能力和整体素养，通常和课时教学活动结合在一起。物理教学依托于课堂开展，要基于不同物理课型开展对学生的评价，常见有作业式评价、问答式评价。二是总结性评价，即以教学目标为主要目的，评估学生技能与知识掌握情况。这种评价以教学重难点为中心，参考教学目标，着重关注的是单元总体，主要是评估学生在面对问题时的解决能力。当然，部分情况下会基于单元内容开展素养性评价与拓展性评价。前者是指教师自主规划教学知识与单元素养间的关联，其他师生负责审查；后者是指教师基于单元知识，帮助学生结合各种资料和自己的兴趣处理好各项任务。

第三节 核心素养导向的高中物理单元学习设计实践

本节以粤教版物理必修第三册第四章第四节"练习使用多用电表"为例，诠释核心素养导向的高中物理单元学习设计实践。

一、教材内容分析

（一）教材分析

多用电表是日常生活中应用比较广泛的电学测量仪器，掌握多用电表中的欧姆表的原理和使用方法，对提高学生科学素养具有重要意义。本节课有两个主题，分别是"多用电表"和"多用电表的使用"。主题"多用电表"介绍了多用电表的外部结构并探讨了其内部结构及工作原理。主题"多用电表的使用"共被分解为四个实验任务，强调了多用电表使用前后的注意事项，注重科学态度与责任的培养。

（二）学情分析

"练习使用多用电表"是学生必学的分组实验课，是闭合电路欧姆定律的一个应用，学生在之前已学习了电流表和电压表的改装，此时学习使用多用电表有利于巩固对闭合电路欧姆定律的认识。本课对培养学生的思维、动手能力等有着重要作用，建议学生买一个多用电表放在家里，这样既能为家庭服务，又可以增长知识。

第五章 核心素养导向的高中物理单元学习设计

(三) 教学目标

课堂教学的最终效果主要取决于教学目标的价值取向,要落实对学科核心素养的培养,就必须在设计课时教学目标时充分考虑基础知识和技能,精准定位核心素养教学目标,本节课的教学目标见表5-1。

表5-1 教学目标

物理观念	应用闭合电路欧姆定律,分析电流表、电压表的构造及原理; 应用闭合电路欧姆定律,分析欧姆表的构造及原理; 画出多用电表的构造,将电流表、电压表与欧姆表组装成多用电表; 熟练使用多用电表,分析二极管的特性
科学思维	引导学生进行科学推理,了解多用电表、欧姆表的工作原理、模型构建过程
科学探究	探究利用多用电表测量电压、电流和电阻的方法; 探究二极管的质量及单向导电性; 探究多用电表在检修电路故障中的作用
科学态度与责任	通过分组实验、讨论与交流,培养学生的合作意识和实事求是的科学态度

(四) 教学重点与难点

教学重点:多用电表的结构和使用技能。
教学难点:欧姆表的工作原理。

二、教学设计

(一) 情境导入

【问题1】视频中修理工人用什么仪器检测家用电器故障?
本段教学总结:播放修理工人检测家用电器故障的视频。教师以提问的形式与学生互动,引出课题。接着教师点明:多用电表具有多功能、多量程、方便携带的特点，是修理工人检测家用电器故障的必备工具（图5-1）。

图5-1 修理工人用多用电表检测家用电器故障

设计意图：借助真实情境，引出本节课题，让物理更贴近生活，有利于提高学生的兴趣，激发学生的求知欲望。

(二) 新课教学

活动一：介绍多用电表外部结构、探讨其内部结构及工作原理

实验任务1：观察多用电表的外形，初识多用电表的使用方法。

【问题2】多用电表有哪些构造、哪些功能？

本段教学总结：教师通过演示和讲解，首先引导学生观察多用电表的外部结构。观察多用电表的全貌，表的下半部为选择开关、欧姆调零旋钮及红、黑表笔插孔；表的上半部为表盘，最上边的刻度为欧姆挡刻度，中间有三种不同量程的刻度为电压和电流挡刻度，如图5-2所示。接着引出问题：多用电表有哪些功能呢？学生答：多用电表可测量直流电流、直流电压、电阻和交流电压等。教师追问：多用电表表盘上显示出其还有哪些功能？学生答：还能测电容。

设计意图：通过观察和体验，让学生知道多用电表的表盘各刻度线的特点、测量功能及量程，指导学生根据需要正确选择挡位，为接下来的学习活动做铺垫（科学探究）。

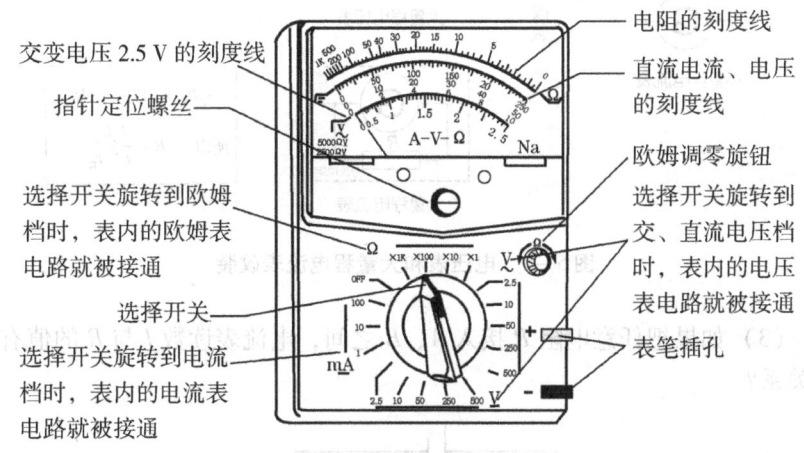

图 5-2 多用电表外部结构

实验任务 2：探究多用电表、欧姆表的内部结构及工作原理。

【问题 3】电压表是小量程电流表串联大电阻改装的，大量程电流表是小量程电流表并联小电阻改装的，能否也可以利用小量程电流表改装出直接测量电阻的仪器呢？

本段教学总结：师生回顾教科书的内容：电压表和大量程电流表改装（如图 5-3 所示）。教师引出问题：如何利用小量程电流表设计出直接测量电阻的仪器呢？学生思考时，教师接着说：下面我们通过一道例题来探讨欧姆表的内部结构和工作原理。

例题：如图 5-4 所示，假设电源的电动势 $E=1.5\ V$，内阻 $r=0.5\ \Omega$，电流表满偏电流 $I_g=10\ mA$，电流表电阻 $R_g=9.5\ \Omega$，A、B 为接线柱。

（1）用一条导线把 A、B 直连起来，调节滑动变阻器使电流表满偏，此时闭合电路中总电阻多大？

（2）调至满偏后保持滑动变阻器电阻不变，在 A、B 间接入 150 Ω 定值电阻，电流表指针对应电流多少刻度？

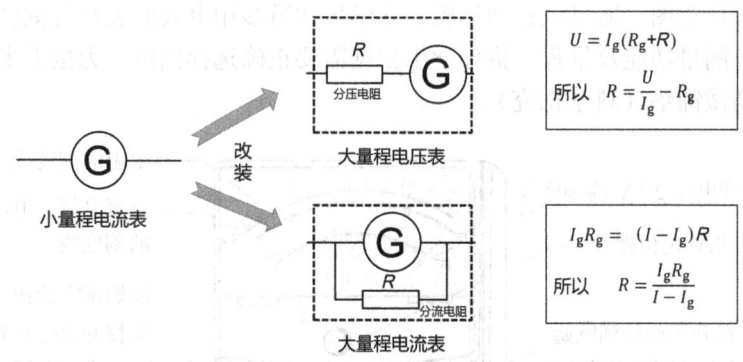

图 5-3 电压表和大量程电流表改装

(3) 如果把任意电阻 R 接入 A、B 之间，电流表读数 I 与 R 的值有什么关系？

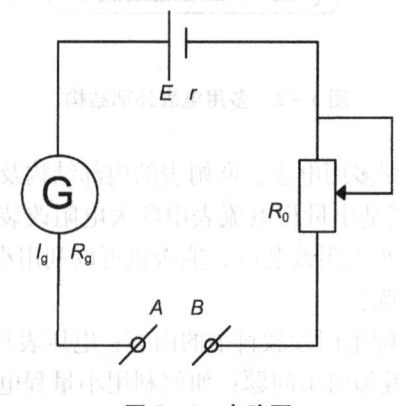

图 5-4 电路图

师生合作探究：在教师引导下，学生经历以下模型构建过程。

(1) 用导线把 A、B 直连，由闭合电路欧姆定律得 $R_{内} = \dfrac{E}{I_g} = 150\ \Omega$。

(2) A、B 间接入被测电阻 $R_x = 150\ \Omega$ 时，得 $I = \dfrac{E}{R_{内} + R_x} = \dfrac{1.5\ \text{V}}{(150+150)\ \Omega} = 5.0\ \text{mA} = \dfrac{I_g}{2}$。

(3) A、B 间接入任意电阻 R_x 时,求得 $I_x = \dfrac{E}{R_0 + r + R_g + R_x} = \dfrac{E}{R_内 + R_x}$,$R_x = (\dfrac{E}{I_x} - 150)$ Ω。

设计意图:让学生在复习电流表和电压表改装过程中加深对电流表和电压表构造及原理的认识(物理观念)。由旧知识引入新问题,学生有思考的基础。例题设置直观的数据,由教师引导学生分析欧姆表的构造,让学生深刻理解多用电表欧姆挡的原理,突破教学难点。

【问题 4】通过以上计算有何启发?如何将电流表转换成直接测量电阻的仪表?多用电表欧姆挡的原理是什么?

本段教学总结:教师提出问题后,小组讨论,代表发言:将电流表表盘上的电流值代入公式:

$$R_x = (\dfrac{E}{I_x} - 150) \text{ Ω}$$

计算得到对应的电阻值,再将电阻值标在对应的电流值处,就可以将电流表转换成直接测量电阻的欧姆表。教师总结点评:这就是一个最简单的欧姆表的电路原理(图 5-5),实际的欧姆表就是在这个原理的基础上制成的。接着教师引导学生思考拓展:①欧姆表的零刻度对应电流的最大刻度处,电流表的零刻度处对应电阻无穷大;②当待测电阻等于欧姆表内阻($R_x = R_内$)时,指针指向满偏的一半;③欧姆表的刻度不均匀。

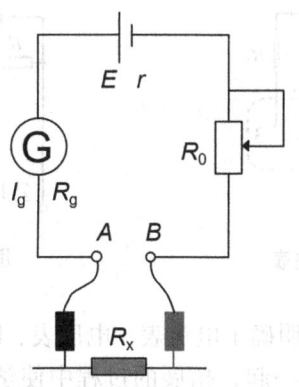

图 5-5 欧姆表的电路原理

设计意图：通过问题驱动，让学生在合作学习中对欧姆表表盘刻度特点有较深入的认识，培养学生思考问题、交流合作、推理归纳和精准表达的能力（科学态度与责任）。

【问题5】多用电表是如何将电流表、电压表和欧姆表组合在一起的？

本段教学总结：学生先观察多用电表的外部结构，教师接着提问：当多用电表作为电流表、电压表、欧姆表时，有什么共同特点？学生思考后答：共用一个表头。教师问：能将如图5-6所示的三个用途单一的电流表、电压表和欧姆表改装成共用一个表头的电表吗？小组讨论交流后，展示改装成果，如图5-7所示。教师小结：把电流表、电压表和欧姆表的功能整合在一起的电表称为三用电表。但三用电表只有一种量程，如何设计出多量程的电表呢？进而拓展介绍多用电表，如图5-8所示。

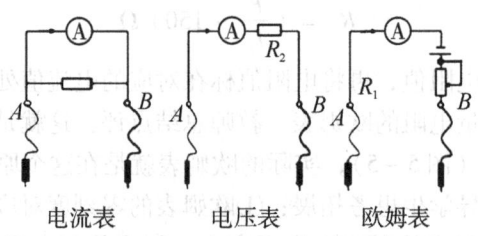

图5-6 电流表、电压表和欧姆表

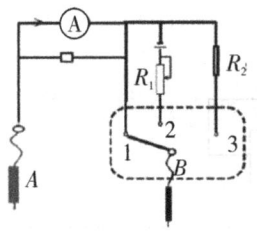

图5-7 三用电表

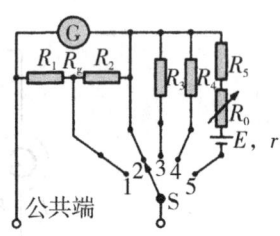

图5-8 多用电表

设计意图：①学生明确了电流表、电压表、欧姆表的内部构造后，尝试把它们的功能整合在一起，拓展的过程中使学生体会转换的思想（科学探究）；②采用问题导向式教学，通过学生思考、师生合作交流，提升学生的问题意识、质疑能力、分析能力等（科学思维）。

活动二：分组实验：使用多用电表

【仪器准备】指针式多用电表、干电池两节、开关、导线若干、小灯泡、二极管、定值电阻（几欧、几十欧、几百欧、几千欧）四个。

实验任务1：探究利用多用电表测量小灯泡的电压和电流。

【问题6】利用多用电表测量小灯泡的电压和电流与以往利用电压表和电流表来测量有什么不同之处？

本段教学总结：学生先按实验电路（图5-9）搭建相应的电路，接着教师提出以下问题引发学生思考。

（1）测量时多用电表应如何与被测电路连接？
（2）多用电表的红表笔应接被测电路的哪一端？
（3）测量电压和电流时，开关应分别选择什么挡位？
（4）量程应如何选择？怎么选择表盘的数进行读数？

学生讨论交流，各小组分工合作共同完成实验。

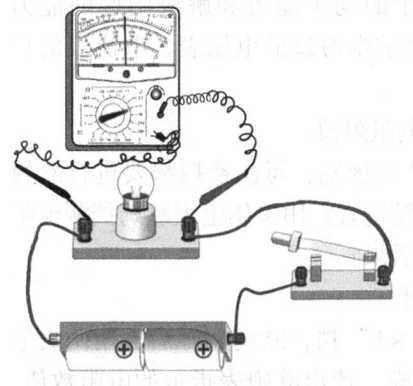
测量小灯泡电压

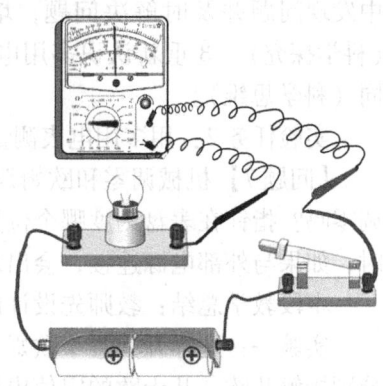
测量小灯泡电流

图5-9 实验电路

学生进行实验时，教师巡堂发现学生的很多错误操作，为了及时纠正学生的错误操作，教师又提出了以下几个问题。

（1）测量前指针要停在表盘刻度的什么位置？
（2）测完电压之后测电流时，指针为什么没有偏转？
（3）个别小组测量电压或者电流时，为什么指针偏转很小或者很大？
（4）为什么会出现指针反向偏转的现象？

学生讨论交流后一一作答。
（1）测量前指针停在表盘刻度左端的零位置。
（2）忘记把选择开关旋到电流挡位。
（3）没有选择合适的量程。
（4）表笔的正负极接反了。

最后教师总结拓展三点：一是多用电表可代替普通电表进行电流、电压的测量，其使用方法与之前所学的电流表、电压表的使用方法大致相同。二是由于多用电表测量电流、电压、电阻时使用的是同一表头，因此测电流、电压时流过表头的电流方向要与测电阻时流过表头的电流方向一致，即均从红表笔流进，黑表笔流出。三是用多用电表测电压、电流时，红表笔应接被测电路电势高的一端。

设计意图：①通过实验让学生学会正确连接电路，正确使用多用电表（物理观念）；②本设计采用自主实验的形式，学生在教师引导下从实验中发现问题并及时解决问题，培养学生的动手能力和解决问题的能力（科学探究）；③重新认识多用电表与之前学习过的电压表、电流表的异同（科学思维）。

实验任务2：用多用电表测量各种电阻阻值。

【问题7】机械调零和欧姆调零有什么区别？每次换挡都要进行欧姆调零吗？指针在表盘刻度哪个位置读数较适宜？用多用电表欧姆挡测电阻时，如果与外部电源连接，会出现什么后果？

本段教学总结：教师先设计两个实验。

实验一：选择开关置于欧姆表的"×1"挡，欧姆调零后，用两表笔分别接触几欧、几十欧的定值电阻的两端，读出欧姆表指示的电阻数值，并与标准值比较，然后断开表笔。

实验二：将选择开关置于欧姆表的"×100"挡，重新调整欧姆零点，然后测定几百欧、几千欧的电阻，并将测定值与标准值进行比较。

教师设置实验，学生自主完成实验。为了更好地实现教学反馈和及时纠正学生在实验中出现的问题，在学生进行实验时，教师巡堂摄录学生不规范或错误操作的过程，然后投屏，师生观摩并交流讨论，改进后学生再次进行实验。

学生的不规范或错误操作如下：①没有将表笔短接，进行欧姆调零。②从"×1"挡转换到"×100"挡时，没有进行欧姆调零就直接测量。

③测量时指针接近左边"0"刻度处，阻值很大，但直接读数。④手指触碰表笔金属部位。⑤电阻与干电池串联后再测量。⑥测量结束后，没有将选择开关置于"OFF"挡或交流电压最高挡。

设计意图：将不规范或错误的操作进行投屏，让学生观察并指出错误，使学生在自主摸索中明确相关的操作细节，从而形成自己的操作体会。改进后学生再次进行测量，让学生在反复操练中，实现对操作步骤的完全掌握。同时引导学生进行自我反思，既锻炼了学生的观察能力，又培养了学生的判断能力，使学生形成严谨认真和持之以恒的科学态度（科学态度与责任）。

实验任务3：用多用电表判断二极管的质量及极性。

【问题8】怎样使用多用电表判断二极管的正负极？

本段教学总结：师生共同回顾二极管的特性：单向导电性。教师引出问题：怎样使用多用电表判断二极管的正负极呢？接着学生动手实验：两表笔分别连接二极管的两极，然后反过来连接二极管的两极，两次测出的电阻值差别明显。完成测量后，教师提问：两次测得的电阻值差别明显，测得电阻较小的一次，二极管的正极与多用电表的什么表笔连接？结合前面学过的欧姆表内部结构，学生清楚知道二极管正极与黑表笔连接。

为了拓展知识，教师接着提出以下几个问题：

（1）如果两次测得的电阻值相差很大，说明二极管的质量如何？

（2）如果两次测得的电阻值相差很小，说明二极管的质量如何？如果两次测得的电阻值均为零或均为无限大，又说明什么问题？

教师引导学生讨论分析后总结出：

（1）二极管的正、反向电阻相差越大，性能越好。

（2）两次测得的电阻值均很小或为零：短路损坏；均很大或无穷大：开路损坏；正向电阻较大或反向电阻偏小：性能不良。

设计意图：①通过使用多用电表来判断二极管的极性，让学生深入理解多用电表的内部结构（物理观念）；②通过引入问题，对问题进行分析，增强学生的分析能力和探究能力（科学探究）。

实验任务4：用多用电表查找电路故障。

【问题9】在如图5-10所示的电路中，闭合开关S后，灯泡不亮。先思考灯光不亮可能的原因，再用多用电表查找故障，方法有几种？用什么办法最简便？

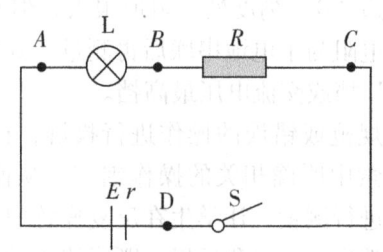

图 5-10 带有二极管的电路

本段教学总结：学生思考讨论灯泡不亮的原因：可能电路某处断路或短路。接着教师引导学生以问题为线索，边做实验边解决问题，归纳出用多用电表查找故障的方法：方法一是只用电流挡，红、黑表笔依次并联 AB、BC、CD 两点，若电路中灯泡亮了，则与电流表并联处发生了断路；若电流很大，则是灯泡短路。方法二是只用电压挡，红、黑表笔依次并联 AB、BC、CD 两点，若电压不为零，说明这两点间（不含电源这段）的元件或导线断路。方法三是只用欧姆挡的低倍率挡，先断开电路中的开关 S，红、黑表笔依次并联 AB、BC、CD 两点，若电阻无穷大，说明与欧姆表并联元件发生了断路；若电阻很小，说明短路。方法四是使用任意两挡或三挡齐用的办法。

最后，教师和学生共同总结归纳多用电表的使用注意事项。

设计意图：①采用小组合作和实验探究的方式进行，通过动手实验、思考问题、交流对话，体验知识与技能形成和获取的过程，充分落实了"问题、证据、解释、交流"等科学探究要素的要求（科学探究）；②通过实验活动使学生获得技能，并在合作中提高学生的协作能力，体现理论联系实际，使学生对学习有兴趣、有成就感（科学态度与责任）。

三、教学反思

本节安排了 2 个课时，在教学设计过程中，教师从教材编写者的视角挖掘教材内容包含的物理学科思维方法等核心素养，经提炼转化为学习任务、课题问题和学习活动，将发展学生的物理学科核心素养落到实处。

在教学中以问题为主线，通过问题驱动来激发学生的求知欲望和科学

第五章 核心素养导向的高中物理单元学习设计

探究意识，通过设置情境让学生在模型构建的过程中突破学习难点。本课以学生交流合作和动手实验为主，通过反复操练，实现对多用电表使用步骤和使用方法的完全掌握。以实验为主的多种探究活动，让学生积极地参与高中物理的学习，激励学生探索物理知识，从而提高学生的高中物理核心素养。

关于电路的故障分析，在本课教学中，只是在简单的直流电路当中，应用多用电表查找故障。实际上，万用表同样可以在交流电路当中进行测量使用，使用的方法与直流电路有相通之处。同样，电路故障排除方法与交流电路也有相似之处。因此，引导学生认识到我们可以通过解决简单的问题，深入思考进而解决更为复杂的问题，从而引导学生明白物理知识与生活、生产和社会发展有紧密的联系。引导学生把学到的知识应用于生产生活和科技发展的实践当中，从而增强学生的社会责任感和学科荣誉感。

第六章　学习进阶导向的高中物理单元学习过程设计

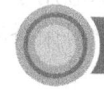 第一节　学习进阶的概念与理论基础

一、学习进阶

自学习进阶理论提出以来,其理念就在美国教育学界引起大家关注,大量美国学者对其进行了概念的界定。可以说对学习进阶的定义经历了一个漫长的历程,各学者在不同领域通过不同的研究方法对其进行定义。正因如此,学习进阶直到目前仍没有一个一致的定义。笔者搜集了很多教育专家及教育机构对学习进阶的定义,有以下几种比较有代表性的观点。

美国国家研究理事会将学习进阶定义为:学习进阶是对学生连贯且逐渐深入的思维方式的假定描述,在一个适当的时间跨度下,学生在学习和探究某一重要的知识或者实践领域时,其思维方式的逐渐进阶。

罗斯曼(Roseman)等指出学习进阶是一条"概念序列",它反映了由小学阶段到高中阶段的学生的发展规律。

斯蒂文斯(Stevens)等在研究物质本质的教学时,将学习进阶定义为:学习进阶是一种方式,通过它可以使科学内容、教学和评价策略这三者更为一致和有组织,最终促使学生掌握核心概念。

马瑞特(Merrit)等认为学习进阶是描述学生对某一领域由浅入深、逐渐复杂的概念理解的过程。

第六章 学习进阶导向的高中物理单元学习过程设计

除了国外学者对学习进阶的定义，在学习进阶理论被引入我国之后，我国学者也对其概念进行了理论分析及研究，从而得出了不同的概念界定，其中，具有代表性的有：翟小铭和郭玉英认为学习进阶是一个描述学生在知识学习和实践活动过程中连续地、更加熟练地发展的框架，这个框架的构建，需要了解学习者是如何理解知识以及以何种方式理解这些知识的。肖丹认为，学习进阶就是在一定时间阶段中的递进发展，并内含诸多蕴意。皇甫倩、常珊珊等则认为，学习进阶是学生关于某一核心知识及相关技能、能力、实践活动在一段时间内进步、发展的历程，表现为特定知识、技能和能力的潜在发展序列。

从以上列举的国内外不同学者对学习进阶的定义，我们可以了解到，虽然不同学者对学习进阶的定义不同，但也有着相似之处，他们普遍认为，学习的过程是学生对科学的核心概念、科学解释以及相关科学实践的理解和应用能力从简单到复杂的发展过程，因此需要进行学习进阶。在本研究中，学习进阶是指在学生学习某一知识或概念时，先给学生设计一条路线，遵循连续的、典型的学生思维发展过程，由浅入深，循序渐进，以物理知识核心概念为中心，展开的一系列由简单到复杂、相互关联的概念序列。

二、基本理论

（一）最近发展区理论

苏联著名心理学家维果斯基最早提出了最近发展区理论。维果斯基通过大量的观察实验发现，儿童在智力活动中的表现，往往是存在差异的，而这种差异一般存在于他们现阶段所要解决的问题和原本所具有的能力之间。但是同时他也发现，这种差异并不是不可以消除的，儿童通过教师的帮助可以逐渐将差异淡化，而这个差异就是他所提出的最邻近发展区。用较为系统的话来说，最邻近发展区就是儿童独立解决问题时的实际发展水平（第一个发展水平）和在教师指导下解决问题时的潜在发展水平（第二个发展水平）之间的距离。由此我们不难发现，教学可以决定学生在两个水平之间的状态，也就是教学可以主动创建最邻近发展区。那么，随着学生能力的提升，其原有水平在不断提高，潜在发展水平也在不断提高，在教学过程中就需要教师不断开发下一个最近发展区，开发学生的潜力，让学生体会到自我的成长与提高。

（二）人本主义理论

在20世纪50—60年代，美国心理学家马斯洛创建了人本主义理论，直到现在，人本主义理论仍是美国当代心理学的主要流派之一，罗杰斯为现在该学派的主要代表人物。由于人本主义的主要观点反对将人的心理低俗化、动物化的倾向，因此也被称为心理学中的第三思潮。在该理论创立之初，马斯洛对人和动物的需要进行了区分，他认为人的需要与动物的需要最不同之处在于人的需要是分层次的，并且它是在不断发展的。他在研究过程中将人的需要根据追求目标和满足对象的不同进行排序，其中，最基本的需要是生理的需要，这是所有人感到要优先满足的需要。后来，在人本主义理论逐渐发展的过程中，罗杰斯提出了"自我理论"，并在心理治疗方面提出了"患者中心疗法"。他认为，人类与生俱来有一种自我实现的动机，在某种程度上可以说是人最大限度地实现自身潜力的趋向。[1] 除此之外，人本主义理论与教学思想关系密切，它不仅关注教学中学生认知的发展，同时，它还对学生感情、动机、爱好的发展规律十分看重。

（三）建构主义理论

认知发展领域的著名心理学家皮亚杰最早提出建构主义理论。他认为儿童的发展离不开周围环境的影响，儿童在与周围环境互动的过程中，头脑中逐步建构起与外部世界的联系，进而充实自身的认知结构。[2] 正是因为如此，建构主义心理学家反对客观知识的存在性，他们认为知识是通过后天的互动建构起来的，学习者作为学习的主体积极主动建构学习过程，这当然也与学习者自身的原有知识经验相关，同时环境因素更是不可忽略的。基于此类观点，他们认为教学不能仅仅将知识机械地存放于学习者的大脑中，其正确做法是以学习者原有的知识水平为出发点，帮助学习者主

---

[1] 黄廷凤. 马克思的需要理论及其当代意义——对《1844年经济学哲学手稿》的解读 [J]. 新西部（理论版），2017（3）：1，6.

[2] 刘响慧. 支架式教学模式在翻译教学中的应用——以培养翻译能力为导向 [J]. 科教文汇（下旬刊），2016（4）：174–175.

动建构新的知识。目前符合建构主义理论的比较成熟的教学方法有以下三种。

1. **支架式教学**

支架式教学主要是为学习者提供概念框架，框架中的各个概念是学习者在发展过程中所需要的，而教学者需要事先将学习任务进行拆分，由易到难进行排列，这样有助于学习者由浅入深地进行学习。

2. **抛锚式教学**

抛锚式教学并不适用于所有教学情境，它必须以真实事件为基础，以真实的事件为中心，进而确定整个教学内容和教学环节。

3. **随机进入教学**

正如字面意思，学习者进入教学内容的途径具有随机性，正是因为模式不固定，学习者对同一事物或同一问题的理解与认识就不相同。

（四）教学过程最优化理论

20世纪70年代初期，苏联教育学家巴班斯基提出了教学过程最优化理论。[①] 教学过程最优化理论实质上是一种教学方法论或者说是一种教学思想。它并不是某一固定的教学方法或手段。但是这种教学思想对当时的苏联教育产生了巨大的影响。

巴班斯基认为，最优的教学过程那一定是最好的，对于学生而言，一定是能使他达到他所能达到的最高水平的教学过程，或者说在可能的范围内，使学生的发展水平进一步提高。

同时，巴班斯基也给出了教学过程最优化的两个标准。第一个标准是针对学生而言的，即学生应该在教养、教育和发展三个方面都达到他在该时期内实际可能达到的水平。第二个标准同时针对教师和学生，即学生和教师都遵守有关课堂教学和家庭作业的时数规定。[②] 从这两条标准我们可以看出，最优化并不是单向的而是相对的、开放的。巴班斯基指出，教学过程的双边性使得教授与学习应同时达到最优，缺一不可。因此，我们很

[①] 那春艳，谷金波. 教学过程最优化理论运用于体育教学中的局限性思考［J］. 搏击（体育论坛），2013，5（1）：17－19.

[②] 周贵礼. 巴班斯基教学最优化理论的内在矛盾及其启示［J］. 教育学术月刊，2008（3）：12－15.

难想象没有学生参与的教学活动会是什么样的，同时，没有学生的教学最优化也是不可能存在的。在教学方法的选择上，巴班斯基指出必须采用多样化的教学方法，方法的选择上要考虑到学生所处阶段的思维发展水平，考虑到具体的教学内容，总而言之就是需要具体问题具体分析。

第二节　学习进阶导向的高中物理单元学习过程设计思路

一、基于学习进阶设计单元学习过程的内容

设计单元学习过程的核心在于学什么内容与如何学。所以，我们要以学习内容和学习方式两个角度为出发点来设计系统性的单元学习过程体系。

（一）系统规划知识衔接及单元内认知逻辑，在促进学生知识结构化的过程中发展物理观念

任何一个学习单元基本上都有一个核心概念，在这一核心概念之下还包含着其他的概念和原理等内容。想要学好核心概念必须学习和掌握尽可能多的概念内容，这样才能构建出核心概念体系。学生基于对核心概念的理解，构建属于自身的知识结构体系，并在学习大量物理概念的过程中养成和发展自身的物理观念。

由此可见，我们设计单元学习过程，是为了帮助学生更快、更好地学习与掌握这些概念、原理和规律，从而快速构建属于自身的知识体系。受到时代因素和认知的局限约束，以往设计教学过程的思维主要以笛卡尔思维为主，就是我们常说的要素还原主义。[1] 但根据笛卡尔思维来设计教学过程，难以体现核心知识内容，学生盲目地学习零碎的知识内容，难以将知识碎片联系在一起形成核心概念体系，难以构建属于自身的知识架构

---

[1] 钟志贤. 面向知识时代的教学设计框架［J］. 电化教育研究, 2004（10）: 18-23.

体系。

我们在设计单元学习过程的时候需要考虑单元知识的内在逻辑联系,并做好以下两个方面的工作。

1. 针对单元学习过程的发展层级进行设计规划

学生在逐渐学习概念和规律以后,对单元内容的核心概念就有一定的认知和了解,并逐渐得到不断的加深。在逐渐了解核心概念的过程中,学生就一定能够掌握提升知识认知和理解的关键点,基于这一关键点体现出不同的发展层级。物理概念层级结构模型描述、界定了具体的物理概念之间的层级关系。从总体上看,物理概念层级结构模型的构成包含四个层级的物理概念,分别是基础概念、重要概念、主题核心概念和学科核心概念(表6-1)。

表6-1 物理概念层级结构模型

层级水平	名称	层级说明
层级1	基础概念	通常是从学习者的知觉感受直接概括出的,是人类建构的物理概念,并以此作为认识客观世界的起点或者工具。一般与生活、生产实践中的现象、事实直接对应或者紧密联系。例如"电荷"
层级2	重要概念	是构成科学理论体系的基石,是构成科学知识的最重要的元素。例如"电场强度""电势"
层级3	主题核心概念	组织整合某个主题内容的少数关键概念。例如"静电场"
层级4	学科核心概念	涵盖学科内多个主题,可以组织整合学科内容的少数关键概念。例如"运动与相互作用""能量"

比如在设计"静电场"单元学习的过程中,在开始教学活动之前,先帮助学生了解电荷的定义以及与电荷相关的自然现象,随之再引入电场的概念,引导学生以电场概念去学习和理解相关现象,以帮助学生深入地了解和学习与电场有关的核心概念。我们将"静电场"单元学习分为五个发展层级:一是介绍电荷及其相互作用;二是以电场强度来介绍电场概念;三是以电势来介绍电场概念;四是介绍电势与电场强度之间的关联;五是介绍如何应用电场知识,比如介绍电容、电容器、静电感应等。

2. 针对学习单元之间发展层级的衔接进行设计

对于学生来说，学习单元知识内容的难度是从易到难的，不同单元知识之间有一定的层级关系，这种关系不是独立存在的，而是有一定的逻辑联系。学生只要了解和掌握认知发展层级之间的关联，就能够基于核心概念快速构建知识架构体系。比如在"静电场"单元中，第一、二层级之间的关系是电荷与电场之间的逻辑关系，只有了解了这层关系，才能够通过电场强度的概念去介绍电场概念。

针对认知发展层级中的详细内容进行设计。在设计单元学习的过程中，想要帮助学生了解认知发展层级，就必须帮助学生学习对应的知识内容。学习单元知识内容不仅是为了掌握知识内容，更多的是为了实现认知发展层级的飞跃。比如在"静电场"单元的第二层级中就包括与电场相关的知识内容，如电场线、匀强电场等。

（二）系统规划伴随知识学习的思维发展，在促进学生掌握思维程序与策略的过程中形成解决物理问题的基本思路

学生想要全面系统地学习和掌握单元知识的概念和规律等内容，不仅要构建属于自身的知识体系，还要在构建知识体系的过程中培养解题思路和方法，即针对不同的问题场景采取不同的解题思路和方法。而以往的教学设计存在一定的局限性，主要体现在解题思路和方法过于固定，没有形成系统性的解题思路。而解题思路是针对不同问题场景选择最优的解题方法和技巧。

物理学是通过科学实验建立物理模型，并借助数学工具，结合科学推理和论证，形成解决问题的方法和相关的理论体系的学科。所以，物理学中既包括物理学相关的规律和概念，还包括一些通过推理和论证形成的抽象的理论体系和科学研究方法等内容。对于学生而言，最重要的是培养自己解决问题的思路。所以在设计单元学习的过程中，不仅要关注显性的理论知识，还要关注显性知识背后深层次的程序性和策略性的知识体系，我们将这些知识叫作隐性知识。隐性知识存在于具体的规律和概念之中，或者存在于知识之间的逻辑关系中，或者存在于解决问题的过程之中。我们将学习单元知识的规划概括为以下两个方面。

1. 设计规划如何构建物理学知识体系和认知方式

物理学认知方式指的是从物理学的角度去审视和看待客观事物内部的

规律和属性，从而形成物理逻辑思维，培养处理信息和解决物理问题的方法逻辑。认知方式指的是人类获取知识的有效途径，而知识指的是人类在认识和适应自然过程中凝聚的智慧。认知方式并非具体的方法，而是系统性的研究思维和方式，主要包括两个方面的内容，一个是问题表征和认知对象，另一个是认知角度和认知思路。此外，还包括发现、分析和解决问题的所有过程。这些因素组合在一起就是认知方式，并不是针对某一问题环节而制订的解决问题的方法和思路。

2. 在构建学科知识体系的过程中探索跨学科的研究方法和概念

构建学科知识体系不仅包括构建认知方式，还包括将零散的学科概念和方法整合在一起，形成完整的知识架构，从而呈现出整合性和可迁移性的特点。对于学生而言，培养学科核心素养是非常重要的。比如在学习电容概念的过程中，因为不同结构的电容器体现出不同的结构性质和功能，所以需要学习比值定义法。

值得关注的是，前文所诠释的大思路既包含以大脑思维为核心的认知方式，也包含以实际应用为核心的科学探究方法。回顾物理学的发展历史，许多物理学家通过科学探究的方式对客观事物进行分析研究，从而找出正确认识和了解世界客观规律的方法。对于学生而言，不仅要学习好物理学基础知识，还要在形成物理观念的过程中，培养科学的思维和探究能力，这既有利于提高学生的思维认知水平和能力，也有利于培养学生勇于探索的科学精神。由此可见，设计单元学习过程需要考虑多方面的因素，这些因素是相互独立又相互依存的，只有统筹规划好这些因素才能设计出科学、完善的单元学习过程。

（三）基于关键点系统设计学习方式，在特定学习方式中孕育物理学科核心素养

在设计学习方式的过程中，要掌握关键点，这里的关键点指的是在了解和掌握重点知识的基础上，进一步促进学生的认知发展。比如在学习"共点力平衡"时，要引导学生去思考影响和改变质点运动状态的相关因素，以此来发现运动与相互作用这一学习重点。学生只有全面、深入地了解运动与相互作用的关系，才能理解物体从平衡状态发展到加速状态的关键点。此外，关键点还包括学生在学习过程中遇到的重难点问题。比如在学习运动与相互作用的关系时，学生很难了解加速度与力和质量之间的关系,但学生只要搞清楚这三者之间的关系,就能够明白运动与相互作用的关系。

经济合作与发展组织对核心素养的概念进行了明确的定义,由此可见,核心素养既是知识与技能的结合体,也需要具备知识迁移和实践应用能力,以灵活多变的学习方式将所学内容有效地整合在一起,从而形成一套完整的知识体系,① 孕育与发展学生的学科核心素养。

学生在进入突破性学习阶段时,遇到的关键点就是如何进入深度学习状态。教师要积极探索不同的教学模式,在课前引导学生做好预习,在课堂教学中讲清楚教学内容的重难点,帮助学生独立地构建知识体系,培养和提高学生自主学习的意识和能力,并利用现代科学技术和手段,为学生创设不同的教学情境,以合作的方式引导学生自主学习。由此可见,在设计单元学习的过程中,需要从以下两个方面对学习方式进行选择和组合。

1. 基于自主合作的方式探索应用型学习方式

在开展教学活动的过程中,教师通常选择简洁且通俗易懂的讲授式教学方式,这种教学方式的效率是比较高的,尤其在讲授基础知识方面具有很大的优势。但这种教学模式大多是学生被动接受教师传授的知识内容,不利于培养与提高学生合作交流的学习意识和能力。根据实际教学情况来看,这种讲授法的教学模式达不到预期的教学效果。

《普通高中课程方案(2017年版2020年修订)》要求大力推进课堂教学改革,促进学生自主学习、合作学习、探究学习。要培育学生的学科核心素养,就必须重视培养与提高学生自主合作学习的意识和能力,为学生营造更多合作交流的学习机会,以互动的方式引导学生去了解和学习重点知识内容,从而突破学习的关键点。学生在合作探究学习的过程中,能够自主索取深层次的知识和内容,能够以辩证的科学思维对在学习过程中遇到的一切问题进行质疑,并敢于发表自己的观点和看法,懂得尊重别人的观点和想法,这些能力都是物理教学目标的重要组成部分。需要注意的是,合作交流能力是很难通过讲授式教学模式培养得到的,需要在学习过程中通过交流合作不断积累经验,从而形成这种能力。

2. 重视培养综合应用型学习方式

设计单元学习过程不是简单地设计学习方式,而是根据教学内容和学

---

① 张玉峰. 核心素养导向的北京高中物理新课堂 [J]. 物理之友, 2018 (10):4-6.

生学习现状，选择灵活多变的学习方式。不论是讲授式还是探究式教学方式，都有着各自的优缺点，需要根据实际情况灵活地选择和应用。选择合适学习方式的目的在于培养和提高学生的核心素养。比如在"静电场"单元的教学过程中，学生在掌握库仑定律以后，教师要求学生解释电荷之间的相互作用力，学生以合作的方式通过查阅资料解释教师提出的问题。学生在合作交流学习的过程中，既培养了获取知识内容的能力，还培养和提高了交流合作的能力，可谓一举多得。

二、基于学习进阶设计单元学习过程的思路与要求

设计单元学习过程的核心内容在于设计什么问题，设计的思路和关键点在于如何设计以及设计到什么程度。

（一）基于学习进阶设计单元学习过程的思路

单元学习过程设计模式如图 6-1 所示。

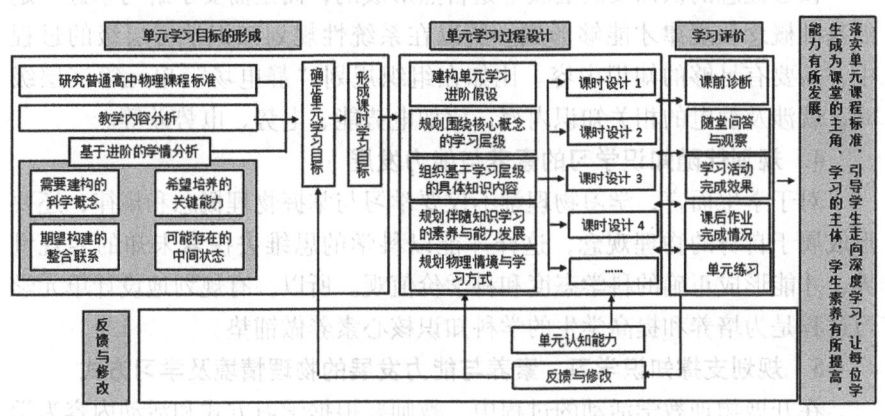

图 6-1　单元学习过程设计模式

我们基于学习进阶设计单元学习过程的思路分为五个环节。

1. 构建单元学习进阶假设

设计单元学习过程的重要依据在于构建单元学习进阶假设，其主要包括四个方面的内容：分析单元教学内容，诊断、测试学习数据，收集和查

阅相关研究文献资料，积累和总结教学经验。分析单元教学内容指的是在设计单元学习的过程中，从物理学的角度梳理出知识的内在逻辑和发展层级。诊断和测试学习数据指的是针对学生在学习过程中遇到的重难点问题和思维问题进行分析和研究。这里的研究文献资料和教学经验不是针对学生的，但与培养学生的认知能力有一定的关系。这四个方面都是构建学习进阶假设的重要依据。

2. **规划围绕核心概念的学习层级**

虽然学习进阶的发展层级体现的是学生思维和认知能力的发展过程及发展特点，但不能将学生的认知过程所展现的思维特征直接当作知识学习层级。其原因在于学习进阶是学生思维和认识能力从简单到复杂的过程。在设计单元学习的过程中，不仅要重视学生的实际情况，还要重视影响学习的各方面因素。所以在设计单元学习过程之前，必须对学习进阶做出假设，并综合考虑影响学习的多方面因素，从而制定行之有效的教学策略和方法。

3. **组织基于学习层级的具体知识内容**

核心概念的认知发展层级不是自然形成的，而是需要了解与掌握一定的基础概念和规律才能够形成。所以在系统性规划知识学习层级的过程中，需要有足够的知识内容。比如在组织规划"静电场"单元第三层级时，就涉及静电的相关知识内容，比如电势能、电势、电势差等。

4. **规划伴随知识学习的素养与能力发展**

对于学生而言，学习物理学不仅要学习与掌握物理概念和规律，还要形成属于自身的物理观念，这样才能以科学的思维去探索未知的客观世界，才能形成正确的科学态度和科学价值观。所以，有规划地设计单元学习过程是为培养和提高学生的学科知识核心素养做铺垫。

5. **规划支撑知识学习、素养与能力发展的物理情境及学习方式**

在开展物理教学活动的过程中，教师要根据学习方式和活动内容为学生创设不同类型的物理情境，帮助学生学习和认识物理知识的核心内容，从而培养和提高学生的学科核心素养。所以教师要根据教学知识内容的特点和培养核心素养的目标，结合学生学习现状来设计和创设不同的物理情境及学习方式。

设计物理教学情境应该注意两个方面。首先，要尽量地基于客观世界，将物理情境与学生的日常生活和学习联系在一起，这样有助于激发学生的学习兴趣和积极性。其次，创设的情境要尽量宏大，这有助于从物理情境中提炼出教学的重难点和核心知识内容，并引导学生去发现、分析和解决问题，培养和提高学生的知识迁移和应用实践能力。

（二）基于学习进阶设计单元学习过程的要求

重视设计单元学习过程，不仅是为了更好地完成立德树人的教学目标，而且是为了培养和提高学生的学科核心素养。在设计过程中需要注意以下五点。

1. 坚持整体性原则

从整体的角度设计单元学习过程，需要注意三点。首先是从整体的角度去看待学生自身的发展，重点关注与培养学生的知识能力和核心素养。其次是从整体的角度重视学科知识内容之间的前后衔接与内在逻辑联系。最后是从整体的角度去看待学习过程。学习过程主要包括两个方面，即学习时间和学习空间。学习时间包括课前、课中和课后三个时间段，而学习空间则包括教室、家庭、实验室等学习场所。

2. 坚持核心素养目标导向

设计单元学习过程是为了帮助学生培养跨学科的整体性的学习概念和学习思路，简单理解为基于核心概念帮助学生形成属于自己的知识体系，从而形成基础的物理观念，在形成和应用物理观念的过程中，逐渐加深对隐性知识的理解和认识，从而形成解决问题的最佳思路。此外，培养核心素养的目标还要重视培养学生的科学态度和提高学生的社会责任感。

3. 坚持学生主体性原则

在现代教学理论中，最基本的特征就是教与学的有机结合。而设计单元学习过程以学生为核心，需要做好三个方面的工作。首先，根据学生的知识储备、性格特点和认知水平，为其提供与之相匹配的个性化和层次化的学习内容。其次，根据学生的主观意愿为其提供多样化的学习方式，以此来激发学生自主学习的兴趣。最后，根据学习关键点设计对应的学习内容和方式，激发学生的学习欲望，使其获得学习成就感。

4. 促进学生深度学习

在设计单元学习的过程中，要为学生创设不同类型的物理情境，以提问的方式引导学生去思考和解决物理问题，从而培养学生的知识迁移和应用能力。所以，设计单元学习过程不仅要重视获取知识的过程，还要将零散的知识点整合成完整的知识体系。在学习方式方面，要以合作交流学习的方式为主，激发学生的学习欲望，引导学生去了解和学习深层次的知识内容，帮助学生进入深度学习的状态。

5. 具有可操作性

在设计单元学习过程之前，需要做好顶层设计工作，这样才能确保课堂教学活动有序地进行。顶层设计是为了将教学任务进行分解，将整体的学习任务进行细分，让教学规划具有可操作性。在实施教学的过程中，要引导学生去理解学科概念和构建解决问题的思路。

第三节 学习进阶导向的高中物理概念学习过程设计

物理学是一门以实验为基础的自然科学，有其自身严密的理论体系。因此，物理学习过程中应该以实验现象与事实作为认识客观世界的基础，物理学的发展是物理学概念体系、学科特点的思想方法的整合与发展。这就决定了教学内容需要整合知识学习与物理实验，以实验促进知识理解。同时，物理学作为基础学科，其思想方法还被迁移到其他学科领域。因此，在物理教学中，应该整合物理概念体系与物理思想方法，既要分析物理概念体系中包含的物理思想方法，又要分析哪些物理思想方法有助于物理概念的理解，同时还要分析这些物理思想方法是如何促进物理概念理解的。

物理概念学习进阶模型具有物理学科特色，并充分反映了学生认知从简单到复杂的过程。物理概念学习进阶模型各层级的名称和对各层级的描述与说明见表6-2。

表6-2 物理概念学习进阶模型

概念学习层级	名称	层级描述与说明
层级1	事实经验	碎片化的事实或者经验
层级2	映射	事实经验与科学术语之间的简单对应

第六章　学习进阶导向的高中物理单元学习过程设计

续表 6-2

概念学习层级	名称	层级描述与说明
层级 3	关联	事实经验中相关物理量与概念之间的联系
层级 4	概念	概念与多个事实经验本质特征之间的定量关系
层级 5	整合	在核心概念下的概念体系整合，概念与跨学科概念之间的联系，反思概念理解过程获得的反省知识

下文通过学习进阶导向的相关概念教学案例"功"，提出如下教学策略：一是合理设定学生认知发展的阶梯；二是创设认知的"脚手架"助力学生学习进阶；三是运用信息化手段反馈学生学习的实效，引导学生通过科学探究从感性认知到理性沉淀，形成物理观念，提高学生的科学思维，培养学生的科学态度和责任感，为中学物理概念教学的实际操作提供一些参考。

一、教材分析

"功"是学生对能量认识的起点，是高中力学概念教学中的重要内容，是教学内容从动力学向能量进阶的衔接点，也是机械能守恒的学习基础。因此，"功"的教学显得尤为重要。但基于功的内涵的抽象性，在教与学的过程中都有一定的困难。学生在初中阶段对功的学习是以力的"效果"为出发点，以生产、生活中的现象为依据，建立了初步的认识，知道功的概念，了解功的组成要素，了解物体所处的高度、速度大小发生变化时，其势能和动能会随之变化；但未曾提及构建功这一概念的重要性，对功和能量的关系也没有做详细的解释。

二、中学课程标准关于"功"的教学要求

为了便于研究学习进阶的起点及终点，将课程标准关于"功"这一概念的内容要求及教学活动建议梳理如下（表 6-3）。

表6-3 中学课程标准关于"功"的内容要求及教学活动建议

学段	关于"功"的内容要求及教学活动建议
义务教育物理课程标准（2022年版）①	内容要求：（1）结合实例，认识功的概念。知道做功的过程就是能量转化或转移的过程。（2）知道机械功和功率。用生活中的实例说明机械功和功率的含义。 活动建议：（1）查阅资料，了解人类利用机械的大致历程，并与同学进行交流；（2）查阅资料，了解我国古代水磨、水碓等机械，写一篇弘扬中华优秀传统文化的调查报告
普通高中物理课程标准（2017年版2020年修订）②	内容要求：理解功和功率。了解生产生活中常见机械的功率大小及其意义。

从表6-3中可以看到义务教育物理课程标准中对"功"的要求只需要知道功的含义及计算公式，并进行简单的计算。而高中物理课程标准则需要学生在掌握知识的基础上，还要向更高的"阶"——概念的实际运用迈进。可见从义务教育课程标准到高中课程标准，对"功"的要求在知识的深度、广度和思维层次上都是层层递进、逐渐深入的。

三、教学目标

（一）物理观念

功是能量转化的量度。通过对"功"概念理解的逐步深入，初步形成能量观念。逐步学会从能量的角度来审视、分析和研究具体问题，理解做功会伴随能量的转化或转移过程。

---

① 中华人民共和国教育部. 义务教育物理课程标准（2022年版）[M]. 北京：北京师范大学出版社，2022：23.

② 中华人民共和国教育部. 普通高中物理课程标准（2017年版2020年修订）[M]. 北京：人民教育出版社，2020：12-13.

（二）科学思维

通过抽象、归纳和推理，利用具体形象的材料来理解功的概念及其表达式，认识物理学理论推导研究的视角和方法，了解数学工具的开发与物理模型的建构对物理学发展的意义。

（三）科学探究

以实验探究为主线，通过小组讨论的方式，切身感受概念框架的建构过程和建构方法。

（四）科学态度与责任

培养学生在日常生产生活中善于发现和思考的能力，解释和预测与做功相关的事件，使学生切身体会物理之"美"。

四、教学重难点

（一）教学重点

功的一般表达式及其推导过程；理解正功与负功的含义。

（二）教学难点

利用功的计算公式解决实际问题；总功的计算方法。

五、教学方法

讲授法，讨论法，实验法。

六、预设水平的划分

"功"是粤教版高中物理必修第二册第四章"机械能及其守恒定律"第一节的内容，本单元的内容包含功和功能关系、机械能和机械能守恒定律等，基于学习进阶，根据单元的内在逻辑，制订出各层级的进阶（图6-2）。

图6-2 "能量"大概念理解发展进阶

具体到"功"一节课时，教学设计如下。

（一）确定进阶起点

以学生已有的事实经验和初中的知识铺垫作为进阶的起点。学生已有的事实经验包括：与力和运动的关系相关的具体事例，物体做加速运动和减速运动的具体事例，平抛运动和竖直上抛运动的物理模型及相关事例。例如，用力推静止于地面上的物体，物体不一定会从静止状态开始运动；合外力与速度方向相同，物体做加速运动，合外力和速度方向相反，物体做减速运动；从事体力劳动，无论是否有成效，人都会感觉到累；等等。但学生缺少做功引起能量变化的事实经验。

学生已有的知识及知识结构：初中教材从力的成效上出发，帮助学生初步建立了功的概念，学生知道功是作用在物体上的力和物体在力的方向上通过的距离的乘积；知道使用简单机械可以省力但不能省功；知道物体由于运动而具有的能叫动能，质量越大，速度越快，物体的动能越大；知道物体由于被举高而具有的能是重力势能，质量越大，被举起的高度越高，物体的重力势能越大。但学生对功和能量的关系、功的概念定义的必要性阐述得不是很充分。高中学生已经学习了力和运动的关系，知道物体做加速运动或减速运动的条件，知道动力和阻力对物体运动状态的影响；学习了矢量和标量的概念，知道矢量和标量的区别。

学生的思维特点：高中学生的思维正从直观形象型向逻辑抽象型过渡，但思维还常常与感性经验直接联系，仍需具体形象的材料做支撑，具备一定的抽象、归纳、总结、演绎、推理等能力。

进阶起点表现为：做功是力的成效的体现。具体表现为三个方面：力对物体所做的功等于作用在物体上的力和物体在力的方向上通过的距离的乘积；功有一个具体的数值；物体能够对外做功，我们就说这个物体具有能量。

（二）确定进阶终点

基于课程标准要求，这节内容应在初中的认知基础上促进概念的进一步深化，了解学习进阶视角下物理模型的建构对物理学发展的意义。进阶终点表现在三个方面：功是力对空间的积累效应，力对物体所做的功等于作用在物体上的力的大小、位移大小、力和位移夹角余弦值三者的乘积；功是标量，功有正负，功的正负可反映力对运动的促进或阻碍作用；做功过程伴随着能量转化的过程，功的正负可反映能量的流动方向。

（三）进阶层级划分

根据上述分析，教师在高中物理教学中要在初中知识认知的基础上补充做功与能量变化的关系的内容，帮助学生从能量的角度认识和理解功，在功和能量之间建立联系，帮助学生完善对功的理解，逐步建立能量观。所以笔者建立以下进阶层级。

水平1：对力和功的关系认识。
水平2：理解功的概念。
水平3：会利用公式计算。
水平4：正确认识功的正负。
水平5：建立正确的能量观。

七、核心教学活动设计

"功"的核心教学活动设计见表6-4。

表6-4 "功"的核心教学活动设计

进阶过程	教师活动	学生活动
统一进阶起点，回顾力的作用效果，描述对力和功的关系的认识	带领学生回顾，唤醒初中已有的知识基础，并播放视频资料：大力士拉动卡车。 提问： 1. 通过视频你能说出哪些与物理有关的知识？ 2. 你观察到哪些知识与今天我们学习的内容有关？ 3. 视频中大力士与卡车的哪些物理量发生了变化？ 回顾：力对物体做功的同时，物体的能量也发生了变化	观看视频，积极发表个人观点
进阶过程1：理解功的概念，以及功作为能量转化的量度	（一）功的概念 1. 提问：怎样才算做了功？由哪些因素决定？ 2. 结合对速度概念的学习，教师继续提问：既然我们用位移来表示物体位置的变化，那么对功的两个要素应该如何描述呢？ 总结：有力作用在物体上，使得物体在力的方向上有位移，则说明该力对物体做了功。功的组成要素：力、力方向上的位移。 3. 运用做功的两个要素，判断以下情境中的力是否有做功。 活动一：回归课前引入，分析有哪些力做了功。（巩固对要素的理解） 活动二：学生动手移动课桌，并对该情境进行讨论分析	1. 学生回忆初中学过的功的概念，复习初中学过的功的两个必要因素。 2. 在教师不断提问中相互交流，达到学习的目的。 3. 通过探究、小组交流、归纳总结，认识到做功的两个因素。 4. 动手操作并分析操作过程，思考力对物体是否做功

续表 6-4

进阶过程	教师活动	学生活动
进阶过程 2：创设实际情境，实现对功的量化进阶	（二）功的计算 1. $\theta=0$，功 = 力 × 力方向上的位移 展示问题一：某人用 $F=10$ N 的力将光滑平面上一质量为 m 的箱子从静止开始推动了 3 m，则推力做了多少功？ $W=FL=10\times3$ J $=30$ J 2. $\theta\neq0$ 展示问题二：将质量为 m 的物体用与竖直方向成 α 角的力在光滑的水平面上位移了 L m，力 F 对物体做了多少功？ $W=FL\cos(90°-\theta)$（强调角度为力与位移的夹角） 3. 展示学习成果，做出评价。 4. 讲解：总结整理得出做功的一般表达式为 $W=FL\cos\theta$	1. 回答教师展示的问题。 2. 小组自主探究，思考教师设置的问题，得出结论，交流心得。 3. 在教师的指导下进一步体会功的计算公式
进阶过程 3：讨论探究功的正负的意义，总结功与能量的关系	（三）正功和负功 1. 教师布置学生运用刚刚学过的知识填写课本表格。 2. 教师指导、督促学生完成表格，学生小组讨论功属于标量还是矢量。 通过讨论、探究，教师总结：功虽然有正负之分，但功的正负不表示方向，因此，功是标量。功是力在空间上的累积，所以功是过程量。探究中不难发现，当力对物体做功时，总会伴随着物体能量的变化，当力做正功时，物体的动能在增大，当力做负功时，物体的动能在减小，表明功是能量变化的量度	1. 认真阅读教材，自学正功与负功，完成表格。 2. 理解正功和负功的含义，理解功是标量

续表 6-4

进阶过程	教师活动	学生活动
进阶过程 4：应用拓展，计算总功	（四）总功 提出问题：学习了一个恒力做功的计算方法，当多个力对物体做功时，我们该如何计算总功？ 及时巩固知识，组织学生解答课本例题，相互交流，查漏补缺。 通过例题解答，规范解题步骤。 总结： 物体所受多个力的总功的计算方法： ①求各个力做功的代数和； ②求合力做的功	1. 认真审题，解决问题。 2. 专心听教师分析讲解
板书设计	一、做功的必要因素 1. 作用在物体上的力 2. 物体在力的方向上的位移 二、功的计算 1. 功的计算公式：$W = FL\cos\theta$ 2. 说明： （1）必须是恒力做功； （2）必须说清楚是哪个力做的功。 三、功的正负 1. 当 $0 \leq \alpha < \pi/2$ 时，力对物体做正功 2. 当 $\pi/2 < \alpha \leq \pi$ 时，力对物体做负功 3. 当 $\alpha = \pi/2$ 时，力对物体不做功 四、总功 $W_总 = W_1 + W_2 + W_3 + \cdots$；$W_总 = F_合 L\cos\theta$	

八、案例评价、反思及小结

运用学习进阶理论，依据课程标准的要求，对"功"这个具体的概念序列进行整体规划，按照对功的认识、功的定义、功的计算方法、正功负功的意义、总功的计算、功的应用几个部分，确定各部分的学业表现水平，明确进阶的最终目标。

设计让学生亲身体验的情境（如推动课桌），采取问题链的方式将划分的各级知识水平相衔接，引导学生思考探究，同时也拉近了物理与生活的距离，使学生充分感受到物理的"真"，既促进了学生物理观念的形成，又发展了学生的核心素养。

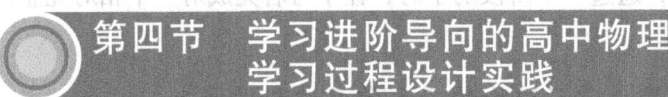

第四节　学习进阶导向的高中物理单元学习过程设计实践

一、"自由落体运动"单元学习过程设计

（一）问题背景

2014年春季，湛江市二中海东中学启动"三式五步、互动生态"课堂教学改革。2020年，笔者承担的湛江市重点课题"高中物理'三式五步、互动生态'课堂导学案研究"顺利结题，但导学案教学改革仍存在模式化、程序化、形式化、浅表化等问题，重知识传授、轻能力培养的状态没有得到彻底改善，学生的学习者主体地位没有得到真正意义上的尊重。

《普通高中物理课程标准（2017年版2020年修订）》强调，物理教师应根据高中物理课程标准的基本理念、课程目标和物理学科核心素养的要求，结合教学的实际情况，创造性地开展教学工作，将核心素养的培养贯穿于物理教学活动的全过程。要把核心素养作为物理教学的重要目标，将物理观念、科学思维、科学探究、科学态度与责任等核心素养的培养落实于教学活动中，就需要迫切发展、完善导学案。海东中学在原来的"三式五步、互动生态"教学模式的基础上提出了"IEE互动生态"教学模式，并尝试开展指向深度学习的基于学习进阶的高中物理单元教学设计方案的编写与教学实践。深度学习是培育和发展学科核心素养的基本途径，要实现深度学习，需要真正让学生成为学习的主体，通过深度加工，把握知识的本质。深度学习是对一系列学习事件的系统化规划。

单元教学设计成为促进学生深度学习进而达成学科核心素养课程目标的重要途径。单元教学设计是指从一章或者一个单元的角度出发，首先根据教材、课程标准、学情整合概括出"大概念"，然后依据"大概念"创设"大情境"、提出"大问题"，接着确定单元目标，将单元目标又分解为课时目标，提出核心问题，设计学习活动，最后综合利用各种教学形式和教学策略，通过一个阶段的学习，让学习者完成对一个相对完整的知识单元的学习。

（二）基于学习进阶的单元学习过程设计

单元学习过程设计是进行单元教学设计的枢纽。单元学习过程设计是在研究普通高中物理课程标准、教学内容分析、基于进阶的学情分析的基础上，为了实现单元学习目标（将单元学习目标分解为课时学习目标）而把一系列由简单到复杂、由浅入深围绕单元主题的学习事件（形成课时设计）组织起来的系统规划。

学者张玉峰提出基于学习进阶的单元学习过程设计，其一般思路包括：第一，构建单元学习进阶的假设；第二，规划围绕核心概念的学习层级；第三，组织基于学习层级的具体知识内容；第四，规划伴随知识学习的素养与能力的发展；第五，规划支撑知识学习、素养与能力发展的物理情境与学习方式。过程设计通过课前诊断、随堂问答与观察（包括课堂知识与学科方法、实验操作技能等，对学生的行为、表情、语言、课堂气氛等）、学习活动完成效果、课后作业完成情况（含基础性习题、拓展性习题、探究性习题、实践性习题、综合性习题）、单元练习（指以单元学习目标为导向的练习）等学习评价方式进行反馈和修改，最终落实单元课程标准，引导学生走向深度学习，让每位学生成为课堂的主角、学习的主体，使学生的素养有所提高、能力有所发展。

（三）单元学习过程设计在"自由落体运动"中的实践

下面以粤教版高中物理必修第一册第二章第四节"自由落体运动"单元学习过程设计为例，通过对课堂片段的重现，分析单元学习过程设计带来的教学变化。

第六章 学习进阶导向的高中物理单元学习过程设计

1. 以核心素养为学习宗旨的育人价值分析

下面以设计理念、教学内容分析、学情分析、学习目标分析四个方面为例。

（1）设计理念。

①新课程、新理念：紧抓物理学科本质，具有时代性，突出学生自主学习，重视过程评价。

②深度学习理论：素养导向的学习目标，引领性学习主题，挑战性学习任务，持续性学习评价。

（2）教学内容分析。

粤教版高中物理必修第一册第二章"匀变速直线运动"课程标准修订前后对比，详见表6-5。

表6-5 粤教版高中物理必修第一册第二章"匀变速直线运动"课程标准修订前后对比

《普通高中物理课程标准（2017年版）》内容要求	修订前的名称	修订后的名称
1.1.3 通过实验，探究匀变速直线运动的特点，能用公式、图像等方法描述匀变速直线运动	第三节 从自由落体到匀变速直线运动	第一节 匀变速直线运动的特点
		第二节 匀变速直线运动的规律
		第三节 测量匀变速直线运动的加速度
1.1.4 通过实验，认识自由落体运动规律。结合物理学史的相关内容，认识物理实验与科学推理在物理学研究中的作用	第一节 探究自由落体运动	第四节 自由落体运动
	第二节 自由落体运动规律	
1.1.3 理解匀变速直线运动的规律，能运用其解决实际问题	第四节 匀变速直线运动与汽车安全行驶	第五节 匀变速直线运动与汽车安全行驶

①第二章修订前后主要的变化：原4节现变为5节，难度降低。修订前，教材的安排是先讲自由落体运动，后讲匀变速直线运动。

②《普通高中物理课程标准（2017年版2020年修订）》内容要求：通过实验，认识自由落体运动规律。结合物理学史的相关内容，认识实验探究与科学思维的结合在物理学研究中的重要作用。学生在学习物理概念之前，基于生活经验形成了大量的经验性常识，但仅凭借经验和直觉，会有错误的认知，因此要在此基础上构建物理概念，必须对现象进行重新加工，在客观情境中概括事物的共同属性，抽象事物的本质特征，经历科学的探究过程，完成从经验性常识向物理概念的转变。在探究中促进学生科学思维的发展和科学探究能力的提高，从而达到落实物理核心素养的要求。

"自由落体运动"选自粤教版高中物理必修第一册第二章"匀变速直线运动"第四节，属于《普通高中物理课程标准（2017年版）》必修课程必修一模块中"机械运动与物理模型"主题的内容。落体运动是生活中很常见的现象，其中很多现象可以近似看成自由落体运动，自由落体运动是特殊的匀加速直线运动（初速度为零，加速度为自由落体加速度）。本节是学习匀变速直线运动规律以及匀变速直线运动的研究方法之后的一节内容，属于应用匀变速直线运动规律解决实际问题的一节内容。本节教材从对苹果、树叶下落的思考出发开展教学，引导学生应用前面所学的运动规律开启对自然现象的探究，从亚里士多德对落体运动的认识以及伽利略通过推理、实验对亚里士多德观点的纠正开始，设置了利用硬币、纸片和纸团探究自由落体运动与质量关系的实验活动，在牛顿管中探究空气对自由落体运动的影响，利用频闪照相结合匀变速直线运动的规律，推导出自由落体运动的速度公式和位移公式。

尽管初中未涉及自由落体运动，但学生基于生活经验对落体运动已形成了大量的经验性常识。

基于以上分析，确定本单元的学习主题为：判断和描述匀变速直线运动。

（3）学情分析。

①认知层面：尽管生活中自由落体运动的实例较多，但学生对自由落体运动的认识还停留在感性阶段，普遍认为重的物体下落快。这是基于生活观察和直觉的认识，这种错误的前概念将会影响对本节内容的学习。

第六章　学习进阶导向的高中物理单元学习过程设计

②知识层面：通过前三节内容的学习，学生已经掌握了匀变速直线运动的一般规律，对自由落体运动这个运动实例也有一定的了解，同时掌握了打点计时器的使用方法以及纸带的处理方法、频闪照片记录物体运动信息以及处理方法，并在质点学习中初步认识了理想模型，在此基础上，学生已经具备了探究自由落体运动的理论推导条件，此时引入自由落体运动是恰到好处的。但是，学生要从日常生活的落体运动的现象中，抽象概括出其背后所蕴含的科学本质，是比较困难的，因为学生还没有掌握实验和推理相结合的实验方法，还没有形成构建物理模型的思维方式。对于上述问题，理想的应对策略是：让学生先提出问题，再在教师引导下进行探究活动。可以借助纸团、纸片、硬币等简单的实验器材做牛顿管实验，播放阿波罗登月实验的视频、在实验室中同一高度由静止开始释放保龄球和羽毛的实验视频等，帮助学生构建正确的自由落体的概念，最后借助频闪照片探究自由落体运动的规律。

③能力层面：高一学生的抽象思维比较弱，学生需要教师帮助创设物理情境，通过演示正确、合理的实验来创建一个具体的形象模型。由于有了现代仪器——牛顿管的演示实验，以及前面运动学知识的储备，学生已经初步具备了科学探究、理论推导、总结归纳等能力。

（4）学习目标分析。

①物理观念：知道自由落体运动的概念，了解物体做自由落体运动的条件；理解自由落体运动的加速度，知道它的大小和方向；通过理论探究及师生互动，掌握自由落体运动的规律，并能解决相关实际问题。

②科学思维：通过史实，了解伽利略研究自由落体运动的实验和逻辑推理的研究方法，经历"影响下落快慢因素"的猜想和探究空气阻力对落体运动的影响等推理论证过程，掌握自由落体运动的规律，并能通过分析推理解决相关的物理问题，理解自由落体运动属于理想化的模型。

③科学探究：体验近代物理学家对自由落体的探究，通过创设不同情境下物体下落快慢的对比，形成猜想（"物体下落快慢与质量无关"）、制订方案、获取和处理信息、基于证据得出结论（"没有空气阻力的影响，物体下落一样快"），学会交流与合作，认识实验的科学作用。

④科学态度与责任：通过对科学进步与发展的探索，体会实事求是、严谨的科学态度，体会科学研究方法的价值，了解中国新技术，激发爱国热情。

2. 案例分析

以实际问题为学习任务，以真实情境为学习载体，以学科知识为解决问题的工具，在以上前题下，"自由落体运动"学习过程设计见表6-6。

表6-6 "自由落体运动"学习过程设计

序号	环节	实际问题（含真实情境分析）	设计意图	评价方式
学习任务1	设置情境，提出问题	1. 在某一高度静止释放手机（应用手机内置传感器和软件测量当地重力加速度），手机做什么运动？ 2. 从树上落下的苹果比飘下的树叶下落得快，但是，重的物体一定下落得快吗？	激发探究兴趣，引入新课。通过课堂引入，唤起学生对落体运动的前概念的记忆，通过课题展示提出问题	形成性评价、课堂观察评价
学习任务2	质疑、推理	1. 物理学史：回顾亚里士多德的观点和伽利略的逻辑推理。 2. 小组讨论、分享交流。 3. 讲解比萨斜塔实验（号称人类历史上最美的十大实验之一）。 4. 形成猜想：物体下落快慢与质量无关	利用物理史实，让学生知道对实际问题的研究并不能靠简单的直觉判断，而需要通过实验和严密的逻辑推理，激发学生的学习热情，刺激学生的科学探知欲，由物理现象形成物理观念	形成性评价、课堂观察评价
学习任务3	收集证据——寻找轻重物体下落快慢的证据	1. 分组实验：利用桌面上提供的器材（硬币、面积和硬币相同的纸片、大纸片、小纸片），寻找证据，总结规律。小组展示、交流，获得结论，形成猜想：物体下落快慢的影响因素可能是空气阻力。 2. 做牛顿管实验，播放阿波罗登月实验、在实验室中做保龄球和羽毛下落的实验视频	让学生产生强烈的认知冲突，引发好奇心和求知欲。通过亲身体验探究过程，由感性认识上升到理性思维，让学生学会运用理想模型来研究物理现象，培养学生科学思考、归纳总结的能力	形成性评价、课堂观察评价

续表 6-6

序号	环节	实际问题（含真实情境分析）	设计意图	评价方式
学习任务4	模型建构——自由落体运动	学生归纳、交流	使学生领悟"抓住主要因素，忽略次要因素"的科学方法，让学生明白模型建构是研究物理学的重要科学方法	形成性评价、课堂观察评价
学习任务5	形成规律——探究自由落体运动的规律	1. 设置问题链：什么样的物体下落可以看作自由落体运动？可以用哪种仪器测量？如何证明自由落体运动是匀加速运动？怎样测定自由落体运动的加速度？ 2. 介绍用手机内置传感器、软件测量当地的重力加速度，引出不同地点的重力加速度值	用频闪照相法来分析自由落体运动的加速度，进一步判断其运动形式，建立运动模型，总结自由落体运动的规律，培养学生分析与解决问题的能力，培养学生的科学思维。这一环节还实现了前后呼应，让学生体验学习物理的乐趣，达到培养学生学习和研究物理的好奇心与求知欲这一目标，培养学生分析物理问题并清晰表述的能力，培养学生从众多信息中获取关键信息、处理信息的能力，为讲授牛顿第二定律、万有引力定律做好铺垫	课堂观察评价

续表 6-6

序号	环节	实际问题（含真实情境分析）	设计意图	评价方式
学习任务 6	核心提炼——推导自由落体运动的公式	结合之前所学的匀加速直线运动的公式，总结出速度与时间、位移与时间、速度与位移之间的关系式	总结自由落体运动的规律，让学生体会到自由落体运动只是匀变速直线运动规律的应用，提高学生的知识迁移能力	课堂观察评价
学习任务 7	应用总结——应用自由落体运动的规律解决实际问题	1. 课本例题讲解。如图所示，椰子从距地面高度 20 m 的树上由静止落下，不计椰子下落时受到的空气阻力，取 $g = 10$ m/s^2，求椰子落地的时间和到达地面时的速度。拓展：在例题中，椰子在落地前 1 s 下落的高度是多少？ 2. 实践活动：用一把直尺粗略测量人的反应时间	从生活走向物理，再回归生活，让学生体会到物理研究的价值，形成良好的情感态度与价值观，培养学生应用规律解决问题的能力	作业评价
学习任务 8	课后扩展——伽利略斜面实验	学生课后查阅资料，进一步了解伽利略的研究，以及他开创的科学研究方法：实验和逻辑推理	让学生进一步体会伽利略的科学探究方法	课后访谈评价
学习任务 9	课堂小结、布置作业	1. 学生小结：利用思维导图小结。 2. 完成课后习题和单元练习的对应习题	学生总结本节课内容，构建知识框架	作业评价

从以上实例可知，通过得当的学习过程设计，以生活生产实际问题为主情境，运用游戏闯关的问题串形式，采用学习进阶模式，贯穿问题引入、概念构建、规律探索、解决问题等环节，能帮助学生获得个性化与适度的引导，引发学生之间的讨论与探究热情，使学生更积极地参与课堂活

动。在真实情景中进行探究也拓展了学生的思维深度,学生的科学探究能力得以在学习中逐步提升。

二、"交变电流"单元学习过程设计

交变电流的知识是电磁感应内容的延伸、发展以及具体应用,交变电流相对于直流电而言,最大的特点就是"变"。学生要掌握交变电流,需要具有电磁感应的知识,同时要在实际应用中理解电磁感应,加深对电磁感应的认识,从而更好地运用交变电流的知识去解决实际问题。

(一)教学组织思路

"交变电流"是粤教版(2020年版)高中物理选择性必修第二册第三章的内容。本章由四节内容组成,本单元的大概念是相互运动观和能量观,单元核心知识是交变电流的产生、描述以及具体运用,本单元教学的大思路是构建并运用交变电流的原理模型,结合电磁感应定律去分析变压器、远距离输电等具体实际问题。由此可见,本单元内容突出交变电流与实际生活生产的联系,因此在教学中可以从实际生活切入,整合电磁感应知识、交变电流知识与生活实际,紧紧围绕"交变电流"这一核心概念进行教学设计和内容组织,引导学生进行科学探究。基于学习进阶视角整合单元教学内容,本单元可以分为4个进阶等级,"交变电流"的单元进阶结构如图6-3所示。

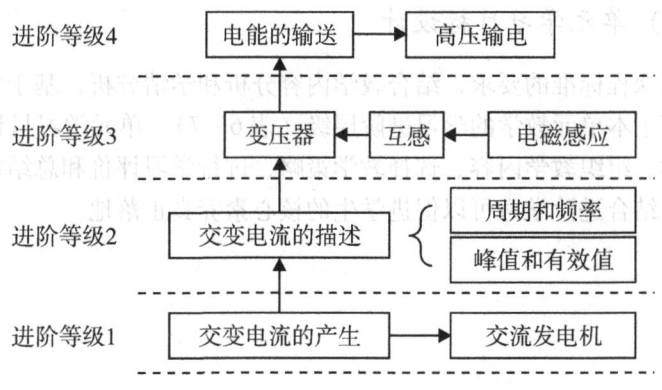

图6-3 "交变电流"的单元进阶结构

(二) 学习内容分析

本章内容充分体现《普通高中物理课程标准（2017 年版）》的教育理念，将物理观念、科学思维、科学探究、科学态度与责任、与教学目标有机结合，渗透到每一节。全章紧扣"交变电流"这一核心，从交变电流的产生和描述到交流发电机原理，再到交流发电机、变压器、电能输送等生活生产实际，重视学生经历科学的探究过程，注重培养学生系统地、全面地分析物理问题的能力，引导学生树立积极探索、为国家建设刻苦学习的正确价值观，其中蕴含着进阶学习的层级，也契合了本章组织教学的思路。

(三) 学情分析

从学生的知识结构看，学生在前面一章已经对电磁感应规律进行了全面学习，已经知道互感、电路、正弦函数等相关知识，掌握了一定的物理科学探究方法，这为本单元的学习奠定了良好的基础。此外，我们还需注意到，虽然学生在日常生活中接触交流电的机会比较多，但学生要把理解的电磁感应规律、电路知识和正弦函数知识综合运用到新情境中还是有一定的难度，对学生的空间想象能力也有不小的挑战。所以，在教学中，应充分利用生产、生活中的素材，精心设计情境，通过引导学生探究，使学生对交变电流从感性认识上升到理性认识，促进学生能量观念和科学态度等核心素养的形成和发展。

(四) 单元学习目标设计

根据课程标准的要求，结合教学内容分析和学情分析，基于学习进阶理论制订了本单元教学的学习进阶层级（表 6-7）。单元学习目标是指导教师教学、组织教学内容、选择教学策略、进行学习评价和总结反思的直接依据，结合进阶学习可以促进学生的核心素养真正落地。

表6-7 学习进阶层级

进阶层级	学习目标	核心素养发展规划
进阶层级1	认识交变电流： 1. 直流电与交流电； 2. 交变电流的产生、交流电发电机工作原理	经历发电机模型原理的学习过程，构建运动与相互作用观，培养学生科学推理论证的能力，体会科学研究需要具有猜测、敢于验证、善于合作和交流的精神
进阶层级2	掌握对交变电流的描述： 1. 周期和频率； 2. 峰值和有效值； 3. 正弦式交变电流	通过实验探究发现正弦式交变电流峰值和有效值的关系，体会数学方法和等效替代思想在物理学研究中的意义
进阶层级3	知道变压器的基本构造： 1. 能建立理想变压器模型，探究和推导其规律； 2. 能从理论上分析变压器的工作原理	通过建立理想变压器模型，体会科学探究过程，培养学生实验设计、分析论证、处理数据、总结概括的探究能力，培养学生实事求是的科学态度
进阶层级4	掌握电能的输送： 1. 理想变压器工作原理； 2. 高压输电原理	通过对远距离输电、能量损耗等问题的探究，促进学生能量观念的形成，培养学生的爱国情怀及为国家建设刻苦学习的正确价值观

（五）单元学习活动规划

单元学习过程设计是单元学习设计的重要组成部分，即在单元学习内容分析和学情分析的基础上为实现单元学习目标而把一系列由简单到复杂、由浅入深的学习事件组织起来的系统规划。单元学习过程是进行单元教学设计的重点，既承载着单元学习目标的过程化，是对单元学习目标达成的学习过程规划，又是课时教学设计的实施蓝图。

根据本单元学习内容分析和学生学习情况分析，以单元学习目标为导向，对本单元教学进行进阶式设计，将本单元学习内容分为四个进阶层级，并从知识内容、核心情境、核心问题、教学思路、教学难点突破策略等方面规划每个层级的教学活动（详见表6-8至表6-11）。

1. 层级1：认识交变电流

表6-8　认识交变电流层级细目表

知识内容	交变电流的定义、交流发电机的工作原理
核心情境	交流发电机产生的交变电流的电动势及电流的变化规律
核心问题	交流电是如何产生的？
教学思路	1. 课前自主学习和课上小组交流，探究直流电和交流电的区别； 2. 通过观察和讨论，探究交流发电机的工作原理； 3. 通过推导，探究交流发电机的电动势和电流的变化规律
教学难点突破策略	1. 通过实物演示、3D视频等素材，展示交流发电机的工作过程； 2. 引导学生观察、自主推导交流发电机的电动势和电流的大小

2. 层级2：交变电流的描述

表6-9　交变电流的描述层级细目表

知识内容	交变电流的周期和频率、峰值和有效值、正弦式交变电流
核心情境	用图像描述交变电流
核心问题	如何描述交变电流的变化规律？
教学思路	1. 通过问题的建模、推导、得出结论的探究过程，引导学生掌握描述交变电流的方法； 2. 通过自主学习和观察，借助图像认识周期和频率； 3. 采用等效替代的科学思维方法，引导学生掌握峰值和有效值的关系
教学难点突破策略	1. 演示验证交变电流峰值和有效值的实验； 2. 采用等效替代法和割补法，推导峰值和有效值的定量关系

3. 层级3：变压器

表6-10 变压器层级细目表

知识内容	变压器的基本构造和工作原理，变压器的电压、电流与匝数的关系
核心情境	变压器的工作原理
核心问题	变压器是如何工作的？
教学思路	1. 通过师生问辩互动的方式建立理想的变压器模型； 2. 通过实验演示、自主学习、讨论交流，推导变压器的电压、电流与匝数的关系
教学难点突破策略	1. 通过实物展示、构造分析，使学生知道变压器的基本构造和工作原理； 2. 设计逐步进阶的数据记录表，引导学生得出电压器的电压、电流与匝数的定量关系

4. 层级4：电能的输送

表6-11 电流的输送层级细目表

知识内容	远距离输电中的电功率和电压损耗、高压交流输电、直流输电
核心情境	高压交流输电
核心问题	产生的交流电是如何输送的？
教学思路	1. 通过互辩、交流讨论，理解远距离输电采用高压输电的原因 2. 通过引导学生建模、推导，认识远距离输电中电能损耗的因素，并通过理论分析找到解决办法
教学难点突破策略	1. 通过引入"直流和交流之争"、爱迪生直流输电模型，引导学生计算电能损耗情况，激发学生探究远距离输电新方法的求知欲 2. 师生共同讨论，共同推导计算出远距离输电的电能、电压损耗

（六）单元学习评价活动设计

为了确保本章知识学习进阶的顺利推进，根据学习内容和课程标准要求，本单元学习过程中将采用反馈性评价。反馈性评价是调整教学方式和衡量教学目标达成度最直接的手段，教学中一般采用的反馈性评价方式有形成性评价和总结性评价两种。形成性评价一般通过课堂活动和作业等任务即时进行，学生给予的反馈有利于教师即时对课堂教学安排进行调整。而总结性评价一般是在整个单元的学习结束后用单元测试的方式，对学生单元教学目标的达成度和学业水平进行检测，以利于对单元教学设计的调整和优化。

　　本章"交变电流"的形成性评价分为两部分：第一部分是在课堂活动开展中的形成性评价，教师通过课堂师生互动，掌握学生的学习情况，及时调整教学安排，使教学效果最大化；第二部分是通过随堂练习和进阶层级之间的课后作业的形成性评价，教师可以及时掌握学生的进阶情况，结合个性化辅导，尽可能使学生的进阶情况大致同步。

　　基于学习进阶的单元学习过程设计不是对原有知识在教学上的简单累加，而是依据新课程标准和核心素养，结合学情，以单元的核心概念为中心，通过知识和实际情境的融合，从而推进学生学习的进阶之路，引导学生形成运动和相互作用的物理观念，提升学生模型建构、逻辑推理的思维能力，培养学生科学探究的意识。

第七章 单元学习过程设计示例

一、学习进阶理论在高中物理概念学习中的体现

　　学习进阶是对学生的思维由简单到复杂、由浅入深的层级刻画,已经被广泛应用于课程、教学与评价领域。物理概念是学生认识物理世界客观事物、现象和过程的基础,其建构与进阶过程伴随着学生科学思维、科学探究能力的发展与进阶。学习进阶理论倡导教师从学生的认知基础出发,尊重学生知识学习与能力发展的一般规律,有序安排促进学生物理概念发展与能力进阶的教学活动,从而有效提升学生的学习质量。本节主要讨论以学习进阶理论作为工具进行高中物理概念学习过程设计,并以"速度"为例具体说明单元学习过程设计的呈现方式。

(一)单元学习过程设计的一般思路

　　张玉峰学者提出了基于学习进阶设计单元学习过程的一般思路。具体包括以下五个步骤。

1. 建构单元学习进阶假设

　　单元学习进阶假设是进行单元学习过程设计的依据。建构单元学习进阶假设的证据包括单元教学内容分析、学习者分析、已有的相关研究文献和教师基于长期观察而积累的教学经验。单元教学内容分析可以为单元学习过程设计提供物理学视角下知识的内在逻辑、知识由浅入深的层级，以及素养发展的载体。学习者分析可以提供学生在学习过程中可能存在的困难点和思维路径。已有的相关研究文献和教师的教学经验是基于对大量学生的研究或教师长期观察的结果，体现出学生的认知具有共性成分，可以作为建构学习进阶假设的参考依据。

2. 规划围绕核心概念的学习层级

学习进阶的层级尽管反映了学生认知过程由浅入深、带有层级的思维特征，但不能直接照搬作为知识学习层级。这是因为学习进阶是对学生的思维由简单到复杂、由浅入深带有层级的刻画，而单元学习过程设计还需要考虑学生的学习实际、学习内容的特点、教学实施条件等方面的因素。

3. 组织基于学习层级的具体知识内容

对物理核心概念认识层级的跃迁并不是自然发生的，而是需要通过学习具体的物理概念、规律才能实现。因此，在系统规划知识学习层级的基础上，需要进一步组织相应的具体学习内容作为支撑。

4. 规划伴随知识学习的素养与能力发展

物理概念、规律的学习，不仅使学生的物理观念得到发展，而且使他们经历科学思维、科学探究的过程，加深对科学本质的理解，逐渐形成正确的科学本质观，发展正确的科学态度与相应的社会责任感。因此，学习过程设计有必要规划在知识学习过程中的素养与能力发展。

5. 规划支撑知识学习、素养与能力发展的物理情境与学习方式

只有创设合适的物理情境并基于情境设计合理的学习方式与活动，才能实现在知识认知发展中促进核心素养与能力的同步发展。创设物理情境并设计学习方式的依据主要包括知识内容特点、核心素养发展目标和学生学习的实际情况。

（二）"运动的描述"单元认知逻辑

1. 单元学习进阶假设

单元教学内容分析："运动的描述"是高中各个版本物理教材必修一的第一章，是高中物理的入门单元，其从最基本的直线运动入手，引入描述机械运动的几个基本概念，较初中阶段更为严谨、更为准确。因为各个物理量之间的相互联系不大，彼此相对独立，所以我们在教学安排上依据学生已有的认知，按照由易到难的顺序进行分阶，通过对各阶层的学习，

第七章 单元学习过程设计示例

体会蕴含在物理知识中的物理思维与科学方法。本章的核心内容是速度和加速度,核心方法是比值定义法,核心思维是极限思维。同时为了更直观地展示物体运动状态的变化,本章引入位移-时间图像和速度-时间图像,再进一步使用打点计时器测速度。一方面,实现了对已学知识(速度和加速度)的巩固与运用;另一方面,让学生参与到实践活动中,感受速度、加速度的变化,培养学生的实践能力。本章引导学生认识描述运动的多元表征方法,了解、体会物理学研究的基本方法,这是学生进一步学习物理的基础,学习效果直接影响高一学生学习物理的信心。

课时教学内容分析:"速度"一节是在学生理解了质点、参考系、时间和时刻、位置、位移、路程、位移-时间图像、矢量和标量等概念的基础上,进一步学习描述物体运动快慢的物理量,包括理解速度、平均速度、平均速率、瞬时速度、瞬时速率、速度-时间图像等概念,体会速度的比值定义法、平均速度的等效思维法以及瞬时速度的极限思维法,学生能否掌握这些学习方法对后续加速度的学习具有极其重要的影响。

学习者分析:本单元主要是基本概念的介绍。学生在初中已经学习过用比值法定义物理量,也描述过物体运动的快慢,但对物体运动的方向未曾关注。矢量对学生来说是全新的知识点。理想化模型质点的构建对学生来说较难理解,要明白物体能否被看作质点与物体本身体积的大小无关。另外,速度、加速度的定义比较抽象,这对学生的抽象思维与理解能力有较大的挑战。学生在初中阶段已经初步了解了参考系、速率和路程,认识了描述物体运动的常用方法和一般途径,但均是简单的知识层面的理解,对科学方法与技能的关注较少,不会建立物理模型,比如对理想法、比值定义法、极限法等科学方法都是初步接触,要达到学以致用的程度还比较困难。基于目前深化课程改革和发展核心素养的教育大环境,学生已经学会探究简单的情境问题,掌握了问题探究的基本步骤,只是在问题探究的严谨性与规范性方面稍微有些欠缺。在初中阶段,学生对运动的描述较为肤浅,对物理学科本质及科学技术与社会发展的关系认识不足,对科学问题情境的探究热情不高,对物理学科的兴趣不浓,社会责任感不强烈。

本章速度的概念是在初中阶段学习基础上的深化,平均速度、平均速率、瞬时速度、瞬时速率等概念,学生在日常生活中接触较少,同时出现在一节课当中,学生区分有难度。特别是初中关于速度的前概念的学习,容易影响高中关于速度的概念的学习。学生面临的最大困难是不能通过极限思维从平均速度过渡到瞬时速度,无法理解和描述速度的矢量性,不能区分速度-时间图像和位移-时间图像、物体运动轨迹等。

2. 单元学习层级规划

随着对具体概念、规律等知识的学习,学生对单元内容特别是单元内核心概念的理解逐渐由简单到复杂、由浅入深。在逐步加深理解的过程中,必然存在一些认识提升的关键点,关键点前后就表现为不同的层级。本单元的学习层级规划见表7-1。

表7-1 "运动的描述"单元学习层级规划

学习层级	学习过程设计	具体内容
层级1:知道描述物体运动在时间和空间上的具体物理概念,区分易混淆的概念	物理问题情境创设	1. 生活中随处可见物体的运动,例如马路上行驶的汽车、操场上滚动的足球、空中飞行的老鹰,对于这些运动着的物体,我们怎样准确地描述它们的运动呢? 2. 如果要准确地描述老鹰从这个山头飞到另一个山头位置的变化,应该采用什么方法?
	具体知识内容安排	第一节:质点、参考系、时间(时刻) 第二节:位置、位移(路程、位移-时间图像、矢量和标量)
	物理学科核心素养发展规划	通过对理想物理模型"质点"的抽象,教会学生运用突出主要因素、忽略次要因素的科学方法,为以后在真实问题中建立物理模型奠定基础;通过对质点、位移、参考系、时间的学习,让学生体会运动的相对性,培养学生严谨的科学思维
	主要学习方式指导	从生活实例出发,提出问题、分析问题、解决问题。学生自主阅读教材,从定义出发,对比相似物理量,加深理解位移与时间的内容
	过程设计策略	引入生活情境,设计物理问题,分析问题,分组探究,对比讨论
	学习时间安排	3课时

续表 7-1

学习层级	学习过程设计	具体内容
层级2：理解描述物体运动快慢和方向的具体物理概念——速度，应用工具和图像分别对速度进行测量与变化呈现	物理问题情境创设	1. 甲开车从北京经南京到上海，历时16小时。乙坐火车从北京经连云港到上海，同样历时16小时。如何比较甲、乙运动的快慢？ 2. 生活中，我们常常能看到一天中气温随时间的变化图。那么，用图像表示一天中气温的变化情况有什么优点？ 3. 生活中，人们可以用多种方法记录某一时刻物体运动的位置，也可以记录物体从一个位置运动到另一个位置所用的时间。其记录的方法多种多样，那么，学校实验室通常用什么仪器来记录物体运动的位移与时间呢？它的构造及工作原理分别是怎样的？具体怎么用它来测量物体运动的位移、时间和速度呢？
	具体知识内容安排	第三节：速度（平均速度、瞬时速度、速度-时间图像） 第四节：测量直线运动物体的瞬时速度（用打点计时器记录和测量物体运动的位移、时间以及速度等）
	物理学科核心素养发展规划	让学生体验用比值法定义物理量的科学方法，经历将生活实际上升到物理模型的过程，培养学生的物理思维、科学观念，提高学生解决问题的能力。掌握用极限法定义速度，培养学生的极限物理思维。引导学生关注生活，培养学生用物理知识解决实际问题的能力。 通过对图像的学习，让学生学会数形结合，体会图像的直观性，提升知识迁移能力，巩固对速度的理解，培养学生用数学方法解决物理问题的能力。通过对打点计时器的构造和工作原理的介绍，让学生认识科学的奥秘，通过让学生自己动手测位移，计算平均速度与瞬时速度，加深对物理观念的理解，提升学生的实践能力和从实验中读取信息的能力，增强学生将物理知识应用于生活实际的意识，培养学生敢于创新和实事求是的科学态度与精神

续表 7-1

学习层级	学习过程设计	具体内容
层级2：理解描述物体运动快慢和方向的具体物理概念——速度，应用工具和图像分别对速度进行测量与变化呈现	主要学习方式指导	创设情境、提出问题、借助已有的物理观念，学生讨论、教师引导，理论分析、逻辑推理、归纳总结。学生自主阅读教材，结合生活情境与教师引导，动手绘制不同物体运动的位移-时间图像和速度-时间图像，利用数学知识在图像中寻找描述物体运动的物理量，尝试从图像中读取物体的运动状态
	过程设计策略	创设问题情境，借助生活经验，参考教材中讨论与交流的内容，分组探究，描述物体在某一时刻或某一位置速度的大小和方向，学生自主阅读、自主探究，教师引导，学生分组实验、分析数据、归纳总结
	学习时间安排	3课时
层级3：理解描述物体运动速度变化快慢的具体概念——加速度，应用加速度描述生活中的现象	物理问题情境创设	1. 一辆轿车启动，在10 s内，速度从0达到100 km/h；一列火车发动后30 s内，速度从0达到100 km/h。如何区别这两种运动？ 2. 通过分析变速运动物体的速度-时间图像，看看加速度在图像中如何表示出来
	具体知识内容安排	第五节：加速度（速度-时间图像中的加速度表示）
	物理学科核心素养发展规划	让学生用类比速度定义的方式再次体验用比值法定义物理量的科学方法，经历将生活实际上升到物理模型的过程，培养学生的物理思维、科学观念，提高学生解决问题的能力。引导学生关注生活，培养学生用物理知识解决实际问题的能力。通过对图像的学习，让学生学会数形结合，体会图像的直观性，提升知识迁移能力，巩固速度与加速度知识，培养学生用数学方法解决物理问题的能力

续表 7-1

学习层级	学习过程设计	具体内容
层级3：理解描述物体运动速度变化快慢的具体概念——加速度，应用加速度描述生活中的现象	主要学习方式指导	创设情境、提出问题、借助已有的物理观念，学生讨论、教师引导，理论分析、逻辑推理、归纳总结。利用数学知识在图像中寻找描述物体运动的物理量，尝试从图像中读取物体的运动状态
	过程设计策略	引入情境，提出问题，学生动手，分组讨论，跨学科知识迁移，运用类比方法对比学习速度与加速度，巩固练习，加深理解
	学习时间安排	2课时

（三）单元学习层级知识的衔接

设计单元内不同认知发展层级之间的衔接。认知发展层级是从学习者的角度对单元内容认知深度的划分，层级之间不是孤立的，而是相互联系的。弄清楚这些认知层级之间的联系，有助于学生围绕核心概念建构结构化的知识体系。例如，本单元层级1与层级2之间的知识衔接就是位置变化有快慢之分，那如何描述位置变化的快慢呢？层级2与层级3之间的知识衔接就是速度变化也有快慢之分，那如何描述速度变化的快慢呢？

（四）单元学习形成解决问题的大思路

伴随着单元内具体概念、规律的学习，学生不仅要逐步形成结构良好的知识体系，更要在这个过程中逐渐形成解决问题的大思路。

1. 单元内的认识方式

认识方式不同于知识：知识是人类认识自然和社会的成果或结晶，而认识方式则是人类获取认识成果的方式。认识方式也不同于具体的方法，认识方式是系统化、模式化的思维方法与研究方法，具体包括问题表征、认识对象、认识角度、认识思路等，涉及发现问题、分析问题、解决问题的全过程。本单元要解决的问题是如何描述物体的运动。我们需要把这个大问题分解为几个小问题，如如何描述物体在时间和空间上的变化，如何描述物体位置变化的快慢，如何描述物体速度变化的快慢等，层层深入，逐步体会变化多少和变化快慢的区别。

2. 认识的具体方法和跨学科概念

学科知识建构中不仅蕴含着具有系统性的认识方式，还蕴含着具体方法和跨学科概念。这些具体方法和跨学科概念也具有整合性与可迁移性，对发展学生的学科核心素养具有重要价值。每一个物理问题都通过引入生活情境、设计物理问题、分析问题、分组探究、对比讨论等具体方法进行理解认知，其中还涉及"参考""时空""变化""图像"等跨学科概念。

二、高中物理概念学习过程设计

物理学基于观察与实验，建构物理模型，应用各种工具，通过科学推理与论证，形成系统的研究方法与理论体系。因此，物理学不仅包括物理概念、规律、原理在内的理论体系，还包括物理学视角的认识方式，以及基于事实的抽象概括过程与推理论证、科学探究等方法。其中，物理概念又由一系列大概念、核心概念、具体概念构成，理解物理概念是理解物理规律的基础，是学好物理的基础，因此概念学习过程设计尤为重要。

（一）高中物理概念学习过程设计的一般思路

高中物理概念学习过程设计的一般思路见表7-2。

表7-2　高中物理概念学习过程设计的一般思路

阶	层级1	层级2	层级3	层级4	层级5
高中物理概念的建构过程	生活中的现象	分析比较	抽象概括	定义概念	讨论深化
学生对物理概念的思维认知过程	感知生活现象	建立或回忆表象	概括本质特征	定义与理解概念	同化或顺应结构

续表 7-2

阶	层级1	层级2	层级3	层级4	层级5
学习过程设计	为学生创设典型的物理情境（图片、视频）	让学生对物理情境中的具体问题进行数学推理和分析比较	引导学生抽象概括出问题的本质特征	准确给出物理概念的定义，全面理解具体概念	通过问题让学生讨论概念的衍生知识，深化学生关于概念的知识结构
认知层级跃迁	感知	分析	抽象	定义	应用

（二）"速度"的学习过程设计

"速度"一节是粤教版高中物理必修第一册第一章第三节，学习流程如图 7-1 所示。

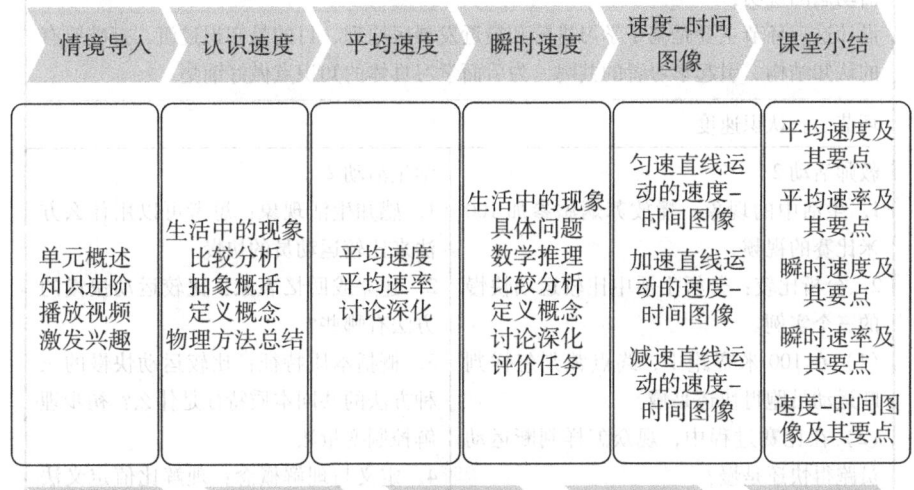

图 7-1　"速度"一节的学习流程

"速度"一节的学习过程设计见表7-3。

表7-3 "速度"一节的学习过程设计

教师活动	学生活动
环节一：情境导入	
教师活动1 单元概述：本章学习的内容是运动的描述，前面两节已经学习了质点、参考系、时间与时刻、位移与路程等描述运动的基本概念，那用什么物理量来描述物体运动的快慢呢？ 知识进阶：初中怎么定义"速度"？有什么局限性吗？ 激发兴趣：播放一段关于智慧交通的短视频。 提出问题和任务：思考智慧交通中是怎么测量汽车速度大小的	学生活动1 对本单元知识点有一个总体的认识，建立知识框架。 思考、回忆初中知识——速度。理解速度的定义为物体通过的路程与所用的时间之比。该定义只能反映一段路程上物体运动的平均快慢情况，而不能精确地描述物体的运动方向及运动中每一个瞬间的快慢情况。 观看视频、思考。基于任务思考怎样准确地定义速度
活动意图说明： 设计这一环节主要是基于学习进阶和最近发展区原理，目的是知识过渡、打破原有的认知结构、引起学习者的共鸣，为后面学习具体的知识点做好铺垫	
环节二：认识速度	
教师活动2 1. 生活中的现象：播放苏炳添参加100米比赛的视频。 2. 分析比较：分析生活中比较运动快慢的三个实例。 (1) 在100米赛跑中，终点裁判怎样判断运动员跑得快还是慢？ (2) 在比赛过程中，观众怎样判断运动员跑得快还是慢？ (3) 怎样比较50米竞赛和100米竞赛运动员的快慢？	学生活动2 1. 感知生活现象：思考可以用什么方法来比较运动员的快慢。 2. 建立或回忆表象：比较运动快慢的方法有哪些？ 3. 概括本质特征：比较运动快慢的三种方法的共同本质特征是什么？初步理解控制变量法。 4. 定义与理解概念：理解比值定义法的思维方式，再次区分矢量与标量

续表 7 - 3

教师活动	学生活动
3. 抽象概括：找到比较运动快慢的方法的共同本质特征：单位时间内的位移。 思考：此过程用了什么物理方法？ 4. 定义概念：明确条件，给出速度的定义、定义式，分析单位、矢量性、物理意义等，引导学生思考此过程用了什么物理方法	
活动意图说明： 这一环节的设计主要是让学生体会速度这一物理概念的建立过程，发展学生的科学思维能力，加强对易混淆概念的分析与理解	
环节三：平均速度	
教师活动3 定义平均速度和平均速率，引导学生比较平均速度与平均速率的相同点和不同点。 讨论与深化： （1）讨论与交流：课本第15页。 （2）认识高德地图的导航界面，回答"67公里/小时"指的是什么物理量。 （3）观看视频，了解区间测速的原理，回答区间测速测量的是平均速度还是平均速率	学生活动3 1. 理解平均速度和平均速率，通过比较二者的相同点和不同点加深理解。 2. 结合生活实际，理解平均速度与平均速率，应用物理知识理解生活中的现象。 3. 同化或顺应结构：通过讨论与交流，分析平均速度与平均速率的不同，对初中物理知识结构进行深化
活动意图说明： 本环节的设计是为了加深学生对速度的理解，通过比较，并且结合生活实际情境进行区间测速，理解物理知识在生活中的应用	
环节四：瞬时速度	
教师活动4 1. 生活中的现象 （1）计算苏炳添参加100米比赛的平均速度。 （2）思考：平均速度能不能反映苏炳添比赛过程中任意时刻运动的快慢和方向？如何才能精确描述比赛过程中任意时刻运动的快慢和方向？	学生活动4 1. 感知生活现象：思考平均速度在描述物体运动快慢时存在哪些局限性。 2. 建立或回忆表象：怎样才能准确描述物体通过某一位置或某一时刻的运动快慢？ 3. 通过数学推理，体验极限思维。 4. 通过分析比较，理解极限思维。

续表 7-3

教师活动	学生活动
2. 具体问题：若要精确描述各个时刻的运动，应该怎么办？以苏炳添参加 100 米比赛为例。 3. 数学推理（直线运动）：选取不同的时间间隔计算苏炳添参加 100 米比赛的平均速度。 4. 分析比较（曲线运动）：观看动画，比较瞬时速度与平均速度的关系，时间间隔取得越小，计算出的平均速度越接近瞬时速度。 5. 抽象概括：找到共同的本质特征：当时间无穷短时，平均速度则无限逼近瞬时速度，体验物理科学思维。 6. 定义概念：明确条件，给出瞬时速度的定义、定义式，理解瞬时速度的矢量性和物理意义。 7. 讨论与深化： （1）某汽车内的仪表显示了汽车行驶的相关数据，此时此刻该汽车的瞬时速度是多少？ （2）观看视频，了解定点测速的原理，思考定点测速测量的是平均速度还是瞬时速度？ 8. 过程评价： 评价任务 1 下列关于各种速度的说法中，哪些是平均速度？哪些是瞬时速度？（　　） A. 羽毛球比赛中的最高球速达到 420 km/h。 B. 高铁经 12 min 加速到 350 km/h。 C. 台风中心以 20 km/h 的速度向西北方向移动。 D. 车辆通过 1 km 拥堵路段耗时 20 min，车速仅为 3 km/h。	5. 概括本质特征：充分对比分析不同时间间隔下的平均速度，是否能找到体验极限思想的方法？ 6. 定义与理解概念：如何确定某点瞬时速度的大小和方向？利用曲线运动了解无限逼近极限的方法。 7. 同化或顺应结构：通过汽车速度表理解瞬时速度和瞬时速率，了解日常生活中速度和速率的说法指的是什么。理解匀速直线运动的特征，通过理解定点测速感受物理知识在生活中的应用。 8. 完成评价任务 1、2，通过评价任务检验知识点的掌握程度

续表 7-3

教师活动	学生活动
评价任务 2 一辆汽车从甲地开往乙地的过程中，前一半时间内的平均速度是 30 km/h，后一半时间内的平均速度是 60 km/h，则全部时间内这辆汽车的平均速度是（　　）。 A. 35 km/h　　B. 40 km/h C. 45 km/h　　D. 50 km/h	
活动意图说明： 这一环节的设计主要是让学生更深层次地体验瞬时速度这一物理概念的建立过程，拓展学生研究物理问题的思维，理解概念的内涵与外延，区分易混淆的物理概念	
环节五：速度-时间图像	
教师活动 5 1. 什么是速度-时间图像？ 2. 引导学生画出匀速直线运动的速度-时间图像。 3. 引导学生画出加速直线运动的速度-时间图像。 评价任务 3 引导学生自行画出减速直线运动的速度-时间图像	学生活动 5 1. 通过定义，理解速度-时间图像的本质。 2. 通过与教师一起画图，理解图像的物理意义。 3. 了解描点画图的方法和注意事项。通过评价任务 3，加深对作图的理解
活动意图说明： 这一环节的设计主要是让学生理解图像是描述物理问题的一个很重要的工具，理解速度-时间图像并不是物体的运动轨迹，掌握描点画图这一基本技能，体会学习物理对理解世界的帮助，拓展视野，提升学生的物理学科核心素养，从而为培养高素质人才奠定基础	

续表 7-3

教师活动	学生活动
环节六：课堂小结 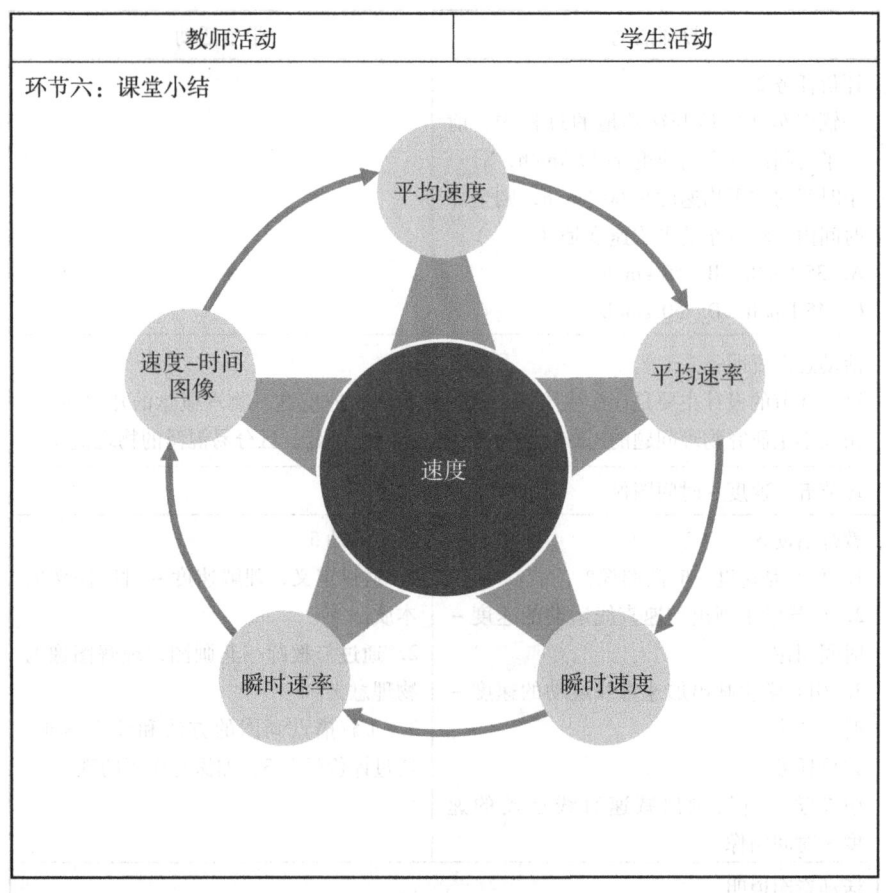	

　　本学习过程设计以"运动的描述"概念进阶为立足点，结合科学概念发展层级模型，设计学生对"运动的描述"概念进阶各层级的表现期望，借鉴基于学习进阶的教学过程设计和学习过程设计模型，开展高中物理概念学习过程设计实践。首先开展与学习过程设计有关的理论进阶分析，在此基础上再开展单元学习过程设计与教学开发，最后结合实例讨论了在开展学习过程设计与实施课堂教学时的学习评价与反馈手段。旨在通过深入探讨梳理高中物理概念学习过程设计，帮助学生实现"速度"概念进阶与模型建构、科学思维与科学探究能力的整合发展，培养并提升学生的物理学科核心素养。

第七章 单元学习过程设计示例

第二节 高三物理复习课学习过程设计

基于学习进阶理论的高三物理复习课的教学设计，能有效地为学生搭建知识优化平台。学习进阶是符合学生思维发展规律，围绕核心概念由浅入深的进阶过程，体现为学生在学习同一主题的概念时所遵循的连贯的、典型的学习路径。下文以"机械波的性质及其应用"复习课的学习过程设计为例，探讨设计的一般思路。为提高复习效率，根据课程标准要求，结合高中物理教材粤教版选择性必修第一册第三章机械波知识，重新整合为一节复习课"机械波的性质及其应用"，采用学习进阶理论设计。分析学习进阶起点的学情与考情，结合典型例题来突破层级，促进复习课的有效教学。

一、基于学习进阶教学设计的学情与考情分析

（一）学情分析

学生经过第一轮复习，对"机械波的性质及其应用"一节的基础知识已经有一定的感悟，再加上平时的测试、试卷讲评课的不断强化，对基础概念的应用也已有了较直接的处理方法，但缺乏对知识的整合、简化，这就需要教师在高三第二轮复习时加以完善。为了解学生对"机械波的性质及其应用"一节的掌握程度，下面以本市普通中学高三甲、乙班为考察对象，人数分别为60、38人，在高三某次月考测试中，统计关于机械波的题目（如例题1）的答题情况。

例题1 在某种介质中，一列沿 x 轴传播的简谐横波在 $t=0$ 时刻的波形图如图7-2（a）所示，此时质点 A 在波峰位置，质点 D 刚要开始振动，质点 C 的振动图像如图7-2（b）所示；$t=0$ 时刻在 D 点有一台机械波信号接收器（图中未画出），正以 2 m/s 的速度沿 x 轴正向匀速运动。下列说法正确的是（   ）

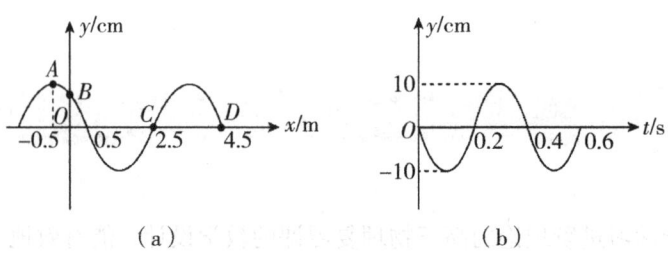

(a)　　　　　　　(b)

图 7-2　波形图及振动图像

A. 质点 D 的起振方向沿 y 轴负方向

B. $t=0.05$ s 时，质点 B 回到平衡位置

C. 信号接收器接收到该机械波的频率小于 2.5 Hz

D. 若改变振源的振动频率，则形成的机械波在该介质中的传播速度也将发生改变

答案：C

例题 1 的答题情况如图 7-3 所示。

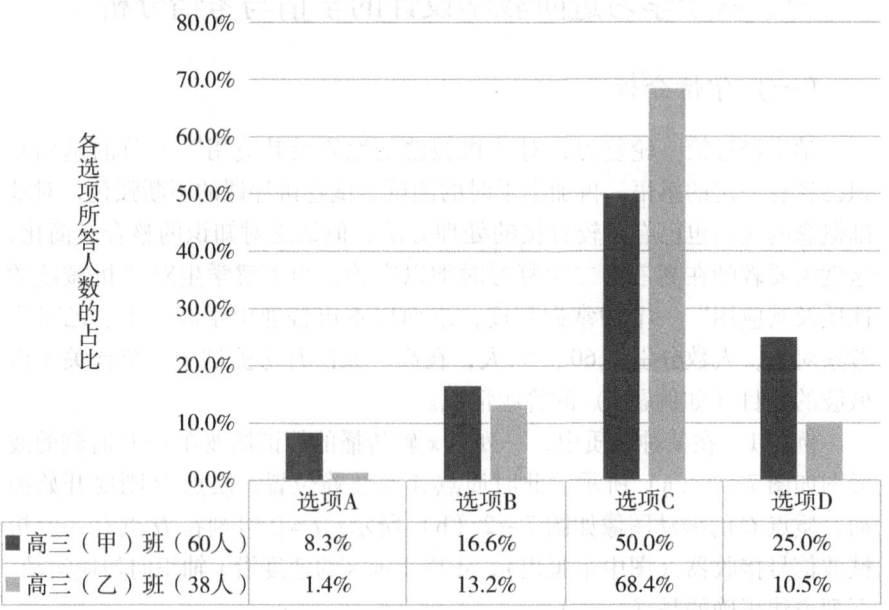

图 7-3　高三某次月考关于机械波的题目的答题情况统计

从图 7-3 可以看出，两个班做对该题的比例分别是 50%、68.4%，反映出多数学生能掌握这一节内容，但一部分同学还存在一些问题，如没有正确地理解机械波的相关概念，知识网络残缺；没有建立正确、完整的物理知识结构，分析应用的能力还处于上升期。

（二）考情分析

2017 年高中物理新课程标准颁布后，对于广东考生而言，高考的考试内容将由选考向必考转变。"机械振动和机械波"是高中物理的重要章节，对学生的思维能力、空间想象能力和应用物理知识解决问题的能力都提出了很高的要求；同时在新课程标准、新高考的背景下，本章节转变为高考的必考内容，与本章内容相关的题目有时还是高考试题的"创新之作"。比较全国卷及近两年广东卷的物理选做题，尽管机械振动知识近年来很少考查，但每年几乎都会考到一道与机械波传播相关的选择题，因此，高三学生对于机械振动和机械波的知识的复习，可以少花时间，但要力求把握要点。所以，要根据高中物理学科的目标、学习进阶理论，梳理粤教版高中物理选择性必修第一册新教材的物理知识，关注物理教学的基本特征，提高学生的物理学科能力，帮助学生形成相对完整的单元知识体系与进阶路径。

二、构建"机械波的性质及其应用"的学习进阶路径的教学设计

学习进阶的起点是学生的前认知，终点是期望达到的教学目标，要描述的是从起点到终点的中间发展阶段。笔者基于所教的学生的学情及当前的考情，分析发现，部分学生的现有知识水平、能力状况已达到考查目标，但是另一部分学生的知识水平与能力状况却离考查目标有较大的距离。因此，要做到教学的全面性，复习时有必要为学生搭建台阶，把复习目标分解成多个层级，使学生逐步进阶。

学者张玉峰结合物理概念及其学习的特点，以物理概念的认知复杂度为自变量，提出具有物理学科特色的概念学习进阶模型，如表 7-4 所示。

表 7-4 概念学习进阶模型

概念学习层级	概念层级描述
1. 事实经验（fact）	碎片化的事实或者经验
2. 映射（mapping）	事实经验与科学术语之间的简单对应
3. 关联（relation）	事实经验中相关物理量与概念之间的联系
4. 概念（concept）	概念与多个事实经验本质特征之间的定量关系
5. 整合（integration）	核心概念下的概念体系整合，概念与跨学科概念之间的联系，反思在概念理解过程中获得的知识

在新课教学过程中，学生经历过上述所有层级，但比较关注各概念本身的构建，概念与整合两个层级的发展比较欠缺，而高考评价体系中的"四翼"（即基础性、综合性、应用性及创新性）突出基础性和应用性，高考试题往往落脚在对这两个层级的考查上。因此，结合对学情和考情的分析，比对"四翼"，将上述模型中的概念整合为两个层级，并再次细分，构建了以下三个层级，如表 7-5 所示。

表 7-5 "机械波的性质及其应用"的学习层级与素养发展规划

学习层级描述	关键能力、科学思维方法发展
1. 机械波的性质和相关概念的理解及概念之间关系的建立	理解、解释能力
2. 机械波图像和振动图像的理解	科学推理
3. 机械波与科技、生活、生产相联系的问题	分析和判断能力，科学态度与责任

（一）第一层级：理清概念，构建知识链

研究机械波的性质要从机械振动图像和波的图像两个角度来理解每个概念本身的内涵、外延，理清知识线索，突出知识的关联关系，确保学生能够循序渐进，构建清晰的知识链，培养学生的物理观念。典型题如例题2、例题3。

例 2 （2021·广东省惠州市高三三调）介质中有一列简谐机械波传

播，对于其中某个振动质点（　　）

A. 它的振动速度等于波的传播速度
B. 它的振动方向一定垂直于波的传播方向
C. 它在一个周期内走过的路程等于一个波长
D. 它的振动频率等于波源振动频率

答案：D

例题3　（人教版高中物理选择性必修第一册第65页第4题改编）（多选）一列简谐横波，沿 x 轴正向传播，位于原点的质点的振动图像如图7-4甲所示；图7-4乙为该波在某一时刻的波形图。下列说法正确的是（　　）

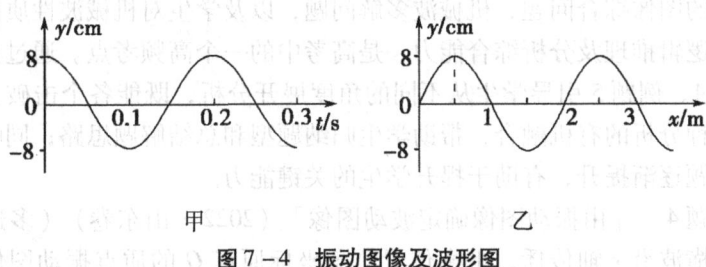

图7-4　振动图像及波形图

A. 由图甲可知，位于原点的质点振动的振幅是16 cm
B. 位于原点的质点振动的周期是0.2 s
C. 由图甲，在 $t = \dfrac{T}{4}$ 时，位于原点的质点离开平衡位置的位移为零
D. 该波的传播速度是20 m/s

答案：BC

在第一层级的教学中设计了如下活动及问题链：

活动1：在解决例题2的问题之前，请学生在黑板画出某一简谐波的振动图像和波动图像。

活动2：请学生根据横轴表示的是位置还是时间分清哪一个是波动图像，哪一个是振动图像，并指出某个特殊质点的运动情况（速度、加速度、时间）。

活动3：对于例题3，如何从图甲与图乙中看出最直观的、已知的物理信息？

【备考指导】第一层级的复习还应做好以下几个方面：

（1）理清每一个概念的内涵、外延，形成清晰的知识链，强调对概念及概念关系的记忆和理解。

（2）引导学生做好思维导图，同时通过视频或动画模拟，让学生感受机械振动和机械波的空间分布。

（二）第二层级：机械波图像和振动图像的理解及应用，提高学生的理解能力、逻辑推理及分析综合能力

通过课堂练习培养学生应用知识解决实际问题的能力，提高学生的科学思维水平。第二层级体现为质点振动方向与波传播方向的判断、振动图像与波的图像综合问题、机械波多解问题，以及学生对机械波性质的理解能力、逻辑推理及分析综合能力，是高考中的一个高频考点。通过典型题如例题4、例题5引导学生从不同的角度展开分析，既能各个击破，又能实现几种分析的有机融合，帮助学生归纳题型和总结解题思路；同时所设计的问题逐渐提升，有助于提升学生的关键能力。

例题4 ［由振动图像确定波动图像］（2022·山东卷）（多选）一列简谐横波沿 x 轴传播，平衡位置位于坐标原点 O 的质点振动图像如图 7-5 所示。当 $t=7$ s 时，简谐波的波动图像可能正确的是（　　）

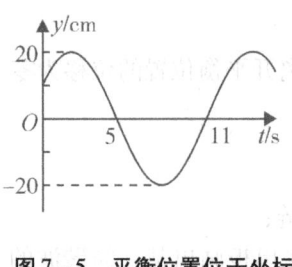

图 7-5　平衡位置位于坐标原点 O 的质点振动图像

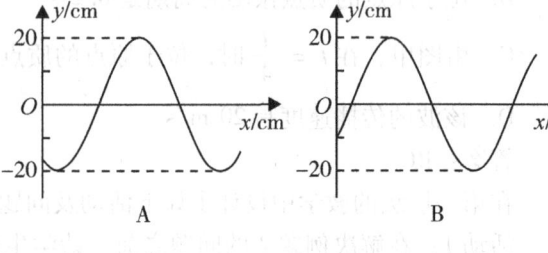

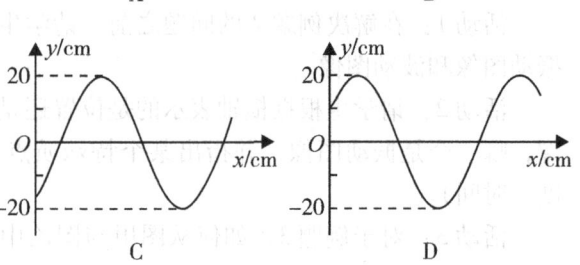

答案：AC

例题 5 ［由波动图像确定振动图像］（2021·山东卷）（多选）一列简谐横波沿 x 轴传播，如图 7-6 所示，实线为 $t_1 = 2$ s 时的波形图，虚线为 $t_2 = 5$ s 时的波形图。以下关于平衡位置在 O 处质点的振动图像，可能正确的是（　　）

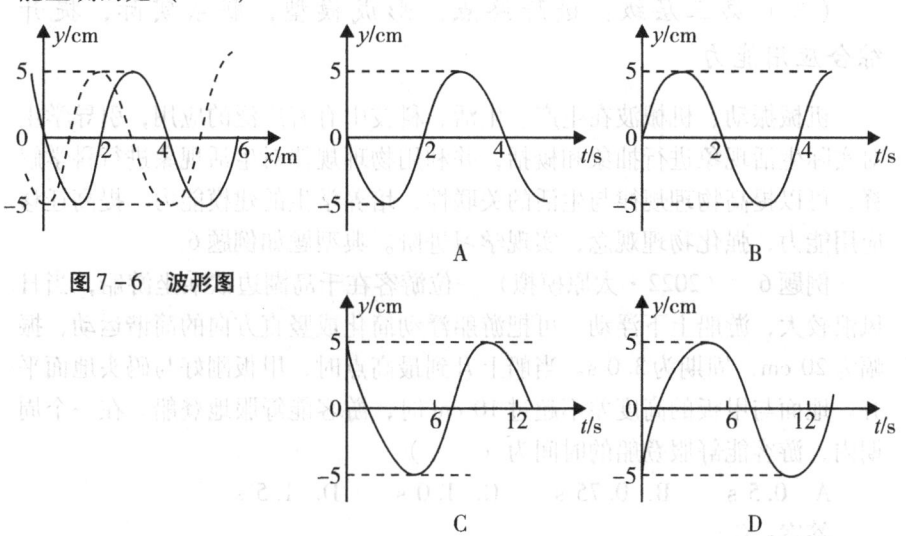

图 7-6 波形图

答案：AC

在第二层级的教学中设计了如下活动及问题链。

活动 1：在解决例题 4、例题 5 的问题之前，振动图像与波动图像周期的关系是什么？

活动 2：对于例题 4，y-t 图像直接读取到的物理信息有哪些？O 点，$t = 0$ 时，向哪个方向运动？

活动 3：对于例题 4，画出 O 点，0～7 s 的振动图像。在 y-t 图像中标出 O 点、7 s 时的位置。

活动 4：在一维坐标中，机械波的传播方向会影响某质点的振动方向吗？

活动 5：机械波的波传播距离 Δx 与波长 λ 的关系是什么？

活动 6：对于例题 5，写出 O 点的振动方程。若波速为 v，O 点的振动信息传到离 O 点距离 x 处所用的时间是多少？确定 t 时刻 x 点的振动位置。

【备考指导】例题4、例题5是很典型的第二层级的问题，设置问题时首先从识图开始，再分析质点和机械波的运动情况，要做到根据问题的已知条件和内在逻辑关系选择恰当的切入点。

（三）第三层级：进阶终点，形成模型，联系实际，提升综合应用能力

机械振动、机械波在生产、生活、科技中有着广泛的应用，引导学生对实际生活现象进行抽象和概括，并利用物理规律对生活现象进行科学解释，可以提高物理规律与生活的关联性，培养学生的建模能力，提高迁移应用能力，强化物理观念，实现学习进阶。典型题如例题6。

例题6 （2022·太原模拟）一位游客在千岛湖边欲乘坐游船，当日风浪较大，游船上下浮动。可把游船浮动简化成竖直方向的简谐运动，振幅为20 cm，周期为3.0 s。当船上升到最高点时，甲板刚好与码头地面平齐。地面与甲板的高度差不超过10 cm时，游客能舒服地登船。在一个周期内，游客能舒服登船的时间为（　　）

A. 0.5 s　　B. 0.75 s　　C. 1.0 s　　D. 1.5 s

答案：C

课堂教学是落实核心素养的关键环节，以上的一些分析、想法、做法是对"机械波的性质及其应用"的复习、回顾和总结。教师应分析进阶起点的学情与考情，引导学生理解概念本身的内涵和外延，建立概念之间的内在联系，形成符合学科逻辑和学生认知逻辑的知识结构。通过结合典型例题，引导学生去体验、思考、讨论、练习和评价；指导学生建立知识结构，加强对分析思路和方法的引导，实现科学思维和物理观念的进阶。当然，学生核心素养的培养也不是一节课就能达成的，需要教师在教学中根据学生的认知规律因材施教，力求达到预期的效果。

第三节 高三物理复习专题学习过程设计

物理教学要落实核心素养的培养。大单元教学法是一种"化零为整"的新型教学方式,是将相关联的知识整合成单元进行教学。大单元教学法有利于学生从整体深入理解物理知识,进而建构物理思维,这是物理学科核心素养培养的必然要求。大单元教学法尊重学生的主体地位,可以充分调动学生的积极性和主动性,注重培养学生自主解决物理问题及实现自主成长和发展。

实验教学是高中物理教学的重要内容之一,本示例基于物理实验复习大单元教学,通过分析动力学实验器材,采取大单元教学法进行复习,有利于帮助学生建立动力学实验之间的关联,更好地理解动力学实验的必备知识,建构动力学实验知识框架和体系,为学生的学习提供积极的推动作用。

一、"打点计时器"单元内容分析

高中物理使用打点计时器的实验有五个:用打点计时器测量瞬时速度,测量匀变速直线运动的加速度,探究加速度与力、质量的关系,验证动能定理,验证机械能守恒定律。这五个实验涉及的物理观念有物质观念、力与运动的相互作用观念、能量观念。其中,用打点计时器测量瞬时速度和测量匀变速直线运动的加速度涉及物质观念,探究加速度与力、质量的关系涉及力与运动的相互作用观,验证动能定理和验证机械能守恒定律涉及能量观。核心素养和各实验之间的关系如图7-7所示。

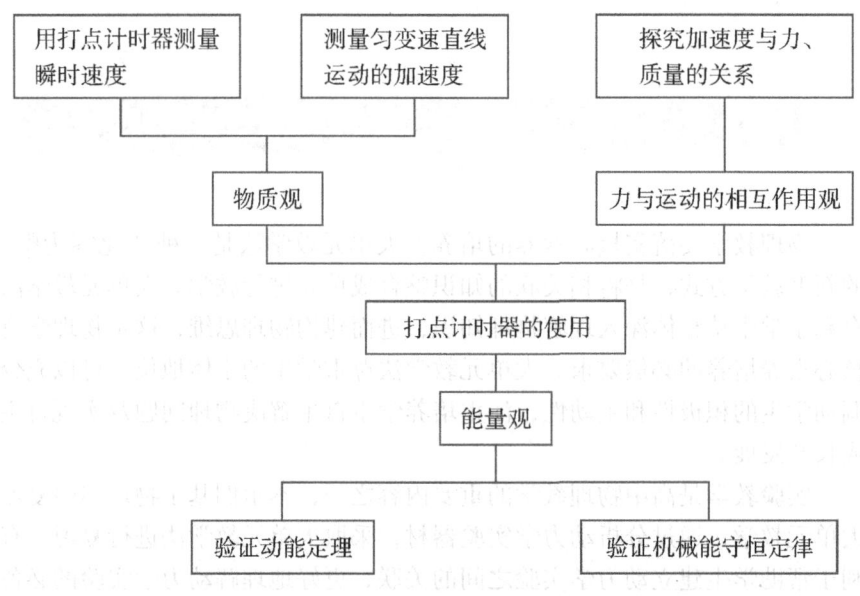

图7-7 核心素养和各实验之间的关系

之所以将这五个实验作为一个大单元进行教学设计，是因为它们都要用到打点计时器，打点计时器是串联这五个实验的主线，是本单元的核心概念。抓好主线，再关联各实验原理和操作等的异同，如是否要求平衡摩擦力、是否要求小车的质量远大于沙桶及沙的质量等，可以将它们巧妙整合，大大提高复习的效率，既给学生减轻负担，也给学生学习带来成就感。

用打点计时器测量瞬时速度是最基础的实验，其为后面的实验打下基础。测量匀变速直线运动的加速度是在此实验基础上的进一步应用，也是为探究加速度与力、质量的关系的实验做铺垫。探究加速度与力、质量的关系的实验是对前两个实验的进一步应用，由物质观念提升到力和运动的相互作用观。验证动能定理和验证机械能守恒定律是在前三个实验的基础上的综合应用，由物质观念及力和运动的相互作用观提升到能量观。

自新课程改革以来，随着核心素养的落实，尤其是"3+1+2"高考模式实施以来，高考对知识的基础性和应用性的考查尤为突出，物理总复习要牢牢抓住高考的核心思想，围绕着高考的核心思想结合大单元教学理念以及进阶理念进行，才能取得较好的效果。

在"打点计时器"单元中学会使用打点计时器,用打点计时器测量物体运动的瞬时速度和加速度是基础性的体现,是本单元学习的第一层级。用打点计时器探究物体的加速度与力、质量的关系是应用性的体现,是本单元学习的第二层级。用打点计时器验证动能定理和机械能守恒定律是在测量物体运动速度上的更高层次的应用,是本单元学习的第三层级。这些实验中除了用到打点计时器外,还用到很多创新的实验方案和思想方法,这些创新性的设计是建立在基础知识和方法的基础上的,是本单元学习的第四层级。通过本单元的进阶复习,学生不仅掌握了与打点计时器有关的基础知识和方法,而且明白了这个单元的核心是通过打点计时器记录物体运动的位移和时间,进而计算出物体的速度和加速度,再进一步计算出物体的动能和重力势能或者重力所做的功,从而验证动能定理和机械能守恒定律,这样不仅达到了复习所要求的实现知识的全面性和系统性的目标,同时达到了融会贯通和灵活应变的境界。

二、教学案例设计

"探究加速度与力、质量的关系"是一个常考的实验,也是一个重要的实验,所用的器材主要是斜面小车、打点计时器等,使用控制变量法进行探究。学生通过分析实验原理和实验目的、优化实验方案、选择合适的实验器材进行实验探究,能培养解决实际问题的能力、科学探究能力和动手能力。

(一)学业要求

(1)让学生形成物理观念。学生能归纳梳理有关知识,理解实验的原理和目的,正确理解加速度与物体受力、物体质量的关系。

(2)培养学生科学探究素养。学生会自主设计实验方案,能明确探究实验所需要解决的问题,知道设计实验方案的重要性,有控制变量的意识,能采用正确的方法测量有关物理量。

(3)让学生树立实事求是的科学态度。学生会使用实验器材获取数据,懂得处理实验数据的方法,能根据实验数据和图像得出实验结论,知道实验存在误差,并知道减小实验误差的措施,能表达科学探究的过程和结果。

（二）教学设计

1. 学习目标

（1）通过完成知识梳理，准确理解加速度与物体受力、物体质量的关系，明确本实验的设计原理，形成物理观念。

（2）通过自主设计实验方案，理解实验的设计思路和原理，明确实验中需要测量的物理量，采用正确的方法测量相关物理量，培养科学探究素养。

（3）通过定性分析，明确实验误差的来源，并采取相应的措施减小实验误差，树立实事求是的科学态度。

2. 重点与难点

通过分析论证和实验探究的过程，培养实验探究能力和创新精神。

3. 必备知识

实验目的：

（1）学会用控制变量法研究物理规律。

（2）探究加速度与力、质量的关系。

（3）掌握利用图像处理数据的方法。

实验原理：

（1）保持质量不变，探究加速度与合外力的关系。

（2）保持合外力不变，探究加速度与质量的关系。

（3）作出 $a-F$ 图像和 $a-\dfrac{1}{m}$ 图像，确定 a 与 F、m 的关系。

想一想：加速度与物体受力、物体质量的关系的表达方式有几种？

$$F = ma \text{ 或 } a = \dfrac{F}{m}$$

（三）设计实验方案

1. 基于实验的问题，学生自主合作探究

（1）控制变量法是什么？一般用来研究哪些问题？

（2）对实验数据的分析一般采取什么方法？各有什么优点？

（3）根据已有知识和生活经验定性探究加速度大小与哪些因素有关，有什么定性关系。

(4)可以设计几种实验方案定量探究加速度与力、质量的关系?各需要什么器材?每种方案的实验操作有哪些?有什么注意事项?

(5)加速度与力、质量的关系的表达方式有几种?

2. 设计方案

(1)实验所需器材如图7-8所示。

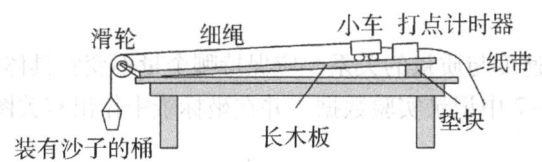

图7-8 实验所需器材

(2)交流与探讨:

①需要测量哪些物体的质量?怎样测量?怎样测量物体的加速度?

②物体所受恒力指哪个力?恒力的来源是什么?怎样测定物体所受的恒力?

③小车与斜面间的摩擦力是否影响本实验?如果有影响,该如何处理?

④沙子和桶的重力与小车受到的拉力有什么关系?结合沙子和桶的质量与小车的质量大小,说明沙子和桶的重力与小车受到的拉力的关系。

(3)实验步骤:

①探究加速度与力的关系,应保持哪个量不变?具体的实验步骤有哪些?在表7-6中记录实验数据,并在坐标纸中作出有关图像。

表7-6 小车质量不变时的实验数据记录

小车质量 $M = \_\_\_$ kg,打点计时器电源频率 $f = \_\_\_$ Hz;

次数	沙和桶的质量 m/kg	加速度 a/(m/s^2)

续表 7-6

次数	沙和桶的质量 m/kg	加速度 a/(m/s²)

质疑：根据数据和图像可以得出什么实验结论？图像的斜率反映了什么？

②探究加速度与质量的关系，应保持哪个量不变？具体的实验步骤有哪些？在表 7-7 中记录实验数据，并在坐标纸中作出有关图像。

表 7-7 沙和桶的质量不变时的实验数据记录

沙和桶的质量 $m=$ ___ kg，打点计时器电源频率 $f=$ ___ Hz；

次数	小车质量 M/kg	加速度 a/(m/s²)

质疑：根据数据和图像可以得出什么实验结论？图像的斜率反映了什么？

③存在哪些实验误差？如何减小实验误差？

④实验操作中有哪些注意事项？

(四) 实验方案创新——应用科学技术解决实际问题

(1) 创新实验所需器材如图 7-9 所示。

(2) 交流与探讨：

①需要测量哪些物体的质量？怎样测量？怎样测量物体的加速度？

②物体所受恒力指哪个力？恒力的来源是什么？怎样测定物体所受的恒力？

③如何确定气垫是否水平？如果不水平，该如何处理？

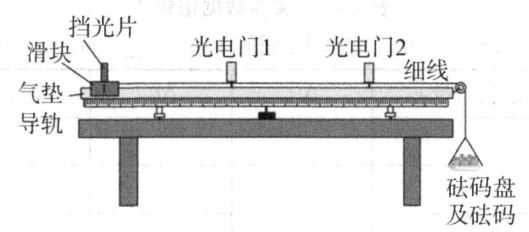

图7-9 创新实验所需器材

④砝码盘及砝码的重力与小车受到的拉力有什么关系？结合砝码盘及砝码的质量与小车的质量大小，说明砝码盘及砝码的重力与小车受到的拉力的关系。

(3) 实验步骤：

①探究加速度与力的关系，应保持哪个量不变？具体的实验步骤有哪些？在表7-8中记录实验数据，并在坐标纸中作出有关图像。

表7-8 实验数据记录1

挡光片的宽度 $d=$ ___ m，光电门之间的距离 $L=$ ___ m，滑块质量 $m=$ ___ kg

次数	合外力 F	Δt_1	Δt_2	a / (m/s^2)

质疑：根据数据和图像可以得出什么实验结论？图像的斜率反映了什么？

②探究加速度与质量的关系，应保持哪个量不变？具体的实验步骤有哪些？在表7-9中记录实验数据，并在坐标纸中作出有关图像。

表7-9 实验数据记录2

挡光片的宽度 $d =$ ____ m，光电门之间的距离 $L =$ ____ m，合外力 $F =$ ____ N

次数	滑块质量 m	Δt_1	Δt_2	a / (m/s^2)

质疑：根据数据和图像可以得出什么实验结论？图像的斜率反映了什么？

③存在哪些实验误差？如何减小实验误差？

④实验操作中有哪些注意事项？

（五）对实验探究方案的归纳

1. 近几年高考中关于本实验的命题统计

（1）改变加速度的测量方法。利用传感器直接得出小车的加速度，如图7-10所示。

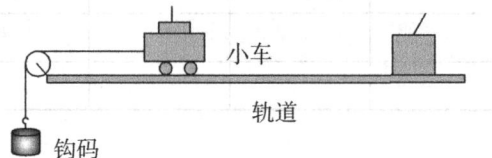

图7-10 改变加速度的实验示意

（2）改变合力的测量方法。

①使用弹簧测力计直接测出小车所受的拉力，不再需要满足钩码的质量远小于小车质量的条件，也不需要测钩码的质量，如图7-11所示。

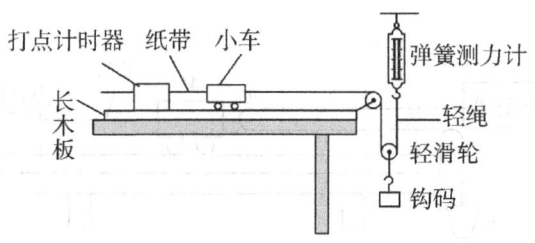

图7-11 使用弹簧测力计测量合力的实验示意

②使用力传感器测出滑块所受的拉力,不再需要满足钩码的质量远小于小车质量的条件,也不需要测钩码的质量,如图7-12所示。

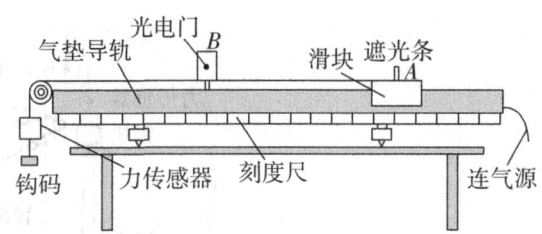

图7-12 使用力传感器测量合力的实验示意

小结:以上方案是在教材实验方案的基础上加以创新,或改变测量的方法,或巧妙转化研究对象,而实验原理和操作并没有改变,凸显了高考命题的基础性、应用性和创新性。

2. 创新实验探索

(1)改变合外力的测量方法。

方案1:实验装置增加了动滑轮和力传感器。力传感器可直接测出轻绳中的拉力大小,由于增加了动滑轮,因此小车受到的拉力是力传感器读数的两倍,如图7-13所示。

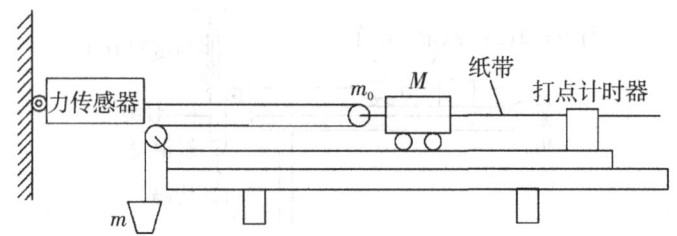

图7-13 使用动滑轮和力传感器测量合力的实验示意

方案2：实验装置增加了定滑轮和力传感器，改变了铝块和纸带的运动方向，力传感器可直接测出轻绳中的拉力大小，如图7-14所示。

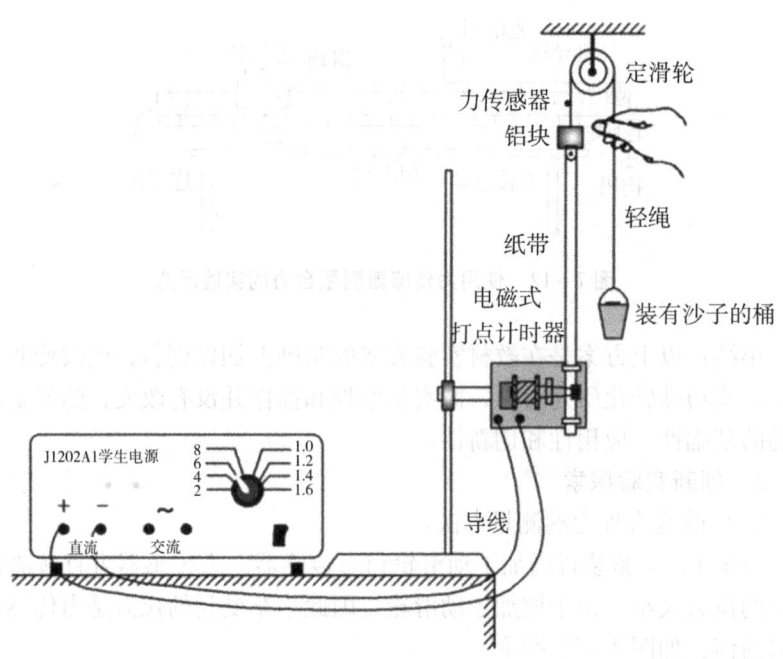

图7-14 使用定滑轮和力传感器测量合力的实验示意

(2) 改变加速度的测量方法。

方案：采用双层水平光滑轨道，比较相同时间内两辆小车的位移大小，从而比较加速度大小，可以进一步探究加速度与力、质量的关系，如

图 7-15 所示。

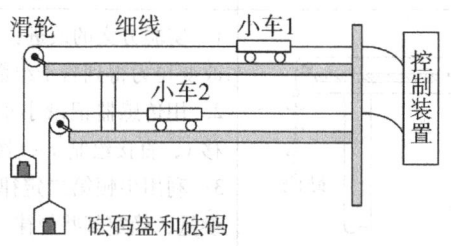

图 7-15　采用双层水平光滑轨道测量加速度的实验示意

（3）综合应用。改变合力和加速度的测量方法。

方案：测量挡光片通过两光电门的时间，进而计算出挡光片通过两光电门的速度，再测出两光电门之间的距离，用速度位移公式计算出加速度。对于合力的测量则比较巧妙，挂上砝码盘及砝码让小车匀速下滑，然后取下砝码盘和砝码，让小车加速下滑，小车所受合外力为砝码盘和砝码的重力，如图 7-16 所示。

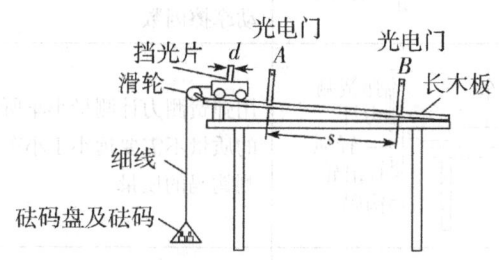

图 7-16　测量合力和加速度的实验示意

以上创新实验方案在情境和测量物理量上有很大的创新，而设置的问题仍立足于课本实验，考查分析误差、规范作图和概括总结等能力。

近几年关于本实验创新探究的命题分析如表 7-10 所示。

表 7-10　近几年关于本实验创新探究的命题分析

实验装置图	创新/改进点
（小车、长木板、砝码装置图）	1. 实验方案的改进：系统总质量不变化，改变拉力得到若干组数据。 2. 用传感器记录小车运动的时间 t 与位移 x，直接绘制 $x-t$ 图像。 3. 利用牛顿第二定律求解实验中的某些参量，确定某些规律
（位移传感器发射器、接收器、小车、轨道、钩码装置图）	1. 用传感器与计算机相连，直接得出小车的加速度。 2. 用图像法处理数据时，用钩码的质量 m 代替合力 F，即用 $a-m$ 图像代替 $a-F$ 图像
（光电门、遮光条、物块、细线、轻滑轮、重物装置图）	1. 用光电门代替打点计时器，遮光条结合光电门测得物块的初速度和末速度，由运动学公式求出加速度。 2. 结合牛顿第二定律，该装置可以测出动摩擦因数
（打点计时器、纸带、小车、弹簧测力计、长木板、轻绳、轻滑轮、钩码装置图）	用弹簧测力计测量小车所受的拉力，钩码的质量不需要远小于小车质量，更不需要测钩码的质量
（光电门、气垫导轨、滑块、遮光条、钩码、力传感器、刻度尺、连气源装置图）	1. 气垫导轨代替长木板，不需要平衡摩擦力。 2. 用力传感器测量滑块所受的拉力，钩码的质量不需要远小于滑块质量，更不需要测钩码的质量。 3. 用光电门代替打点计时器，遮光条结合光电门测得滑块的末速度，由刻度尺读出遮光条中心初始位置与光电门之间的距离，由运动学公式求出加速度

第七章 单元学习过程设计示例

　　从必备知识、关键能力、学科素养、核心价值四个方面进行教学设计，力求在高考复习中培养学生的科学探究素养。注重创新实验方案的设计以及有关问题的讨论和展示，设置的问题应立足于课本实验，只要运用所学的知识就可以解答。坚持以不变应万变的宗旨，体现了物理观念和科学本质，达到培养学生科学探究素养的目的。

参 考 文 献

[1] 白亚坤. 发挥物理大单元学习优势促进学生物理素养的提升[J]. 现代农村科技, 2023 (2): 92.

[2] 蔡千斌. 高中物理单元复习教学中的"学习路径设计"[J]. 中学物理教学参考, 2014, 45 (5): 34-38.

[3] 常小平. 面向核心素养的物理学科单元教学设计策略分析[J]. 数理天地（高中版）, 2022 (18): 92-94.

[4] 陈铖. 基于协作学习平台的物理单元复习教学研究[J]. 现代基础教育研究, 2020, 39 (3): 225-228.

[5] 陈国文, 翁中兴. 促进深度学习的高中物理单元教学实践：以"闭合电路欧姆定律与科学用电"单元教学为例[J]. 物理教学探讨, 2022, 40 (3): 17-19.

[6] 陈雷. 深度学习理念下的物理大单元教学[J]. 文理导航（中旬）, 2022 (1): 25-27.

[7] 董文杰. 学科核心素养背景下高中物理单元教学设计的探索：以人教版第3章"相互作用——力"为例[J]. 物理教师, 2020, 41 (10): 14-16.

[8] 冯爽. 指向核心素养的物理单元教学设计策略研究[J]. 物理教学, 2020, 42 (7): 15-18.

[9] 高海山, 雷惠方, 白利玲. 核心素养视域下高中物理单元教学设计初探：以"匀变速直线运动"教学为例[J]. 高考, 2022 (19): 32-34.

[10] 何锡莲. 核心素养视域下的高中物理单元教学策略研究[J]. 高考, 2023 (14): 90-92.

[11] 黄绍福. 基于物理学科核心素养的大单元教学研究课例[J]. 广西

物理, 2022, 43 (4): 119 – 121.

[12] 江克会. 深度学习下的高中物理单元整体教学 [J]. 新教育, 2023 (16): 78 – 79.

[13] 李家进. 指向核心素养的中学物理单元教学设计策略 [J]. 基础教育论坛, 2021 (24): 94 – 95.

[14] 李俊鹏, 魏洁. 基于物理学科核心素养的单元教学设计现状分析 [J]. 物理教师, 2021, 42 (1): 29 – 34.

[15] 李艳丽. 核心素养视域下的高中物理大单元教学策略探究 [J]. 考试周刊, 2023 (14): 99 – 103.

[16] 林庄琼. 基于核心素养的高中物理大单元教学探究 [J]. 天津教育, 2023 (5): 72 – 74.

[17] 刘光顺. 基于物理课程核心素养的单元教学设计: 以"力与运动"为例 [J]. 中学物理教学参考, 2022, 51 (29): 40 – 43.

[18] 吕铭. 核心素养下的高中物理大单元教学设计 [J]. 数理化解题研究, 2022 (27): 83 – 85.

[19] 骆文洲. 基于核心素养的高中物理大单元教学设计: 以"静电场"为例 [J]. 中学教学参考, 2023 (8): 45 – 47.

[20] 缪婧钥, 姜玉梅, 高正球. 基于核心素养的高中物理大单元教学设计探讨: 以"交变电流"单元为例 [J]. 物理之友, 2022, 38 (9): 22 – 25.

[21] 任虎虎. 指向深度学习的高中物理单元逆向设计研究 [J]. 中学物理, 2022, 40 (23): 24 – 27.

[22] 任虎虎. 指向深度学习的高中物理单元学习目标设计 [J]. 中学物理教学参考, 2022, 51 (34): 1 – 4.

[23] 任虎虎. 指向深度学习的高中物理单元作业设计 [J]. 教育与装备研究, 2023, 39 (3): 18 – 21.

[24] 史楠. 基于初中物理学科核心素养的大单元教学设计研究: 以"浮力"课程教学为例 [J]. 天天爱科学 (教学研究), 2023 (2): 93 – 95.

[25] 谈马平. 核心素养视角下高中物理单元教学设计与实施 [J]. 课程教学研究, 2022 (4): 47 – 54.

[26] 王丹, 史红妹. 物理学科核心素养导向下的单元教学设计探索: 以

"交变电流"为例[J]. 中学物理, 2021, 39 (23): 40-42.

[27] 王金铎, 沈计春. 合理重构, 有效促成物理核心素养的培育: 以"电场"单元教学设计为例[J]. 中学物理, 2021, 39 (15): 29-34.

[28] 王美芹, 柴丽苹. 基于核心素养的高中物理单元教学目标设计: 以"磁场"单元为例[J]. 物理教师, 2020, 41 (6): 15-19.

[29] 谢万媛. 基于核心素养的单元教学设计: 以北师大版初中物理"物质的简单运动"为例[J]. 新课程教学(电子版), 2022 (13): 1-3, 19.

[30] 杨恒. 基于学习进阶的高中物理单元教学设计: 以"圆周运动"学习为例[J]. 中小学实验与装备, 2020, 30 (5): 16-18.

[31] 杨松霖. 学习科学视域下高中物理单元学习活动设计初探[J]. 现代教学, 2021 (11): 53-54.

[32] 余华云, 谢菁菁. 基于项目视角的高中物理学习单元设计[J]. 基础教育课程, 2021 (8): 62-69.

[33] 臧运娟. 简析基于深度学习理念的初中物理大单元教学要点[J]. 天天爱科学(教学研究), 2023 (1): 90-92.

[34] 张锋卿. 基于深度学习理念的高中物理大单元教学研究[J]. 成才之路, 2023 (12): 121-124.

[35] 张树彧. 基于物理学科核心素养的高中物理单元教学设计探讨[J]. 西部素质教育, 2022, 8 (17): 119-121.

[36] 张小虎. 基于深度学习的高中物理单元学习设计分析[J]. 新课程, 2022 (25): 148-149.

[37] 张玉峰. 基于学习进阶的物理单元学习过程设计[J]. 课程·教材·教法, 2020, 40 (3): 50-57.

[38] 张玉峰. 高中物理概念学习进阶及其教学应用研究[M]. 南宁: 广西教育出版社, 2020.

[39] 张玉峰, 郭玉英. 科学概念层次分析: 价值、变量与模型[J]. 物理教师, 2015, 36 (11).

[40] 赵飞. 指向核心素养的物理大单元教学设计策略探究[J]. 知识文库, 2022 (9): 148-150.

[41] 钟剑. 基于项目式学习的中学物理力学单元教学探究[J]. 考试周

刊,2022(44):145-149.

[42] 周云.核心素养视域下高中物理单元的教学设计:以第三单元牛顿运动定律为例[J].天津教育,2022(1):87-89.

后　记

2012年，包明老师从湛江市第二中学到湛江市二中海东中学担任主管教学教研的副校长，带领物理科组部分老师一起做省市课题，组成了我们团队最初的架构。

2014年，湛江市第一届名教师工作室启动，包明老师成功申办湛江市包明名教师工作室，张先竹、温振锋、何冲等老师为首批加入工作室的成员，使我们团队初具雏形。我们选择了对教学实践中的"真问题"进行研究，通过申请课题、研究课题引导成员们主动参与研究，逐步形成"在研究中工作，在工作中研究"的教研一体的方式。湛江市二中海东中学物理科组的老师们，还有周边学校的志同道合的同行们陆续加入，参与我们的研究。我们一同探讨教学研究和教学改革，共同分享教研带来的充实与喜悦，团队参与教学研究的氛围极为浓厚。经历了两届湛江市名教师工作室、两届广东省名教师工作室的发展，工作室的教研成果丰硕，在区域高中的学科教育具有较好的社会声誉，对区域教学产生了一定的影响力。团队发展到现在，成员已有40多人，其中包括国内知名的教授专家、各个区域名校的一线教师。长期参加团队研究的教师的数量一直都稳定在20名左右。

历经10年的实践，我们团队逐渐形成"高密度、高频率课题研究"的风格和"围绕研究内容和研究目的，从理论和实践两个维度交替进行研究"的研究思路。"任务驱动法"是培养团队成员的主要方法，每隔一段时间都通过任务去驱动成员进行深度学习和研究。这些任务可能是课题、教学设计、公开研讨课，也可能是写反思、论文，还可能是专题分享讲座等，每一项任务都需要成员认真研读相关文献，并在理论与实践相结合的基础上才能完成。可以说，我们的研究都经历了实践—反思—理论—再实践—再反思—再理论—再实践的科学研究过程。

后 记

团队研究的重点长期聚焦于"中学物理的学习过程"。十多年的研究经历，让我们对"中学物理的学习过程"的认识不断发展。最初几年，我们主要研究每个章节教师应该教什么、如何教，关注教师如何掌控课堂，引导学生顺利达成学习目标。在下一个阶段，我们主要研究教案、教学设计的编写。成员们写出很多优秀的教学设计方案，而这些教学设计方案在不同学校取得的不同效果让我们意识到，教学中还需要加深对学生的认识，只有理解了学生的思维特点和思考过程，才有可能引导他们扎实地学习新知识。接下来的几年，我们更重视在教学设计中，探索学生应该学什么、如何学，在原有的教学设计的基础上发展出导学案。

2017年，新课程标准及新高考评价体系的颁布与推行全面拉开了新一轮课程改革。2019年6月，国务院办公厅印发《关于新时代推进普通高中育人方式改革的指导意见》（以下简称《指导意见》），就提高普通高中教育质量进行了全面部署。《指导意见》提出了育人改革的目标：德智体美劳全面培养的育人体系进一步完善，立德树人落实机制进一步健全。在新一轮课程改革的背景下，原有的教学设计和导学案设计能否继续推动育人目标的实现？需要做出哪些改进？这些都成为我们团队反复思考的核心问题。纵观国内外课程改革的历史，众多经验表明，从课程标准到课堂实践存在着层级落差。如果学校和教师不能真正理解并付诸实践，新课标很有可能停留在教材的层面，难以真正进入课堂，成为师生的课堂实践。立足于对高中物理教育课程方案和课程标准中教学新方向的分析，结合对学习过程的认识，团队成员在查阅大量文献，进行深入讨论后形成共识，认为要通过设计学生的学习过程推动育人目标的实现，可以尝试结合学习进阶理论，系统规划物理单元的概念体系，细化单元学习过程，通过具体的学习过程落实对物理学科核心素养的培养。明确了研究方向后，工作室团队申报并立项省级课题"基于学习进阶的高中物理单元学习过程设计的行动研究"。

课题立项后，团队成员们广泛查阅国内外相关文献，学习最新的教研成果，进行激烈讨论，思想的火花四溅，每位成员都沉浸其中。研究的过程虽苦，心里却是快乐的、满足的：构建学生单元学习过程模式的阶段，成员们集体讨论，积极思辨，发挥团队智慧，几易其稿；进行教学实践的阶段，各位成员轮番上阵，教学设计经过反复的推敲、实践、改进与再实践；在集体听评课阶段，授课教师、评课专家从不同角度一同还原课堂的全景；包明老师通过任务驱动方式，引导成员们撰写论文，并请专家指导，成员们互读互改，大量论文最终得以在国家级各类刊物发表……在高强度的教学研究过程中，各位成员的教学能力、教研能力都得到快速提升，团队研究硕果累累。在研究过程中，成员们吸收了学习进阶、合作学习等理论知识，几经迭代，形成了基于核心素养的单元教学设计模板，完成了较完善的覆盖高中各年级的物理单元学习过程设计。实践证明，我们课题的研究会指导老师围绕学生的单元学习过程设计教学，为落实"以学习为中心"的教学理念提供了实践支撑，为"以学生为中心"的理念在教学和评价中落实提供了范式，有利于学生物理素养的整体提高。

  感谢中山大学出版社，协助我们将研究成果编撰成册。感谢有这个宝贵的机会，能为各位高中物理教师提供我们团队对于教学改革的一些思考和做法，希望能够引起同行们的共鸣，激发出更多思想火花，一同追逐我们的教育梦想。

包明名教师工作室
2024 年 9 月于广东省湛江市